Minerva Shobo Librairie

木村素衞「表現愛」の人間学

「表現」「形成」「作ること」の身体論

門前斐紀［著］

ミネルヴァ書房

まえがき

ここに一本のしゃもじがある。広島で宮島散策をした西田幾多郎（一八七〇～一九四五）らが、東京神田の岩波茂雄（一八八一～一九四六）に宛てた、一九三一年六月六日の寄書きである。この折、六日間の日程で広島を訪れた西田は、講演の合間に川でボートに乗り、果物屋でフルーツサラダを食べ、厳島神社を参拝し、はじめての映画館にも行ったそうだ。(1)

しゃもじの左上に、旅の余情を伝える挿絵がある。対岸の山裾を背景に、大鳥居と一匹の鹿。「素衞画」。当時広島文理科大学で哲学講師をしていた京都学派の思想家、(2)木村素衞（一八九五～一九四六）である。木村はこのとき、すでに京都帝国大学を定年退職していた師の西田を広島へ招き、文理科大学の仲間たちとともに様々な場所へ案内した。

木村素衞は、戦前戦中の教育思想界で「表現」「形成」「作ること」を生命現象として探究し、美学・哲学・教育学を往還しながら、「表現愛」(3)という独自の概念を元に日本の教育哲学の一つの礎を築いた。近年、大正期から昭和期の教育思想界における京都学派の影響力が再考されるなか、木村教育学は改めて注目されている。

京都学派では一九三〇年前後、身体論を軸とした哲学的人間学が大きな論点となっていた。学派を牽引する西田幾多郎と田邊元（一八八五～一九六二）は、後期フッサール（Edmund Husserl：一八五九～一九三八）やメルロ＝ポンティ（Maurice Merleau-Ponty：一九〇八～一九六一）らの現象学的身体論とテーマや課題性を同じくし、やや先行するかたちで、「身体」や「行為」を哲学的思索に持ち込み主題化した。(4)とりわけ、田邊哲学が近代の科学的実証主義的な認識論(5)——主観と客観、精神と物質、人間と自然などを二元論的に分離する合理的なものの見方——に抗して導入した身体論は、対象的に明示化され得ず、それゆえに計画性や操作性をどこまでも逃れ続ける生の非合理的側面に光を当てることで、学派の思索を飛躍的に深化させた。木村はこうした土壌で教育という営みを問い直し、その原理を探った。

本書は、木村教育学を身体論に沿って読み解き、美学・哲学・教育学の論理的交叉点に浮かび上がる「身体的存在」の構造を、「表現愛」の人間学として描出する試みである。そして、「表現」「形成」「作ること」の営みと教育が密接に関連する芸術教育やコミュニケーション教育の理論的側面について考察してみたい。「表現愛」の人間学は、教育をはじめとする社会的関係性において、身体知や非認知的能力を問うことの大切さと、その事の大きさを明らかにするだろう。

社会のグローバリゼーションと情報化が著しく進む今日、学習理論の枠組みは、従来の知識技能集約型から実践的な表現型へ移りつつある。そして、「ポスト近代型能力」(6)と括られる、極めて多義的な価値性に基づく資質・能力が重

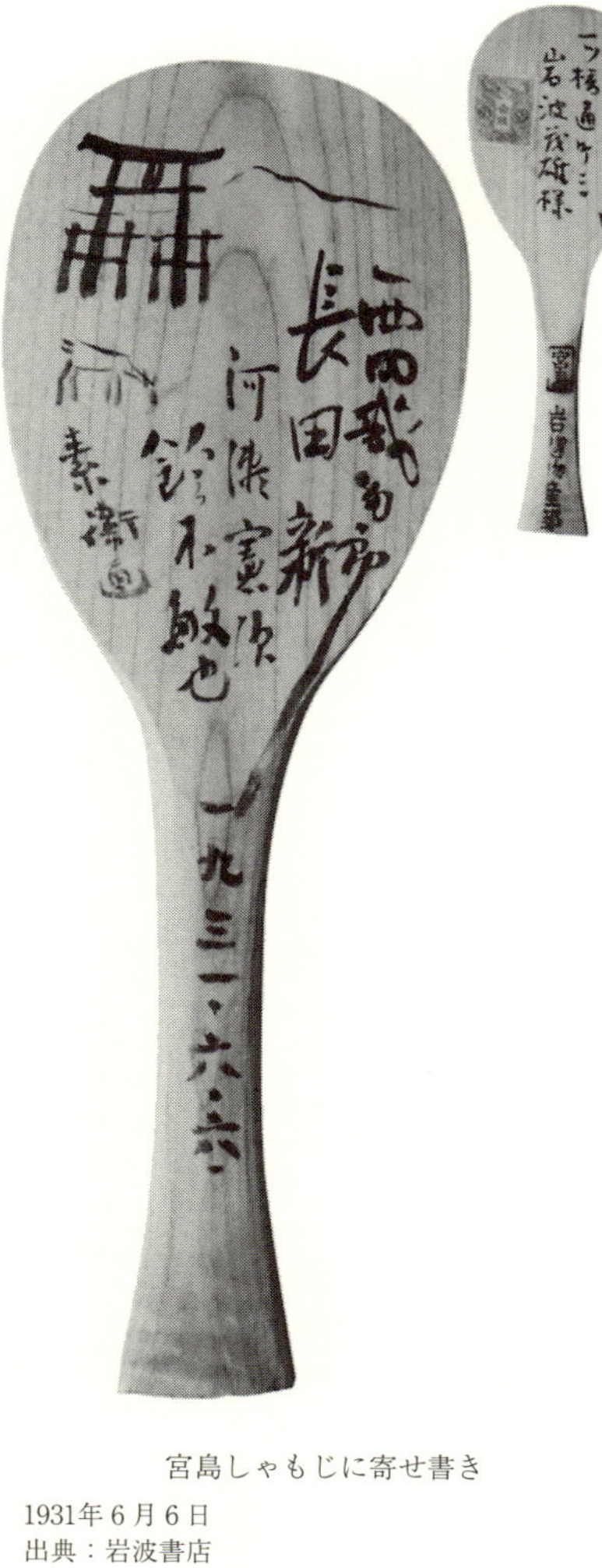

宮島しゃもじに寄せ書き
1931年6月6日
出典：岩波書店

視されるようになってきた。今や学校教育では、子どもたちが定められた「知識・技能」を個別に習得することよりも、「関心・意欲・態度」を通し「生きて働く」資質・能力を身に付け、実践的な関係性に活かすことに光が当てられる。

このように、教育における関係性や学習過程に注視することは、学びの質を向上させるうえで極めて重要である。ただこの傾向は一面で、子どもの情動面に大きく踏み込み、教育現場での在り方や態度、限定された場面での人間関係を、個人の「表現力」や「形成力」として抽出し強化する側面がある。(7) しかし、そのようなかたちで教育における評価対象を数値化される個人の認知能力から集団における非認知的能力に移すのみでは、学力観やその下に培われる人間理解がとても一面的で偏ったものになってしまうように思う。

そこで、「表現」「形成」「何ものかを作り現わす」営みを軸に人間理解を深め、教育原理を探究した木村教育学は、これからの教育を見渡すための一つの礎石となるだろう。木村は主著『表現愛』(一九三九年)の序文で以下のように述べる。

若しこの書が表現に関して闡明《せんめい》さるべき原理的構造連関の一つの素描としての意味を担うことができ、それに依って、表現的生命を愛し同時にまたその原理への洞察に衝動を感ぜられる人々に取って、一つの伴侶となることができるとすれば、私はそれで充分満足できるように思う。(8)

京都学派の時代性や時局の実情は、私たちの今とはかけ離れている。また、世界規模の社会的情勢のなかで思想が表したものに、深刻な難点や限界、アポリアが含まれていたことも否めない。しかし、時局のイデオロギーを映した側面のみをもって思想全体を断罪するのでは、その探究が触れていた事柄を省みずすべてを切り捨ててしまうことになる。そこで本書は時局の言説からいったん距離を置き、木村教育学の痕跡を問いの在り処とその記述に沿いながら辿り直してみたい。

註

（1）井上智恵子・中嶋優太・山名田沙智子『企画展図録 木村素衞――西田幾多郎に愛された教育哲学者』石川県西田幾多郎記念哲学館、二〇一七年、六〜七頁。企画展「木村素衞――西田幾多郎に愛された教育哲学者」は、二〇一七年一〇月一七日から二〇一八年三月二五日まで、西田幾多郎記念哲学館二階展示室で開催された。

（2）「京都学派」については、「西田幾多郎と田辺元を中心にして、その影響を直接に受けとめた者たちが形成した知的ネットワーク」という定義を参照（藤田正勝「思想史における一九三〇年代――京都学派の位置」『日本思想史学』第三七号、日本思想史学会、二〇〇五年、二頁）。「京都学派」という名称は、戸坂潤（一九〇〇〜一九四五）による「京都学派の哲学」（一九三二年）で共有されたと言われる（竹田篤司『物語「京都学派」』中央公論新社、二〇〇一年、五八頁）。また、西田幾多郎の思想が「西田哲学」と称されたのは、経済学者・左右田喜一郎（一八八一〜一九二七）の論文「西田哲学の方法について」（一九二六年）以降であり、木村を含む西田と田邊の門下生がその下に活発に活動し始めたのは、一九二〇年代後半から一九三〇年代のことである（矢野智司「京都学派としての篠原助市――『自覚の教育学』の誕生と変容」小笠原道雄・田中毎実・森田尚人・矢野智司『日本教育学の系譜――吉田熊次・篠原助市・長田新・森昭』勁草書房、二〇一四年、一三五頁）。

（3）「表現愛」概念は、一九三八年の代表的論文「表現愛」（第一部「身体と精神」第二部「表現愛の構造」）の第二部のなかで提起された。

（4）横山太郎「日本的身体論の形成――『京都学派』を中心として」『UTCP研究論集』第二号、東京大学二一世紀COE共生のための国際哲学交流センター、二〇〇五年、三八〜四一頁。当時の京都学派で身体論が盛んとなる土壌となったのは、田邊元の論文「綜合と超越」（一九三一年）、論文「人間学の立場」（一九三一年）の両論文であった。

（5）「田邊哲学」とは、『哲学研究』第二五九〜二六一号（一九三七年）で展開された論文「種の論理の意味を明にす」において名実ともに確立したと言われている（大島康正「解説」『田邊元全集』第六巻、筑摩書房、一九六三年、五三五〜五三六頁）。

（6）「ポスト近代型能力」とは、「近代型能力」が重視してきた標準性や順応性を基準とする測定可能な「基礎学力」に対し、

「生きる力」に代表されるような、「多様性・新奇性、意欲・創造性、個別性・個性、能動性、ネットワーク形成力、交渉力」などを重視する、汎用性の高い能力群を指す（本田由紀『多元化する「能力」と日本社会――ハイパー・メリトクラシー化のなかで』ＮＴＴ出版、二〇〇五年、二二頁）。

（7）今井康雄は、一九九〇年代以降今日に至る学力論が、教育内容や目的を問うことをやめ、子どもたちが社会の変化に即応できる主体的能力の強化に特化する傾向を指摘する。そして、このように学力論が社会とりわけ経済システムからの成果要求に順応する傾向を「教育の心理学化と無限責任化」と表し、改めて「何が伝達可能」で「何を伝達すべきか」を問い直し、「いったい何を現実として子どもに伝えるか」の現実構想が求められていると述べる（今井康雄「『学力』をどう捉えるか――現実が見えないグローバル化のなかで」田中智志編『グローバルな学びへ――協同と刷新の教育』東信堂、二〇〇八年、一二七～一二九、一三五頁）。

（8）木村素衞『表現愛』こぶし書房、一九九七年、一〇頁。

木村素衞「表現愛」の人間学——「表現」「形成」「作ること」の身体論

目次

凡例

・引用文は、漢字、仮名遣いともに旧表記を現行の表記に改めて記す。ただし、一部の文字、たとえば著者名「木村素衞」の「衞」や、思想上の意味が込められた「綜合」の「綜」、「根柢」の「柢」、あるいは原典に特有の表記はそのまま使用する。
・西田幾多郎の著作からの引用および参照は、『西田幾多郎全集』(岩波書店、二〇〇二〜二〇〇九年)に基づく。
・田邊元の著作からの引用および参照は、『田邊元全集』(筑摩書房、一九六三〜一九六四年)に基づく。
・三木清の著作からの引用および参照は、『三木清全集』(岩波書店、一九六六〜一九八六年)に基づく。

序章　「表現愛」思想再読

第一節　身体論から読み解く

本書は、京都学派の思想家・木村素衞（一八九五〜一九四六）[1]の教育学を身体論に沿って読み解き、「表現愛」[2]の人間学として描出する試みである。

「表現愛」思想は、戦後教育学が直接的に対話することのなかった、戦前戦時期の日本教育思想の一翼である。一九四六年一月、木村は来日するアメリカ教育使節団に応じる日本側教育家の委員会の一人に選出され、意欲に燃えていた。しかし、その直後に急逝したため、その声が実際に戦後教育に反映されることはなく、思想は長らく埋もれた状態にあった[3]。

本書の目的は、「表現愛」思想を数少ない日本の教育思想として紐解き、木村教育学が探究した「表現」「形成」「作ること」[4]の論理を明らかにすることである。そして、「表現愛」の人間学として示される身体性の構造から、実践的表現を重視する今日の学びの内実や人間の生における創造性の問題について考察する。

木村は「表現愛」という概念を、個人が抱く愛情や愛着の意味ではなく、「身体的存在」としての自己と他者が影響を及ぼし合って変化変容する、世界構造化の原理として語った。私たちが「歴史的社会的存在」として現に関わり合っている在り方から、教育の営みを再考する必要があると考えたのである。そこで木村は、教育学の基礎学としての人間学の立場から思索を展開した(5)。

木村素衞は、一九二〇年九月に京都帝国大学文学部哲学科選科に入学し、西田幾多郎、田邊元、朝永三十郎（一八七一〜一九五一）、波多野精一（一八七七〜一九五〇）、深田康算（一八七八〜一九二八）らの下で学び、一九二三年三月に修了した。その後、京都高等工芸学校、大谷大学、第三高等学校などを経て、一九二九年四月より広島文理科大学の哲学講師となった。学生時代から美学・哲学研究で身を立てることを志したが、一九三三年、京都帝国大学文学部で教育学教授法講座を担当していた教育学者・小西重直（一八七五〜一九四八）が大学総長に就任するのに際し、その後任として転機を迎えることになる。異動を働きかけたのは師の西田幾多郎だったが、京都に赴くまでの間に木村は、日記に「百日苦悶」と記す大きな葛藤に苛まれた。教育学は木村にとって、当初「憂鬱の塊り」だったのである(6)。

本書はこの「憂鬱」に着目したい。一九三〇年、世間は『教育勅語』渙発四〇周年を迎え、家族的国家観が広まった(7)。急激な国家主義的徳育傾斜の只中で木村が教育学に感じた憂鬱は、時代性と不可分でなかったと想像される。しかし一方で、教育学の憂鬱は、何らかの意味や価値性を与えることでしか他者の自律的な主体性を育み得ないという、教育における他律と自律のパラドックスを直視した普遍的苦悩だったのかもしれない。いずれにしても、その憂鬱ゆえの距離感において、木村は時局のイデオロギーに単に追随することなく、教育という営みを一度俯瞰するかたちで教育学の原理研究に向かったと言える。

木村は思索時期に一貫して、美学・哲学の理論を教育学に転用するのではなく、諸学問が探り出す生の実践論理を抽出し、そこから教育原理を紡ぎ出すスタイルをとった(8)。これは、効果的な教授法や学習法、教育目標を説く教育学ではない。木村教育学は、京都学派という「哲学工房(9)」の伝統のなかフィヒテ（Johann Gottlieb Fichte：一七六二〜一八一四）研究に取り組み、ドイツ観念論を批判的に継承して領域横断的に教育の自明性を問い返した。これは、教育の支援や指導による意味や価値性の伝達、教育評価の一歩手前で、教育者と子どもたちがいかに出会うかというところから教育という関係性の成り立ちを考える探究である。

今日の教育は、知識・技能の教授を中心とする従来の知識技能集約型から、実践的な問題把握と問題解決に向けた実践的表現型へ以降しつつある。重視されるのは、個々人が知識や技能を吸収し蓄積して行くことよりも、自らの身体に落とし込んだ知識や技能を文脈に即して活用し、練り直し、社会生活に還元して行く力である。そこで、教育評価では非認知的能力を重視し、実際に何ができるようになったかを質的に問うための研究が進んでいる。こうした傾向において、「表現」「形成」「作ること」の哲学的探究により教育原理を探った木村教育学は、これからの教育を構想するうえで興味深い視座を提供し得るように思われる。

木村素衞　明治28（1895）年～昭和21（1946）年
出典：信濃教育会

木村は主著『表現愛』（一九三九年）序文で、「表現」を次のように定義する。

> 表現と云うとき、この書に於ては私はそれを広い意味に理解している。単に内的生命の身体に於ける直接の発動や或は言表に限らず、また作り現わされたものとしての様々な制作物や所産に限らず、これらを含み入れて更に一層具体的包括的に、凡《およ》そ何ものかを作り現わすことに於てみずからの存在を具体的に維持して行くような生命のはたらきを、表現として理解しているのである。[10]

この定義は、私たちが身体的に表出する言葉や身振り、また、何かの目的や関心の下に作り現される制作物や所産の一切を見渡したうえで、そのように「凡そ何ものかを作り現わすことに於て」生じる「生命のはたらき」のことを「表現」という言葉で表している。この表現論は、「内」と「外」、自己と他者、主体と客体、精神と物質などあらゆる領域の境目を一旦取り外す。そして、何気ない言動が宛てられた文脈を横滑りして思いがけない意味を生じたり、忘れ去られた遺物や痕跡がふとした拍子に新たな展開の引き金となったりするような瞬間を視野に、表現の機微をつぶさに論理的に記述することを試みるのである。木村教育学は、そのような表現論を下地として人間理解を深め、教育の営みについて思索した。

第二節　思想再発見の道のり

近年、大正・昭和初期の日本教育思想界における京都学派の影響力が指摘されるなか、木村教育学は改めて注目されている。(11)なかでも、思想開花を象徴すると言われる論文「一打の鑿」（一九三一〜一九三三年）は、「京都学派教育学」の端緒に位置付けられており、そこで彫刻制作をモチーフとして展開される議論は、人間が表現的形成的に生きること、行為が刻々と何事かを作り現すことの臨床性に迫る点が高く評価される。(12)ただし一方で木村の思想は、体系化されるにつれて思想開花時の臨床性を失い、論理が涸渇したとも指摘される。(13)思索時期のほとんどが、日中戦争から太平洋戦争に至る激動の時代と重なり、教育学体系を確立する中期から後期の思想は、一九三〇年代半ばの「教学刷新」以降の流れを汲み「国民学校令」（一九四一年）下の国民教育論に集約される。

したがって、急逝により結果的に思想の集大成となった後期の代表作『国家に於ける文化と教育』（一九四六年）は、時代状況とそれを受けた学的要請を強く反映させることとなった。そこでは、前期思想に顕著な瑞々しい身体論は、ほとんど姿を消しているかのように見える。そのため、木村教育学に関しては、中期までの美学・哲学研究が見直される一方、後期教育学に対しては、それまでの論理が偏狭な民族主義的立場に呪縛されたとの批判がなされている。[14]

しかしながら本書は、木村が最期まで「身体的存在」の存在構造を軸に思索し続けた点に注目し、難点や限界点を検証しつつも、「表現愛」思想の課題性や問題関心を現代教育の文脈に投げかけることを試みる。

以下、先行研究についてまとめておきたい。教育学における「表現愛」思想の再発見は、木村教育学の論理体系を精査し、思想の全容を明らかにした大西正倫の研究に依るところが大きい。大西は、論理を追体験的に辿り、批判的に継承するなかで内在的に発展させる立場をとる。[15]

大西によると、それ以前の「表現愛」研究には理解のもつれがあった。それは、木村の立場が審美的な教養主義として誤解されていた点である。この誤解は、従来の研究において、「表現愛」思想が美学・哲学・教育学を領域横断的に思索した側面が見過ごされ、木村が美学・哲学から教育学へ理論的運用を図ったかのように解することに起因する。つまり、「表現愛」思想がドイツ観念論を乗り越えようとしている議論が見落とされ、木村の主張をドイツ観念論と重ねて理解する見方が一般的だったのである。[16] 対して大西は、「表現愛」思想の独自性を京都学派の生命哲学につなぎ返し、木村教育学を「表現的生命の教育哲学」として描出した。

ただ大西の研究では、身体論は中心的テーマとなっていない。身体性の議論に関し大西は、木村の身体論が単なる心身二元論的な枠組みや心身一如的な理解には収まらないことに留意しつつも、それほど重視していないように見える。それは、身体論が捉える側面を〈「我と汝」の表現的交渉の教育学〉という見方に限定して捉えているためではないかと考えられる。大西の読解では木村の身体論は、教師と児童生徒の間主体的な関係性を、個人格同士の相互交渉に絞り検証する論点とされる。[17] しかし、教育における関係性は、一対一の個人格同士の関係性ではなく集団的な事象である。そこで大西は、身体論的な切り口では、個別の関係性の加算的総和では決して捉えられない集団の力学が見過ごされるとして、木村教育学の論理構造の弱点を、集団への視座を欠落している点に見出し批判する傾向にある。[18]

しかしながら、木村の身体論は実際のところ、個々の関係性の力学が錯綜する「人間的世界」を超えた普遍性を範疇に入れていた。身体性の議論は、個と集団、個人的生と社会的生という二項対立図式には収まらない意味での、類的生命的地平にまで視野を広げているように読み取れるのである。そして、世界をそれ自体が表現的な「表現的世界」と捉え、そこにおいて個人と集団の認識と行為の様式が立ち代わって行く動きを見取った。「表現愛」の人間学はこの点に留意して、身体論を軸に木村教育学を読み解く。

身体論を軸として「表現愛」思想を読み解く試みとしては、小田部胤久による研究がある[19]。小田部が注目するのは、木村が人間の身体性を、一般的に考えられるような物理的身体や生物的身体と捉えず、「道具」「器具」「機械」「装置」「建造物」「諸施設」「諸制度」など、実生活を支えるあらゆる「文化的所産」と相互浸透的に論じた点である[20]。ここでは、身体に備わる環境との対話的拮抗構造に光が当たる。そして、「内」としての身体と「外」としての身体が、幅広い領域と柔軟な可塑性を伴って表現的交渉する折衝面に、技術的身体性の生成が見出される。

「内」と「外」という用語については本論で詳述する。ただ、ここでは木村の身体論を支えた西田哲学の論理系列を確認しておきたい。それは、垂直的な深みに関わる「内－主観－時間－一般－述語－内包」と水平的なつながりに関わる「外－客観－空間－個物－主語－外延」という二系列である[21]。木村は、西田哲学の前の系列を、内在的認識や個人の内なる能動的主体の原理、後の系列を、行為が直面する他者性や環境との相対の原理として継承しているように思われる。要するに、両系列が分かち難く入り組む論理構造を身体論として追究したのである。

小田部が評価するのは、木村の技術的身体論が、前系列のみを拡大拡張させる自己中心的な議論を回避し、批判している点と言える。木村の技術的身体論から見えてくるのは、一定の目的の下に繰り出される技術性が、質料的世界へと滑り込み、その瞬間に後系列の不可知性を伴い、一面に対話的環境として立ち上がる側面である。この見方によって木村の身体論は、つねに外界や環境との対話や折衝、他者との相互作用を踏まえて展開されることになる[22]。

小田部が指摘するこの要点を、木村は田邊哲学の身体論から継承したという。田邊は論文「綜合と超越」（一九三一年）のなかで、身体を「自我に属する」一方で「超越的存在の自己顕現の尖端」と定義した[23]。そして、続いて論文「人間学の立場」（一九三一年）では、対象的自己認識的に捉えられる「ノエマ的なる身体」と、決して対象化し得ない「ノエシス的の身体」を区別し、両側面の折衝面で「家族、部族、民族より人類に至るまで、人間の属する全体的共同社会」が「共通なる身体的基底」を有すると述べた[24]。小田部は、このような田邊の身体論が京都学派身体論の起爆剤となったと考え、木村の身体論を田邊哲学の「種の論理」と絡めて考察する必要性を指摘する。

本書は、小田部の指摘を手がかりとしながら、「表現愛」における身体性を、「外」としての環境よりもさらに深みから捉え返してみたい。小田部が注目する身体性の計り知れなさを、より根源的な位相から捉え直すのである。というのも、木村の言う「表現的世界」は、「内」と対面し対話する「外」としての「表現的環境」に留まらず、両者を包括した「歴史的自然」（「表現的宇宙」＝「天地」）までをも範疇に入れた、多層的な概念だからである[25]。

「歴史的自然」は京都学派に共有されており、オリジナルの概念ではない。ただ、「表現愛」思想は、「歴史的自然」概念を極めて重視した。木村は「歴史的自然」を、「人間を内に包み、そこに於て生みそこに於て育てそこに於て営ましめ遂にそこに於て死なしめる歴史的自然」と定義する[26]。この定義に従い、本書は小田部が評価する技術的身体性の可塑性を、「歴史的自然」の概念から改めて検証する。

さらに、身体論に着目する先行研究として、森田伸子による研究がある。森田の論点は以下三点である。第一は、木村の身体論がもっぱら西田哲学との関連で捉えられ、木村が全面的に身体論を打ち出した論文「意志と行為」（一九三二年）の時期から田邊の身体論が多大な影響を及ぼしていることがほとんど見落とされてきた点、第二は、木村の身体論が後期の技術的身体論において、国家と教育とを有機的に取り結び、国民教育論として積極的な意義をもつことが取り上げられてこなかった点、そして第三に、それらの帰結として、西田や木村の身体論が社会的実践としての政治の問題圏から引き離され、美学的あるいは現象学的な議論のみが強調されてきた点である。

森田によれば、木村教育学は、当時の強靭な国家主義に対抗する優れた国民教育論であった。なぜなら、木村の技術的身体論は、国家を絶対的普遍的な固定概念とは捉えておらず、固有の身体性が個別具体的な行為によって作り変えて行く政治的文化の一側面として、相対的に捉えていたためである。つまり、木村教育学にとって、国家は一人ひとりの歴史的社会的な立ち位置とそこでの実践によって改変されて行く文化的所産の一つに過ぎない。「表現愛」思想は、教育と政治を緊密に連関させて国家形成の技術性を説き、国家を絶対的普遍的存在として最重要視する時局の趨勢に抵抗したのだった(27)。

ただ、森田の議論では、木村の技術的身体論の意義は、美学的な「ポイエシス」原理ではなく、道徳的社会的行為の「プラクシス」原理の方にのみ見出されている。森田は、木村教育学における国民教育論と技術的身体論のつなぎ目を、プラクシス的実践の「形成性」に限って評価するのである。

それに対し本書では、木村がポイエシスとプラクシスの両側面を「区別以前」から相互依拠的に捉え、『国家に於ける文化と教育』のなかで「ポイエシス＝プラクシス」(28)と術語化している点に注目する。木村教育学は、芸術、文学、学問、宗教、政治などあらゆる営みを「文化」概念で包括し、文化の営みを根本的には脱人間中心的に「歴史的自然」の自己形成作用と捉えた。この地平に立つ限り、ポイエシスの身体性とプラクシスの身体性は論じ分けられず、「歴史的自然」が人間を介し変転する「ポイエシス＝プラクシス」原理から身体性を理解する必要があると思われる。

また、木村教育学に美的人間形成論を読み解く先行研究として、西村拓生による研究がある。西村は、「表現愛」思想に日本の美的人間形成論の一典型を見出す(29)。そしてその際、木村のシラー解釈に注目する(30)。

シラー（Friedrich Schiller：一七五九～一八〇五）は、『人間の美的教育に関する一連の書簡』（一七九五年）（以下、『美的書簡』と記す）のほとんどの部分で、人間の発達三段階説「自然状態・美的状態・道徳的状態」のうち、美的状態を、道徳的状態に至るための準備段階と位置付ける。しかしながら、第二五書簡以降の終盤になると、美的状態が道徳的状態への単なる過程や手段でなく、それ自体が目的化されるかたちに論調が変化する。西村が注目するのは、『美的書簡』解読の鍵と言うべきこの論旨のねじれに対する、木村の解釈である。

西村によると、木村はここでシラーの美的状態を西田哲学の「絶対無」概念に重ねて理解する。[31]このようなシラー解釈の側面から、西村は「表現愛」思想の美的人間形成論に光を当て、「広義の構成主義の立場」――近代教育において主体は、自らを形成し表現しつつ存在するという見方――から、木村教育学の「美的なもの」の探究を読み解く。そして、木村教育学の美的人間形成論が、自他の相互相克状態の底に、私たちが「むしろ相乗的に、互いに生き生きと生成変容するような」主体形成の在り方を示唆し得ると述べる。[32]

そこで本書は、西村が美的人間形成論として掴んだこの側面を、木村の中期美学論考が示し出す「情趣」概念に沿って検討し、身体論につなげて改めて解釈する。西村もまた「情趣」に着目しているが、その議論では「情趣」はあくまで美的感情の内なる純粋性に重ねられ、シラー的な文脈で解釈されている。[33]対してここでは、内なる美的動向の「おもむき」と言われる「情趣」が、「情趣的主体」というかたちで技術的身体性の契機とされ、身体論に組み込まれている点に注目する。

木村の中期美学論考は、国民教育論をはじめとする教育学体系化の時期と重なる。その意味で木村は、「情趣的主体」から技術的身体論を再考することを通して、先述の「ポイエシス＝プラクシス」原理を語り出した可能性があるように思う。「情趣」は、芸術的表現の技術性に宛てられた術語だが、この時期の記述を辿れば、芸術的制作や創作活動の原理をその他の領域にも敷衍して議論を展開する旨が明記されている。

以上より、「表現愛」の人間学の論点は次の三点に整理される。

①「ポイエシス＝プラクシス」を原理とする身体（第二章）
②「歴史的自然」に根差す身体（第三章）
③「情趣」を生きる身体（第四章）

第三節　本書の構成

本書は、以下二部構成で展開する。

第Ⅰ部　木村素衞における身体論の系譜――「表現愛」の人間学の三原理

第Ⅱ部　「表現愛」の人間学が臨む〈文化‐教育〉の創造的連関

第Ⅰ部は、第一章から第四章で構成される。ここでは、木村教育学を上記三つの身体論の系譜から読み解き、「表現愛」の人間学として描出することが課題となる。

第一章では、「表現愛」概念が提起される以前の前期思想を辿り、身体論の芽生えと展開を把握する。ここではまず、木村の思想の出立が「表現的制作人間の人間学」として確認される。そして、論文「一打の鑿」のポイエシス身体論と、それと時期を重ねるかたちで構想執筆された論文「意志と行為」のプラクシス身体論を辿る。ここでの目的は、前期思想において、芸術的制作を掘り下げる美学論考と道徳的社会的行為を論究する実践哲学論考が共有する原理を掴むことである。

第二章では、「表現愛」の人間学における第一の原理として、「ポイエシス＝プラクシス」に注目する。焦点となるのは、「＝」記号の意味解釈である。ここでは、前期思想で分けて考察されていたポイエシス身体論とプラクシス身体論が、後期教育学に至り一つの術語で示し出されることとなる論理背景を、田邊哲学と西田哲学双方の身体論からの影響の下に明らかにする。

続いて第三章では、「表現愛」の人間学における第二の原理として、「歴史的自然」に注目する。ここでは最も代表的な論文「表現愛」（一九三八年）を舞台として、「歴史的自然」など主要概念を概観し、思想の全容を掴む。そして、「表現愛」という世界構造化の原理が示し出す主体性の構造や「愛」の原理を踏まえることが、どのような人間理解をもたらすのかを考察する。

そして第四章では、「表現愛」の人間学における第三の原理として、中期美学論考に登場する「情趣」概念を検証する。木村によれば情趣とは、知的概念的な思考や目的的意欲的意志の一切を「内に否定」し切った、「人間性そのものの感情に於ける絶対的肯定」である。(34) ここで技術的身体性の端緒とされる「情趣的主体性」は、木村において美学・哲学・教育学の原理的探究が、領域横断的につながり合う結び目と言える。

以上を踏まえ本章では、第Ⅰ部の小括として「ポイエシス＝プラクシス」「歴史的自然」「情趣」の三原理から、「表現愛」の人間学における「身体的存在」の構造を図示化する。

第Ⅱ部は、第五章から終章の四つの章から成る。ここでは、「表現愛」の人間学が照射する〈文化‐教育〉の創造的連関――「文化」と「教育」が互いに自他を更新しながら支え合う連関――を捉える。

第五章では、木村教育学の教育原理に身体論が反映される側面を詳しく辿る。ここでは、第Ⅰ部で図示されるような技術的身体性を育むための独自の教材論と、「追形成」という教授法の議論について明らかにする。

続いて第六章では、木村教育学において議論が矮小化されたと指摘される教育愛論を検討する。ここでは、木村教育学の難点を明らかにするとともに、「表現愛」の人間学の立場から新たな教育愛論の可能性を示す。その際、木村教育学の同時代への主張を際立てるため、活動時期やテーマが近接する三木清（一八九七〜一九四五）の思想を参照する。

第七章では、後期の国民教育論が、「世界史的表現愛」という概念の下、技術的身体論を文化政策的な文脈に転調している点に注目する。ここでは、木村教育学の世界史的立場について詳しく確認する。木村の言う「世界史的意味」とは、「単なる人類的な意味」と対置される「間国民的なもの」を意味する点のみ、ここに触れておきたい。(35)

最後に終章では、第Ⅰ部で図示化される「表現愛」の人間学における「身体的存在」の構造と、第Ⅱ部で明らかとなる〈文化‐教育〉の創造的深化の議論を踏まえ、今日の学校教育で注目される表現型の学びや文化芸術を通した教育の可能性と課題性について考察する。またここでは、木村教育学が展望する社会形成の方向性を、思想的つながりのある糸賀一雄（一九一四〜一九六八）の福祉思想を参照しつつ明らかにする。

註

（1）木村素衞は、一八九五年三月一一日、石川県江沼郡橋立村（現在の加賀市橋立町）に生まれた。生家は代々北前船の船主だったが、父親の代で廃業。祖母、母親、二人の弟とともに小学生の頃に京都に移住し、家計を支えつつ勉学に励んだ。二一歳のとき、肋膜炎の再発により第三高等学校を退学し、三年間の療養生活に入る。この時期に独学でドイツ語を修得し、西田幾多郎の『善の研究』（一九一一年）に感銘を受けた。一九一九年、二四歳のときにはじめて西田宅を訪問して聴講を許され、一九二〇年九月に京都帝国大学文学部哲学科選科に入学。西田幾多郎、田邊元らの下で学び、一九二三年三月に修了した。当時、助手として務台理作（一八九〇〜一九七四）、三年先輩には三木清（一八九七〜一九四五）、同期に高坂正顕（一九〇〇〜一九六九）、一年後輩に戸坂潤、西谷啓治（一九〇〇〜一九九〇）らがいた。人となりや生い立ちについての詳細は、木村素衞『表現愛』巻末「木村素衞　略年譜」こぶし書房、一九九七年、二三四〜二三八頁・木村素衞先生五〇回忌記念刊行会編『木村素衞先生と信州』巻末「木村素衞先生略年譜・信州での足跡」信濃教育会出版部、一九九六年、一二五〜一三三頁・張さつき『父・木村素衞からの贈りもの』未來社、一九八五年を参照。また、一連の著作、講演筆記、講義題目、関連研究については、大西正倫による「木村素衞に関する文献・資料目録」に詳しくまとめられている（大西正倫『表現的生命の教育哲学——木村素衞の教育思想』昭和堂、二〇一一年、巻末付録一〜四九頁）。

（2）「表現愛」という概念については、論文「表現愛」第二部「表現愛の構造」（一九三八年）の検討を通し、後に詳述する。ここではそれが、彫刻を刻々とかたち作る「鑿に於ける眼」や、描画の一手間ごとの間に働く「刷毛の眼」など、「作ること」の動向に潜り込む躍動感の下に描き出されている点のみ確認しておきたい。

（3）大西前掲書、三頁。木村は、信州上田への講演旅行中に風邪を拗らせ、一九四六年二月一二日に享年満五〇歳一一カ月で急逝した。二月三日の上田市上小教育会館における講演「文化の哲学と教育の哲学」が最後の講演となり、思想は惜しまれつつ頓挫することになった。

（4）「表現」と「形成」という用語については、木村の論述が決定的な指標や定義を示していないことから、先行研究ではあえて区別がされていない（西村拓生「京都学派における美と教育――木村素衞の表現論に即して」今井康雄編『「美的なもの」の教育的影響に関する理論的・文化比較的研究』平成一四～一六年度科学研究費補助金・基盤研究（B）（一）研究成果報告書、東京大学大学院教育学研究科、二〇〇五年、七六頁）。ただ大西は、区別をしないことを前提としつつも、思想を代表する概念が「表現愛」であり決して「形成愛」ではない点に留意する（大西前掲書、一〇五～一〇七頁）。「形成」が、「Bildung」の訳語として教育学構想のなかで次第に重要な位置付けとなる点、また技術的身体論の技術性を詳述する際に焦点化される点には注意が必要である。本研究は、先行研究と同様、「表現」「形成」を差し当たり区別せず考察を進め、第五章で身体論の系譜から木村の教育原理を検討する際に、両用語の差異を改めて検討する。

（5）「人間の本質に就ての究明からおのずから教育の学問と云うものが成立して来なければならない。即ち『教育学』は『人間学』の立場から成立して来なければならないことになる。尤もここに『人間学』と云うのは自然科学的な意味に於けるものとしての人類学に於けるが如く宇宙発展の道理に於て人類が出来て来たと云うような考え方を云うのではなくて、もっと具体的に歴史的社会的存在として人間を究明する事がこの場合に『人間学』の立場になる」（木村素衞『教育と人間』弘文堂、一九四八年、一七頁）。

（6）教育学研究を引き受けた約四カ月後、木村は率直に日記に次のように綴っている。「昭和八年六月八日　…前略…教育学と云うものが私の心の中に憂鬱の塊りとして坐を占めた。私はこれを乗り越えて了う外に自分を生かす道がない。…中略…哲学と美学とが私を強く引く。教育学をやっても勿論これを捨てる事は出来ず、却って哲学から教育学へ手を出す態度が私としては正当である。…中略…私には哲学と美の世界とを考える事がよき運命に違いない」（木村素衞『表現愛』こぶし書房、一九九七年、二〇三～二〇四頁）。「一九三三年の危機的なもの」の最中、木村はフィヒテの実践哲学を主題とする学位論文に取りかかっていた。学位論文「実践的存在の基礎構造――教育哲学の考察に向けられたるフィヒテ哲学の一つの研究」は、一九三七年五月末に提出され、一九四〇年三月に学位授与に至った（大西前掲書、巻末付録一五頁）。

（7）教育勅語の意義が、当初の具体的な日常道徳に力点を置くものから、臣民としての国家道徳を強調し帝国主義的全体性への奉仕を説くものへと完全に転換したのは、渙発四〇周年以降の急激な変化であった（小山常実『天皇機関説と国民教育』アカデミア出版会、一九八九年、一三六～一三九頁）。

（8）本書は思索時期に関し、小田部胤久による三区分を参照し、木村が美学・哲学研究に携わった一九二三年から一九三三年の初期の思索を「前期思想」、教育学へと転向した一九三三年から代表的概念「表現愛」を提起する一九三八年までを「中期思想」、それ以降、急逝する一九四六年までの思索を「後期思想」と表記する（小田部胤久『木村素衞――「表現愛」の美学』講談社、二〇一〇年、二四頁）。

（9）岩城見一によると、京都学派は用語や概念を共有し合い切磋琢磨して各々が理論を練り上げ思想を作る「哲学工房」であった。「哲学工房」では、概念の初出や独創性を主張することに意味は見出されず、思想家たちは学派内で用語を共有し、自身の問題関心やテーマに合わせ用いる（岩城見一「解説」上田閑照監修『木村素衞 美のプラクシス』（京都哲学撰書七）燈影舎、二〇〇〇年、二五九頁）。

（10）木村素衞『表現愛』こぶし書房、一九九七年、八頁。

（11）矢野智司は、一九一〇年代後半から一九五〇年代の日本の教育学説史に、京都学派の思想、とりわけ「自覚」をめぐる議論が多大な影響力をもっていたことを指摘し、木村教育学をその端緒に位置付けている（矢野智司「人間学――京都学派人間学と日本の教育学との失われた環を求めて」森田尚人・森田伸子編『教育思想で読む現代教育』勁草書房、二〇一三年、二四七～二四八頁）。二〇一四年一〇月には、『木村素衞著作集』（矢野智司編、全六巻）が、学術出版会より刊行された。

（12）田中毎実によると「京都学派教育学」は、京都学派の「生命論生成論、人間学的全体的原理的自己理解志向、臨床性志向」を継承する、木村素衞から森昭に至る教育学の系譜である。その延長に田中は自身の「臨床的人間形成論」を位置付けている（田中毎実『臨床的人間形成論の構築――臨床的人間形成論第二部』東信堂、二〇一二年、二三、三一～三三頁）。

（13）同上書、三三～三七頁。

（14）村瀬裕也『木村素衞の哲学――美と教養への啓示』こぶし書房、二〇〇一年、三二五～三二六頁。

（15）大西前掲書、八～九、一七頁。

（16）ここで大西が主に検証しているのは、次の二つの先行研究である。一つは、稲垣忠彦によるドイツ観念論的美学の下の

「芸術的制作のアナロジー」としての理解、もう一つは、村瀬裕也による「美と教養への啓示」としての理解である。大西によれば、前者は木村が芸術的制作の原理を教育へと転用したと考え、両者を通底する論理を探った木村教育学の独自性を捉え損なっている。また後者は、木村教育学に最も影響力のあった西田哲学、とりわけ「絶対無」概念を拒絶し、ドイツ観念論的な教養主義――木村の言葉では「メンシュハイトの理念」「人類文化のイデー」――の下に「表現愛」思想を理解するため、木村の主旨とドイツ観念論の主旨を混同している（同上書、七～八頁）。

(17) 同上書、三七三、四〇八頁。

(18) 大西によれば、弟子の蜂屋慶（一九二〇～一九九七）は、木村教育学の欠落点を補うかたちで、集団における「自己表現」の論理を展開した（同上書、四〇八頁）。

(19) また、哲学研究の立場から木村の身体論に光を当てたものとして、大熊洋行「木村素衞『身体と精神』」熊野純彦編『日本哲学小史――近代一〇〇年の二〇篇』中央公論新社、二〇〇九年、一八八～一九五頁・村瀬前掲書、一六二～一八三頁を参照。

(20) 木村素衞『国家に於ける文化と教育』岩波書店、一九四六年、一四七～一四八頁。

(21) 檜垣立哉『西田幾多郎の生命哲学』講談社、二〇一一年、二〇一頁。

(22) 小田部前掲書、七八頁。

(23) 田邊元「綜合と超越」『田邊元全集』第四巻、筑摩書房、一九六三年、三四五頁。

(24) 田邊元「人間学の立場」『田邊元全集』第四巻、筑摩書房、一九六三年、三七〇、三七五頁。

(25) 大西前掲書、一四、一三六頁。

(26) 木村素衞『表現愛』こぶし書房、一九九七年、五九～六〇頁。

(27) 森田伸子「木村素衞における政治と教育――京都学派の身体論を問い直す」『人間研究』第五一号、日本女子大学、二〇一五年、三四～三五頁。

(28) 木村が初期の思索段階より「ポイエシス＝プラクシス」原理を見通し、この下に思索を進めていたことは、先行研究ですでに指摘されている（小林恭「解説」『表現愛』こぶし書房、一九九七年、二二五～二二六頁・大西前掲書、四九、九七頁）。

(29) 西村前掲書、七三〜七四頁。
(30) 木村は、教育学研究へ転じた一九三三年に、演習でシラーの『美的書簡』の原書講読を予定していたことが記録に残っている(張さつき『父・木村素衞からの贈りもの』未來社、一九八五年、一一七頁)。ただ、木村が実際に演習を担当したのは教育学教授法講座担任となる一九三九年からであり、記録は私的な輪読会のものだったかと考えられる(大西前掲書、巻末付録三〇頁)。
(31) 小坂国継によると、西田幾多郎が「無」「絶対無」を用語として使用しはじめるのは、『働くものから見るものへ』(一九二七年)所収「後編」の諸論文においてである(小坂国継『西田哲学の基層——宗教的自覚の論理』岩波書店、二〇一一年、七〇頁)。それ以前の著作でも、たとえば『善の研究』ではすでにニコラウス・クザーヌス(Nicolaus Cusanus:一四〇一〜一四六四)の「学識ある無知 De docta ignorantia」概念や、ヤコブ・ベーメ(Jakob Böhme:一五七五〜一六二四)の「物なき静さ Stille ohne Wesen」「無底 Ungrund」「対象なき意志 Wille ohne Gegenstand」概念が参照されている。また、『意識の問題』(一九二〇年)では、アウグスティヌス(Aurelius Augustinus:三五四〜四三〇)の思想に触れ、「真実在の形は無形の形であり、その声は無声の声である」と記す。このように、「絶対無」思想には初期キリスト教や神秘主義思想からの影響が色濃く見受けられる。
(32) 西村拓生「京都学派と美的人間形成論——木村素衞は如何にシラーを読んだのか」『奈良女子大学文学部 研究教育年報』第五号、奈良女子大学文学部、二〇〇八年、八四、九五頁。
(33) 同上書、九〇頁。
(34) 木村素衞『美のかたち』岩波書店、一九四一年、七四頁。
(35) 木村素衞『国家に於ける文化と教育』岩波書店、一九四六年、二三五頁。

第Ⅰ部　木村素衞における身体論の系譜——「表現愛」の人間学の三原理

第一章　「表現愛」思想の土壌

本章では、木村素衞の前期思想を概観し、「表現愛」概念提出以前における身体論の萌芽と展開を掴む。木村の身体論は、論文「一打の鑿」（一九三一～一九三三年）でポイエシス身体論として萌芽し、ほぼ同時期に推敲執筆された論文「意志と行為」（一九三二年）でプラクシス身体論として展開された。この二つの論考を詳細に辿っておくことは、後期教育学の術語「ポイエシス＝プラクシス」を理解するための布石となるだろう。

ギリシャ哲学以来、西洋思想の伝統では、何か作品や所産を作るための芸術的制作や創作活動の「ポイエシス」と、社会的実践や道徳的行為の「プラクシス」は、原理的に明確に区別されて論じ分けられてきた。その際、ポイエシスは目的外在的な営み、プラクシスはそれ自体が目的内在的な営みとして、後者が重視される傾向にあった(1)。対して木村教育学は、西田哲学の影響の下、両原理を区別しながらも相互連関的に捉えた。芸術的制作作用の原理ポイエシスと、社会的実践の原理プラクシスは、不可分に連関しているというのが木村の見通しである。

以下、第一節では、思想開花時に思索の出立が「表現的制作人間の人間学」と把握されている点に注目し、その着想の背景について考察する。そして、この頃の美学的関心と哲学的関心が、後の教育学研究につながる側面を明らかにする。

第二節では、論文「一打の鑿」を辿り、ポイエシス身体論の特徴を掴む。論文「一打の鑿」は彫刻制作に携わる身体性について細やかに記述する試みである。ここで「鑿の眼」として語られる身体性は、後期西田哲学の「行為的直観」[2]の議論を半ば先取りするかたちで、芸術的制作や創作活動の働きに鋭く迫った。ここではまず、「鑿の眼」のポイエシス身体論に木村の身体論の萌芽を読み取ってみたい。

続いて第三節では、論文「一打の鑿」とほぼ同時期に執筆された論文「意志と行為」に考察の舞台を移し、この時期にプラクシス原理がいかに捉えられていたかを検証する。ここでは、「表現的制作人間の人間学」と称されるこの時期の思索が、論文「一打の鑿」の推敲に重ねてすでに、プラクシス身体論を同原理の下に構想していたことが確認される。

最後に第四節では、「表現愛」概念が提起される半年ほど前に書かれた美学論文「ミケルアンヂェロの回心」（一九三八年）を、ポイエシス身体論とプラクシス身体論の相互連関をテーマ化する論考として読み解く。

第一節　「表現的制作人間の人間学」の立場

木村は自身の思想開花について、『独逸観念論の研究』（一九四〇年）「第二版の序」（一九四一年）のなかで以下のように綴っている。

昭和四五年頃——よく散歩していた広島の白島のあたりを歩いている途中カントに対する把握の仕方が突然飛躍的な変化をして、その後それに連関してフィヒテやヘーゲルに対する理解も年と共に段段変って行ったのである。[3]

一九二九年から一九三〇年辺りの時期は、「一打の鑿」が思索モチーフとしてかたちを成しつつあった時期である。[4]「一打の鑿」の着想は一九二五年の春に遡るが、論考としては一九三一年の一一月に仕上がり雑誌『精神科学』に掲載された。そして、さらなる推敲を経て、一年半後の一九三三年に論文「制作作用の弁証法」（後に「一打の鑿――制作作用の弁証法」に改題）として完成した。[5] この推敲時期に並行するかたちで、論文「意志と行為」が執筆されたのである。

この時期の木村は、ドイツ観念論研究に取り組みながら、西田哲学、田邊哲学と対話し、自身の思想的立場を探っていた。[6] 企図していたのは、京都学派の立場からドイツ観念論を読み解き検討して、乗り越えることだったと言われている。[7] 学派全体の中心的な関心となりつつあった身体論の枠組みに、観念論的な認識機構に関する議論と実在論的な実践的行為の議論を取り込み、包括的な人間理解につなげることが、この頃の木村の試みであった。西田はすでにこの時期、『自覚に於ける直観と反省』（一九一七年）とそれに続く『意識の問題』（一九二〇年）、『芸術と道徳』（一九二三年）において「美」と「表現」のテーマを中心的に論じていた。このような流れのなか、木村のドイツ観念論の理解は飛躍的に深まり、論文「一打の鑿」に結実された。

論文「一打の鑿」は木村の思想の転機となったと言われている。『表現愛』「南窓社版　あとがき」に掲載される「昭和十一年九月十二日」の日記は、この時期の思索を次のように回想する。

> 私が表現的制作人間の人間学の様なものに思索を集中し始めたのは昭和六年春からであった。その秋「一打の鑿」をその考えの芸術制作作用の中に一般にポエシス《ママ》の動きの型が見られると云う下心で書いて見た。今日の新聞に依るとジイドはどこかで芸術創作作用と道徳的行為とは同じ構造を持っていると云っている相だが、私は全然そうした考えから先ず鑿を書いて見たのである。だから七年の春には同じ様なイデーで「意志と行為」を書いた。[8]

ここで木村は、自身の思索の出立を「表現的制作人間の人間学の様なもの」と呼んでいる。「表現的制作人間の人間学」の中心的テーマは「一打の鑿」が繰り出す出来事性である。そして、「芸術制作作用」や「芸術創作作用」として惹起されるポイエシスの身体性を言語化し、人間の生の論理として明らかにすることをめざした。「表現的制作人間の人間学」は、フランスの小説家アンドレ・ジッド（André Paul Guillaume Gide：一八六九〜一九五一）と同様、芸術的制作や創作活動の創造的ポイエシスが、社会的実践における道徳的プラクシスと同じ原理で働いていることを直観していた。論文「意志と行為」が論文「一打の鑿」と並行して執筆された背景には、そのような見通しがあった。

このように、木村は京都学派の美学・哲学の立場からドイツ観念論に取り組み、カント（Immanuel Kant：一七二四〜一八〇四）らの認識論的な美学の論理を行為論的制作論的に読み直し、生身の身体性を捉える論理を構築しようとした。美学・哲学を志していた木村の問題関心は、芸術の営みと社会的生の原理的な結び付きを哲学的に探究することだったのである。こうして、芸術的制作や創作活動に伴う言外の充足感や生き甲斐を、狭義の芸術の領域に留めず、広く社会生活に見通す思索がはじまった。

第二節　身体論の萌芽——論文「一打の鑿」のポイエシス身体論

道具の尖端に働く「鑿の眼」の身体性

論文「一打の鑿」は、カント美学との対話からはじまる。そこでまず木村が疑問を抱くのは、カントが芸術的制作や創作活動を、芸術家による「予め把捉された概念」の表出とする考え方である。木村によれば、カントは芸術を、悟性の判断力が把握する知的概念に、悟性と感性を揺れ動く構想力が美的理念を添付する営みと解した。しかしながら、芸術はカント美学の言うように、芸術家個人の主観が導く営みなのだろうか。木村はカント美学の芸術理解に疑問を抱いた。

木村の考えとしては、制作や創作は、「感性的にしかものを想い得ない存在」である制作渦中の芸術家が、知的概念的な認識とは異なる仕方で、生起する事柄に没入しつつ世界の一角に「自己限定」する動きである。[9] 木村は、芸術家に限らずすべての人間が、程度の差はあれ「身体的存在」として感性的に思考し、世界と交歓しながら行為すると考えた。芸術的制作や創作活動は、この存在様式がとくに鮮明化する営みなのである。

このような見通しの下、論文「一打の鑿」では「鑿の先端に輝く眼」「刷毛の先端に動く瞳」[10]（以下、まとめて「鑿の眼」と記す）というポイエシスの身体性が論究される。

刻む人に取っては鑿の先端に、描く人に取っては刷毛の先端に、真実の眼が働くのである。作ることは、フィドラーも云ったように、見ることの徹底以外の何ものでもない。[11]

ここで「真実の眼」と称される「鑿の眼」とは、感覚器官として分節される一感官としての視覚を指しているのではない。「眼に於て直ちに手が、手に於てそこに眼が」働くという「鑿の眼」とは、鑿を刻んだり刷毛で描いたりする制作的行為において、道具に染み渡り鑿や刷毛の運動のなかに感知される身体性である。それは、極めて質的で全身体的な「表現的視覚」とも言い換えられている。「一打の鑿」のポイエシス身体論は、作品を作り上げる目的性への過程の分析知ではなく、制作的創作的な動きのなかで感触される道具や素材、制作現場を深く洞察する身体知に光を当てる。これは、広義に何事かを「作ること」「作り現わすこと」に伴う現実味に迫る美学論考である。[12]

「鑿の眼」の身体性は、道具の物理的作用でもなく芸術家の精神的作用でもない。それは、伝統的に伝承されてきた道具が他に二つとない使い手の身体に出くわして、実際に刻んだり描いたりする行為のなかで練り直される働きと言える。そのすり合わせのなかで、身体が道具に順化し、道具が身体の特性を最大限に活かすとき、「身体的存在」の在り方全体が現し出す事柄として作品が生まれる。このように「鑿の眼」のポイエシス身体論では、意志的意欲的に「一打」を繰り出す身体性が、身体がそこに於いて働く世界の側から照らし返される。

ところで、引用に述べられているように、「鑿の眼」のポイエシス身体論は、「芸術学の祖」フィードラー（Konrad

Fiedler：一八四一～一八九五）の芸術理論を論理的な背景とする。フィードラーの芸術理論は、西田哲学を経由して京都学派に共有された。西田による「フィードラーの発見」は、西田哲学のその後の発展を支えるとともに、京都学派の芸術理解と人間理解に大きな影響を及ぼした(13)。

バウムガルテン（Alexander Gottlieb Baumgarten：一七一四～一七六二）が感性の学としての「美学 aesthetica」を創始して以来、伝統的に西洋近代美学は、美と芸術の原理を感性的認識の下に検証してきた。それに対してフィードラーは、芸術がもたらす歓びの感情が美的快感とは別物であることを指摘し、その違いが現実把握の仕方に関わっていると見て、美と芸術を同一視する理解に異議を呈する。主著『芸術活動の根源』（一八八七年）でフィードラーは、造形芸術がいかなる営みであるかを問う。フィードラーによると、私たちは眼に見える事物を、決して多少ともまとまりを持った表象世界として把握していない。目に見える現実として私たちが把握するのは、「もっぱら放縦な素材、つねに生起し消滅する不安定でまとまりのない素材」に過ぎず、「眼」の可視性はそこで、次々と現れては消えて行く形象や無規則で絶え間ない変化に委ねられている。この「眼」の受動的な活動を引き継ぎ押し進め、目に見えるものを見えるように描き留めようとするのが「手」の働きである。こうして、「身をあげて、すなわち全身の感覚能力と手の活動を動員して」ものを見るという営みが、芸術活動として生じる(14)。

したがって、芸術において見ることとは、単独の感官としての視覚ではなく、具体的には手の触覚とつながって生起している。フィードラーはこのように考え、芸術活動を、「眼」による知覚過程を可視的にして独立に発展させる能力を圧倒的に有する芸術家が、集散霧消する現実世界の絶え間のない戯れを把捉し魅せてくれる営みと理解した。その意味で、制作過程の節々は、つねにオープンエンドな意味発展系を携えつつ立ち現れることになる。

「眼」の働きが「手」によって発展されるというこの側面を、フィードラーは芸術の独自性と考え、芸術家の営みを視覚の特殊的発展として強調した。しかしながら西田哲学は、その議論を継承しながらも、「眼」と「手」の協働を私たちの一般的な在り方とし、感覚や知覚の作用が個別に分節されてはいないことを指摘した。また、感覚知覚は単なる受容器ではなく、フィードラーが芸術家に見取ったような創造的体系を伴うことも重視した[15]。木村における「鑿の眼」の身体性は、こうした西田のフィードラー解釈に依拠していると言える。

こうして木村は、「作ること」を「見ることの徹底」と理解した。ここで重要なのは、フィードラーや西田の思索を経てカント美学を批判的に継承するなか、木村が「作ること」を、「刻む人」「描く人」の「内」なるものの「外」への表出とは捉えなかった点である。「表現」は単なる表象作用ではない。どこまでも「未だ真に見終えられ」ない動きを鑿や刷毛の動きのなかに残しつつ、「内」と「外」を非完結的に媒介しながら進む作用が「表現」なのである。木村はこのように述べ、芸術的制作や創作活動にとっては「見続け、見究める」ことが最も大切だと考えた。この、未だ見究められないものの動的「見定め」作用としてのポイエシス理解は、「鑿の眼」の身体論の要点である。

ただ一方で、「鑿の眼」の「見定め」作用はつねに未限定ながら、同時にそこに決定的側面が含まれる点に注意したい。それは、「鑿の眼」が「絶対他者」として対峙される「素材的物質」を「見通すこと或は見貫くこと」と言い表される点である。「鑿の眼」は、自身が作り現そうとする事柄の見果てられなさ、見究められなさを余すのみならず、一打の都度着実に、素材的物質を生まれ変わらせる。つまり「鑿の眼」は、素材として対面される物質的状況や環境、そこに出会われる他者との関係性を身体的行為的に見貫き、素材や環境の変化変容を全面的に身に受けて働くというのである。こうしてポイエシス身体性は、可能性の見果てられなさに留まり傾聴的に働く側面と、物質的環境や他者との関わりを鋭く見貫き新たに改める積極的な側面という両義性を孕む作用として理解されてくる。

「表現的生命」の見定め

論文「一打の鑿」の「鑿の眼」の議論は、後に教育学研究へと転向する木村の思索において、身体論の萌芽となった。では、広く物事を作り現すポイエシスの作用は、それに携わる「身体的存在」にとってどのような営みなのか、また何かを「作ること」の動機はそもそもいかに惹起されるのか。木村は制作作用の実践的論理を、「内と外、主観と客観、観念と物質」との狭間を見つめながら慎重に思索した。以下詳しい記述を辿ってみよう。

> 一打の鑿は一つの見定めでなければならない。この意味に於てそれ故表現者の自己は却て彼の外に在るのである。作るものに向かって真実の汝は何処にと問うならば、黙して彼は眼前の像を指すだろう。何故なら刻む迄は彼自身と雖も自己の表現的生命の真実の姿を見定め得ないからである。このことは感性的なるものが内的直観として内に在ると云うことの矛盾そのものから帰結する。内的直観は如何にその程度を高めても内的たることを脱しはしない。それが外に現われると云うことはそれ故内的なるものから単に連続的に可能であるのではなく、そこには不可避の飛躍が要求せられるのである。内から物質を生産することの出来ない非発出性の有限的存在である人間の表現作用は、自己を捨てて自己の他者である外なる存在に自己を刻み込むことに依って、初めて自己の具体的なる真の姿を見ることが出来るのである。鑿の一打は、内と外、主観と客観、観念と物質との無底のクレヴァスを飛躍的に綜合する表現の実践にほかならない[16]。

この引用においてまず注目したいのは、ここで「鑿の眼」のポイエシス身体性が、「内と外、主観と客観、観念と物質との無底のクレヴァス」という、異質さを「飛躍的に綜合」する働きを捉える点である。この「クレヴァス」は、後の思索でも「虚隙」や「空隙」などと言い換えられ何度も登場する、「表現の実践」性を解する鍵である。

次に注目されるのは「表現的生命」という言葉である。これも後年の思想に継承される最重要用語の一つだが、論文「一打の鑿」では詳細に述べられない[17]。後に主著『表現愛』（一九三九年）序文で、木村は自身の思索について「表現的生命一般の本質的構造を探索」することと表しており、「表現的生命」とは何かということは、「表現愛」思想を理解するうえでの最も大きな問いと言える[18]。「表現的生命」に関しては、ここでは上記の「クレヴァス」「表現愛」との関連でのみ考察しておきたい。引用では、「自己を捨てて自己の他者である外なる存在に自己を刻み込むこと」で見出される「自己の具体的なる真の姿」が、「表現的生命」という言葉で掴まれている。要するに、「内と外、主観と客観、観念と物質」を分節的に切り分け、観照的に対象把握している限りでは「表現的生命」は生じない。しかしまた、「自己を捨てて」ということは単に主観を「外」に刻み出して行くこととも違う。「表現的生命」とは、「内と外、主観と客観、観念と物質」の「無底のクレヴァス」の断絶に「表現の実践」が架かるところに生起する、「不可避の飛躍」の作用なのである。

「表現的生命」に関係する記述は、論文「一打の鑿」に散見される。先述したように木村は、芸術を内的認識される概念を巧みに感性化する営みとするカント美学に異議を唱えた。そして、芸術家のみならずすべての人間にとって、あらゆる概念が「直接的・直観的・直覚的・生動的なる感性的豊饒」から生じることを主張した。物事を概念的に理解するということは、「本来感性的具体的に生動するものの豊饒なるいのち」を分節し、固定化して捉えることを意味する。[19] 私たちは日常的にこのように物事を捉え、伝え合っている。

けれども、何かを作ったり表現したりする「鑿の眼」的なアプローチにより、感性的な豊饒さが概念として凝固する以前の意味の流動性や多層性を捕《とら》まえておくことも大切ではないか。木村はこのように述べて、「感性の中に融合し切った概念」「感性的に動く意味」の躍動に光を当て、「表現的生命」として指し示した。

そこで、「鑿の眼」が「表現的生命」を見定める仕方について触れておきたい。「感性的なるもの」はつねに「内的直観」として内に把握されると木村は言う。ただ、「身体的存在」にとってその直観の見定めは、自己完結的に「内」に留められるものではない。身体には「内的であるものを外へ押し出す（aus-drücken, express）」という「表現」の必然性が伴っているためである。[20] そこで、木村は「身体的存在」の基本的な構造を、拮抗する「内」と「外」、そしてそのように両者が変容する作用としての「表現的生命」という三つの項により細やかに描く。

身体が働く瞬間、そこには「主もなく客もなく、物もなく我もない」。要するにポイエシス身体は、周囲の物理的環境を一面に素材や道具とするが、またそれと同時にそうした物質界から制約し返され、伸縮し変貌する。論文「一打の鑿」が示す「表現的生命」とは、こうして「内（主観・自己）」と「外（客観・環境）」が「自己否定的」「自己放下的」にせめぎ合う作用と言える。

以上のようなポイエシス身体論は、今日の学校教育においてポスト近代型能力として示される身体知と密接に関連しつつ、語り方ひとつで容易に見失われてしまう側面でもある。そこで、表現型の実践的な学びが重視されるなか、身体的な存在構造から「表現」の論理を把握し直すことをめざし、さらに論文「一打の鑿」を読み進めてみたい。

「鑿の眼」の「彷徨」と「開鑿」

フィードラーの芸術理論を参照しながら、木村は「鑿の眼」を、視覚的に何かを「見遣る眼」「眺める眼」ではなく、現れ出ようとしつつ「未だ出ない」ものを感触する視線と考えた。そして、「現在に於て存在しない」側面をまな差す「不満」の眼と定義した[21]。

このように、道具の尖端に働く対象無き志向性のことを木村は「彷徨」と呼ぶ。鑿が「彷徨」するのは、「表現的生命」の見定めが、つねにたった今切り開かれたばかりの刻面に、決して断定し得ない可能性を伸び広げるためである。しかし、木村は一方でまた、「鑿の眼」が未だ「欠けている」側面へ引き寄せられる点も指摘し、未だ無いものを志向するなかに可能性を収斂させる働きも見出して、それを「開鑿」という決意的作用として示し出す。ここから「鑿の眼」のポイエシス身体性は、「表現的生命」が未定に「彷徨」しながら決意的に「開鑿」されるという、二重の働きであることが明らかとなる。制作的行為が直面する、可能性の未知な広がりとその収縮。この議論を一般化してみると、私たちの「表現」がつねにその両面に引き裂かれていることがうかがえる。

ところで、「鑿の眼」の議論が示す「表現的生命」に関する記述を改めてふり返ってみると、結局のところ、それがいったい何なのか一概には言えず混乱を覚えるかもしれない。「表現的生命」はここで、見究めの主語、動詞、目的語のどの位置にも当てはまるように読み取れるためである。この点については、先行研究により論理の発出論的傾向が指摘されている。木村の議論では、内・主観・自己と外・客観・環境が相互に制約し合う個別具体的な関係性が、「表現的生命」という普遍的絶対的概念に包み込まれることで、全体的な普遍性が個別の特殊性を覆い尽くし、回収してしまっているのではないかという懸念である。[22] この難点は、木村が依拠する西田哲学の「絶対無の自己限定」の議論にも同様に指摘される。

西田哲学の「絶対無」概念の趣旨は、内的な構成作用として自明視される認識論的主観の枠組みを批判し、根源的な「無」にしてそこに対象的関係性を樹立し、あらゆる対立対面を可能とする「場所的自己」を探ることであった。[23] この「絶対無の自己限定」の議論は、田邊元をはじめ京都学派内外から発出論に陥っている旨を厳しく非難された。[24]

しかしながら、「鑿の眼」の身体論を軸に論文「一打の鑿」を読み返す限り、木村の論理構造は実際のところ、一見される発出論的傾向を打開しているように思う。というのは、「表現的生命」はあくまで「内」と「外」の生成つまりは個別具体的な身体の固有性を契機とする作用と考えられるためだ。要するにそれは、身体的行為的に内・主観・自己と外・客観・環境が連関する一々の可能性が、「彷徨」と「開鑿」によりせめぎ合い、打ち消し合い、刻み出されてくる不定のリズム、動向を指すのである。

したがって「表現的生命」は、内・主観・自己と外・客観・環境の両面を統括する、同質的で自己完結的な働きではない。確かにそれは論文「一打の鑿」では明確な定義を欠き理解し難い。ただ、木村がここで「生命」や「いのち」という言葉で掴むのは、身体的行為の都度に世界が変化変容し、その動きを介し私たちの「感性的なるものの中に融け込んで了っている概念」がまた独自にふくらむ、その躍動感である。この点は人間同士の関係性、とりわけ教育の関係性を考えるうえで示唆に富む視点を提供してくれるだろう。

以上、木村の身体論は、田邊哲学が西田哲学に呈した発出論の疑いや両哲学間の弁証法論争[25]を反映しながら、論文「一打の鑿」で「鑿の眼」というポイエシス身体論を芽生えさせた。そして、自身の立場の根本的原理として「表現の弁証法（表現的弁証法）」というものを示し出すのである。

創造的発見の原理「表現の弁証法」

「鑿の眼」の身体性の原理を、木村は「表現の弁証法」と言い表した。この弁証法では、「表現の新しい一歩」を決定するのは「単なる過去」ではない。「表現の弁証法」は、対立矛盾において統一的に表面化され明示化される止揚的な要素を辿る思考ではない。またこれは、蓄積的向上的な枠組みで変化変容の発展過程を捉える思考でもない。

木村が自身の立場とする「表現の弁証法」は、新たなものが「過去を止揚契機として超越し併呑《へいどん》する」ところに、一切がいったん「無」に徹される動きを拾う弁証法である。省察可能な過去や目前の状況に「依って」次を考えるのではなく、「単にこれに即し且つこれを介して」物事に当たって行く。つまり、「鑿の眼」的な「彷徨」と「開鑿」を以って、変化変容過程のなかでそれまでの一切が絶対的な無に帰され、そこに決定的な変質が織り込まれる可能性をつねに見据える見方である。(26)

「表現の弁証法」では、過去から現在、未来へ続く直線的で連続的な時間軸は通用しない。木村によれば直線的時間軸は、措定される事柄の連続的積み重ねの先に未来を見通すヘーゲル（Georg Wilhelm Friedrich Hegel：一七七〇～一八三一）的な「合理主義的弁証法」の時間性である。「表現の弁証法」はこの立場とは異なる。合理主義的で連続的な弁証法は、物事を思考し判断する際にとても役立つ。ただし、それは対象から一歩身を引いて、現状やそこでの影響関係をクリアに分析し、物事を均質的画一的に扱うことに適した思考の枠組みである。しかしながら、教育という人間の在り方や生き方に深く関わる営みでは、合理主義的弁証法では捉え切れない側面にこそ光を当てる必要があるのではないか。木村が「表現の弁証法」によって把握しようとするのは、こうした側面である。

「表現の弁証法」では、措定と反措定との矛盾が止揚され「弁証法的発展の一つの成果」が「綜合」される際、合理主義的弁証法のように、成果を直ちに次の発展につながる措定とは考えない。次の展開のためには、そこに「創造的裁断」が加わらなければならないと木村は言う。これは、鑿を刻む者が対峙する、先の「無底のクレヴァス」の議論に重なる。過程の結びが成果とされ、そこからさらに発展的な未来への関係が投げかけられる狭間に、ここでは決定的な変質や断絶可能性が見据えられるのである。

こうして、成果や結果に「即し且つこれを介して」見るということは、つねに未だ全くかたちとなっていない真新しさや変化変容が飛躍的に立ち入る可能性を開いておくことを意味する。この視座は、既存の制約を重視しながらも、過去からの連続的な蓄積や積み重ねに囚われなく、「鑿の眼」的な「彷徨」と「開鑿」のゆれ動きに晒されながら、創造性の機微を捉える立場と言える。

「表現の弁証法」――「それは主観的所与的有の客観的再現の作用ではなく、創造的発見的なる視覚の自発性に基づく自覚的限定の作用である」[27]――は、実践のなかで未だかたち無き不満や問題点、志向すべき方向性を探り、明示化されない側面を発見し動的に掴み取って行く原理である。以上のような考察から、木村は「表現の弁証法」の特色を「試図性」「冒険性」と言い表した。

以上、論文「一打の鑿」は、顕現的な表現の背後の、「無限なる可能性の中に表現への衝動と躊躇との果しなき葛藤」を伴って働くポイエシス身体性をつぶさに描いた。ここで示し出された「表現の弁証法」は、論文「意志と行為」をはじめ、後の教育学研究においても人間理解の要となる。

第三節　身体論の展開――論文「意志と行為」のプラクシス身体論

意志的行為に働く「当為 Sollen」の身体性

論文「一打の鑿」で「鑿の眼」として芽生えた身体論は、同時期に論文「意志と行為」のなかでさらに本格的に展開され主題化されている[28]。その背景には、田邊の論文「ヘーゲル哲学と絶対弁証法」(一九三二年)からの色濃い影響が指摘される。その意味で木村の身体論は、論文「一打の鑿」で西田哲学的なポイエシス身体論として芽生え、論文「意志と行為」により田邊哲学を参照軸とするプラクシス身体論として発展したと理解される。この西田哲学、田邊哲学からの詳しい影響関係については次章で検討したい。

ここでの目的は以下二点である。第一に、論文「意志と行為」が示す「意志」と「行為」の関係性に留意しながら、そこに「鑿の眼」のポイエシス身体論が明かした「表現の弁証法」の通奏低音を読み取ること。そして第二に、木村が身体論をプラクシス身体論として発展的に展開させた意図を掴んでおくことである。論文「意志と行為」は以下の身体論から語り出される。

> 人間とは、それが如何なるものとして把握されるにしろ、兎も角身体を有する存在であると云うことは見失われてはならない。殊に考察が「意志と行為」とに関する限り、このことは決定的な重要さを有している。何故なら行為が意志と区別せられ、かくして両者の連関が一つの問題になると云うことは、行為が意志の表現であると云うことに基づき、このことは併し意志が身体を通して物的客観界に於て自己を実現すると云うことに他ならないからである。身体を無視すると云うことは、行為と意志との区別と連関とに対する考察の重心的な手懸りを全然失うことを意味するであろう。ところで身体はまた、それが如何なるものとして把握さるべきにしろ、兎も角一つの物質的存在として所謂自然界に属している。このことからして我々の問題は、意志と行為とに於ける一つの契機としてのこの物質的方向に於て、考察の一つの焦点を有《も》たなければならない。(29)

まず注目したいのは、「行為が意志の表現である」という定義である。この定義は「行為」を、「意志の表現」を「物的客観界」に実現する「身体」の働きとして示す。意志と行為の間に必ず身体が媒介されることの事実性に、ここで木村は焦点を当てるのである。そして身体は、「兎も角一つの物質的存在として所謂自然界に属している」。身体は自分自身ではあるけれども、自然界に属する物質的存在でもある。社会的道徳的実践のプラクシス身体論が、このように身体の物質性から捉えられていることの意味は大きい。というのも、身体を物質的側面から捉えることは、自己を超えた側面をもつ身体をいかに「意志の表現」の実現手段として用いるかという社会的良心の視点から、行為を見つめ直すことにつながるためである。

論文「意志と行為」の議論で特徴的なのは、プラクシスを主観に関わる認識論ではなく、主客相即的な行為論から捉え直そうとする点である。また、「意志の表現」が身体を介し行為的に実現される「物的客観界」は、同様の構造を以って他者が生きる現場でもある。そこで、様々な「意志の表現」が個別の身体を通して「物的客観界」に行為されるとすれば、そこで他者同士の身体性はいかに関わり合うのか。ここにおのずと、公共倫理形成についての問いがもたらされる。

「意志」は個人の「欲望」とは異なる。それは「当為 Sollen」の体験として生きられる、「当に為すべきことと為すべからざること、即ち善と悪とに関する規範的意識」のことである。その点を確認したうえで木村は、「人間的意志」をそのような規範性の下に置く原理とは何かを問い、意志と行為に関する問いを「身体性」「物質性」「規範性」という直接的で事実的な諸点から掘り下げる方向を示す。そこで論文「意志と行為」は、「人間であると云うこと」がいったい「如何なる構造を有するか」という「身体的存在」の構造論から、規範性の所以を探る探究となる。

「人間的存在」の基礎構造

規範的良心的な「人間的意志」が働く所以を明らかにするために、木村はまず、身体と他の物質を区別する「人格性」について考察する。人格性は、社会的道徳的実践のプラクシスの根幹である。

木村によれば、人格性と対照的なのは、何か別の事柄のために役に立つか否かという「有用性」の視点である。人格性は、有用性を超越して絶対的に自己目的的であるところに意味を持つ。「身体的存在」としての人間は、この人格性を伴う点で他の「物質的存在」とは根本的に異なる(30)。

事物の「物性」は、「人間生活の立場」から見れば、第一に有用性の次元で判別されるが、対して人格性は有用性に拘《こだわ》らない。人間的意志の規範性や良心的な志向性は、この自己目的的な人格性に関わる働きと考えられる。ただ一方で木村は、「身体的存在」が「兎も角一つの物質的存在として所謂自然界に属している」事実を掴み、人間をまた物質性の下にも捉える。こうして「身体的存在」は、事物的有用性と人格的な自己目的性が混在する矛盾態として理解され、人間的意志の表現は、この身体の二重性を介して実現されるということが明らかとなる。

以上を踏まえたうえで、続いて木村は、フィヒテの『知識学の叙述』（一八〇一年）を参照し、「人格的自覚」がそもそも自発的には不可能であり、「他人を一の人格として認めることなしには自己の人格的存在性を引き出すことは出来ない」と述べる。木村のフィヒテ研究については第七章で詳述するとして、この議論にはフィヒテ「知識学」の三命題――自我の自己定立、非我の反対定立、自我と非我の対立的契機――が下地となっている点のみここで確認しておきたい。

要するに、自己と他者の人格性は、同時に同じように承認されると木村は考えた。「他人格とは他に於て見られた自人格であり、後者はまた自己に於て見られた他人格であるとも云えよう」。自他をどの程度事物的有用性で把握するか、人格的自己目的性で把握するかは、合わせ鏡のようだというのである。人格性はそもそも単独には成り立たず、「歴史的社会的全体」から規定されて成り立つ「弁証法的存在性」である。そのため私たちは、一個人としての「人格的自覚」という存在論的な原初から、「歴史的社会的全体」での「他の人々の存在とかかわり」に媒介されている。このことを木村は、「個人的存在が全体の部分としてのみ意味を有《も》つ」と言い表した[31]。

ただし、注意が必要なのは、ここでの「部分」や「全体」ということが、「物質的アトム」としての部分や、その「機械的法則」的な集結としての全体といった理解とは異なる点だ。「歴史的社会的全体」という言葉で捉えられているのは、単に「個人的存在」が寄せ集まった時空間ではない。それは、「歴史的社会的全体」、ときに「俗悪」さをも含む「世間」の規範性に、人格の自己目的性ゆえの全体への反駁可能性が控えている。それは、「歴史的社会的全体」、ときに「俗悪」さをも含む「世間」の規範性に、「個体的存在」が「叛き得る」自由である。また逆に言えば、そうして「世間に於て」「世間に対して叛く」動きが個々人と全体のつながりのところに見出されるというのが、「人間的存在」の基礎構造である。こうした木村の考察によれば、「人間的意志」は、つねに全体的規範性に叛き得る自由に叛く、という二重否定の作用として働いていることになる。

意志の作用に関して、この自由をめぐる二重否定を掴んでおくことは重要である。なぜなら以上の流れにより、論文「意志と行為」の問いは次のようにまとめられるからである——私たち「身体的存在」は、身体の事物的有用性と人格的自己目的性を拮抗させて、いかに「歴史的社会的全体」「世間」において自由に「人格的存在仲間の関わり合い」を意志し、社会的な実践のなかで維持して行けるのか。

自他ともに、間違いなく一面には事物的物質的存在である身体は、「歴史的社会的全体」「世間」のうちで、事物性と人格性が混じり合った現在を日々行為しながら感触している。その現在がもし「人格的存在仲間の関わり合い」からかけ離れあまりに事物的になると、生は疲弊し摩耗してしまうだろう。このように、論文「意志と行為」は、「歴史的社会的全体に於て個人が存在する仕方」を問い質し、「意志の表現」を「物的客観界」に実現するプラクシス身体論によってそのより善いかたちをめざした。

「最も具体的に生きている現在」としての身体

同様の関心の下、理想的な共同体を思索したカントは、個々人が手段的道具的な関係性を超えて、相互に自己目的的な人格的存在としての関係性に移る「目的の国 Reich der Zwecke」を提示した。この理念は、木村の理解では、「人間的意志」の表現が「歴史的社会的全体」「世間」の規範性と重なり合い、道徳的良心的な社会が完全実現された状態を指す。

木村はこの議論を参照しながら、そこに、人格的な意志作用は、全体の規範性に叛き得る可能性つまりは「悪への意志を有つ個体」を通じてのみ働くという見方を差し込む。個体の特殊性は、それ自体単独に意義があるのではない。「個体的存在」は、個であり特殊であるゆえの悪への自由、全体の規範性に叛き得る悪の自由を否定する点、「自己の外に在る自己ならぬもの」に「自己を放下する」点に意義があり、そこではじめて生きた人格性や現実に働く意志を持つ。「表現とは意志が個体的主観の内に在ると云う抽象性を捨てて、より高き客観的実在の次元へ躍出し、かくして共同の世界へ自己を露呈することに他ならないのである」。木村はこのように考え、カントの「目的の国」を、個人の主観的な認識能力の問題ではなく、共同体の物質的状況を介した身体的行為の問題として語り直した[32]。

そこで注視されるのは、ここでプラクシス身体論に、論文「一打の鑿」で「鑿の眼」の原理として示された「表現の弁証法」が、物質的素材や環境との全身体的な対話原理として再掲される点である。

> 即ち意志が正しく自由を行使すると云うことは、現前の具体的な物質的状況に即し且つこれを介して本格的な世の中の関わり合いを自覚的反省的に求め、これに依って決意を行うと云うことにほかならないのである[33]。

木村はここで、「意志が正しく自由を行使する」仕方を、「現前の具体的な物質的状況に即し且つ之を介して」という原理で掴んでいる。それは「非合理的な所与としての物質」としての身体の在り方を合理化して行く作用であるという。その合理化のかたちは、「意志の表現」が拓く「本格的な世の中の関わり合い」から自覚的反省的に許容されてくる。こうして「歴史的社会的全体」「世間」からの制約を行為の積極的な契機に代える「決意」こそが、本来の意味での自由な意志である。

ただし木村の自由論が、ここで検討しているような「意志の立場」における「悪」を介する二重否定の「自由」論と、「表現愛」概念提出後に焦点化される「愛の立場」における「真の自由」論という二つの側面を持つ点には注意が必要である[34]。論文「意志と行為」は主に、つねに現在を超克されるべき個々の「悪」と捉える「意志の立場」を論じるが、論述の末尾では、一切の瞬間をそのまま完結的に肯定する「愛の時間」が言及される。しかし、ここでは差し当たり意志の自由論の下にプラクシス身体性を検討しておきたい。

ここで鍵となるのは、外界からの抵抗や物質的制約が、単なる阻害的な障害物ではなく、意志を徹底させ、意志に客観的実在性を与える不可欠な手段と捉えられている点だ。意志に対する抵抗や制約は、かえって意志を実現させ豊かな具体性を持たせる。抵抗や制約を介して実際的に物質と結びつくことによって、意志ははじめて自分自身を具体的に把握することができると木村は考える。

このように論文「意志と行為」は、意志作用を、個人の内発的意欲や主観による反省的認識ではなく、自身の身体もまた潜り込んでいる「物質的状況」の非合理さを合理化する働きと解した。それは、一人ひとりがそれぞれの「歴史的社会的全体の立場」に腰を据え、そこから「将に在らんとするもの」としての「未来」を引き出し、引き受けようとする行為を指す。あるいは意志とはまた、「本格的な世の中の関わり合い」における身体の事物的道具的な働きを徹底させるなか、逆説的に、個々の人格的自己目的性の未来が発掘され、その実現が畳みかけられてくる側面とも言えるだろう。木村は、そのように自己放下的に外界の抵抗や物質的制約に関わり、深く傾聴して働く意志をプラクシス身体性として見取り、「最も具体的に生きている現在」と呼んだ[35]。

「最も具体的に生きている現在」としてのプラクシス身体論は、論文「一打の鑿」での「鑿の眼」のポイエシス身体論と、「不満」をまな差す側面で重なり合っている。というのも、身体が歴史的社会的全体の規範性に立ち返り「最も具体的に生きている現在」となるとき、その在り方は根本的に「それ自身不満」であると表されるためである。「不満とは一面存在すべきものの欠如を契機とすると共に同時にこの欠如を満たさんとの積極的意欲である」。このように、木村のプラクシス身体論は、共同体に臨む「人間的意志」が何らかの不満や欠如態に「即し且つ之を介して」働きかける側面を何より重視する。そして、その原理はここでもまた、「表現の弁証法」と言い表される。

要するに、身体的行為的な在り方が「それ自身不満」となり、同時に「積極的意欲」ともなる問いや関心がどこにあるかを、表現的に探り出してみることが鍵である。実際問題として何かに強い不満や欠如態を見出すとき、それは裏を返せば、「歴史的社会的全体」から個人に宛てられたプラクシス的な課題性と言える。そうした不満を介した課題探究は、引いては自分自身にとっての「本格的な世の中の関わり合い」や「人格的存在仲間の関わり合い」の在り処を洞察する手がかりとなるだろう。

ところで、プラクシス的表現の関係性では、身体はもはや「物的客観界」「物質的状況」の一角としての自然物ではなく、素材的環境もまた単なる物理的物質ではなくなると木村は言う。何らかの「企画とそれの遂行」を志して進む実践的意志を表現する身体にとって、「物質 Materie」とは、「歴史的社会的共同界」に属し、「身体を通して働きかけ得る Materie 質料」の一切となる。それは、自身に対して根本的な他者性を伴いつつも、実際の実践的な関わりにより形作られるなかで、歴史的現実となって行くものと言える。そうした実践的な質料がどこに見出されるか、自身にとって最も切実な質料は何なのか、あるいは、見出される課題性に適した質料をいかに見つけ出し他者と共有するかといった視点は、プラクシス身体性の現実味を考えるうえで示唆深い。

意志の質料「意味の物質界」

論文「意志と行為」は当初、身体の物質性をあえて強調していた。それは、「歴史的社会的全体」「世間」における関わり合いで、身体が事物的な有用性と人格的な自己目的性を拮抗させ、その両義性の塩梅を自他間で映し合う側面に焦点を当てる議論であった。そこには、全体的な規範性の肌理や世間の居心地を再考し、より善いプラクシスのかたちを模索する視点が読み取れた。

しかし、論述をふり返ってみると、木村は、身体は言うまでもなく、意志が面する自然や物質さえも、単なる物理的物質とは捉えていない。実践的に働く意志の立場からすると、歴史的社会的な共同性の下に出会われるものはすべて、その企図にとって質料的物質となり得る。しかも、物のみならず私たちの行為であっても、いったんそれが「為されたもの」として捉えられるや否や、一つの環境として「質料的世界」に入るのだという。このことを木村は、「意志に対する自然とはかくの如き意味の物質界に他ならない」と言い表す(36)。

このようにプラクシス身体論は、遍く環境に様々な「意志の表現」を読み取る。表現の質料を、こうして物理的物質を超えた意味世界にも見出す点は、「表現愛」概念提出以降の思索にも通じる思想の特色である。この点をさらに展開して、木村は、身体的行為的に「意味の物質界」へ浸透して行くなか、プラクシスの「最も具体的に生きている現在」がつねに真新しい個性的な良心を喚起し得ることを見通した。「真に具体的な良心は却て感性的である」。

この感性的プラクシスの起点は、「生きた歴史的時間」と言われる。これは、連続的な物理的時間軸では把握できない時間性である。一般的な物理的時間軸は、過去から現在に至る時間の流れを連続的に捉え、そこに目的論的発展の流れを見取る。ここでは、過去から現在への時間の展開は、そのまま未来にまで合理的に押し伸ばされる。しかし、論文「一打の鑿」と同様、論文「意志と行為」の議論もまた「表現の弁証法」に沿っており、過去を踏み固めながら未来へ均質に流れる上記の直線的時間軸には則っていない。「現在に於て常に新しく目醒め、この覚醒からして過去を常に転じて行く時間」、つまりは「過去を呑了《どんりょう》する過去の母胎」としての現在が、ここでも鍵なのである[37]。

以上、論文「意志と行為」のプラクシス身体論は、意志と行為を表現的連関のなかに捉え、意志を実践的に実現させる唯一の媒介契機として身体に注視した。意志は、「歴史的社会的全体」「世間」における事物的有用性と人格的自己目的性が相互連関する身体性の限りで、自由に物事を作り出して行くことができる。厳然とした過去や目前の状況に制約されつつも、それに完全に依拠するのではなく「これに即し且つこれを介して」、合理主義的分析論や因果論を宙に浮かせるような創造的な現在を「踊出」させながら。このように、論文「意志と行為」のプラクシス身体論は、論文「一打の鑿」のポイエシス身体論と同じ原理で構想されている。ただここでは思索の軸足が、芸術的制作や創作活動に留まらず、視野が格段に広げられているのである。

ここまで、前期思想を代表する論文「一打の鑿」と論文「意志と行為」から、ポイエシス身体論とプラクシス身体論をそれぞれに書き起こしてきた。一連の考察から得られた要点は、以下二点に整理される。

第一に、論文「一打の鑿」における身体論の萌芽では、「鑿の眼」の「彷徨」と「開鑿」という両義的な働きが、ポイエシス身体性として明らかになった。その原理として示された「表現の弁証法」は、ヘーゲルの合理主義的連続的弁証法のように、意味の蓄積と価値向上に基づくものではなかった。「表現の弁証法」は、「内と外、主観と客観、観念と物質との無底のクレヴァス」と示されるような絶対的な異質さを、同質的に統合するのではないかたちで「飛躍的に綜合」する創造性を捉える原理であった。この立場は、対峙される状況「に依って」ではなく、「に即し且つこれを介して」ものを見る。変化変容の拮抗矛盾点を、つねに暫定的に、現行の動きに潜り込みながら深く見つめるまな差しである。このような「表現の弁証法」は、木村教育学の鍵となる。

第二に、論文「意志と行為」における身体論の展開では、「最も具体的に生きている現在」としてのプラクシス身体性が明らかとなった。「具体的に生きる」とはここで、自身が身を置く「歴史的社会的全体」「世間」における不満と欠如態を指す。プラクシスの行為は、それらを満たそうとする積極的意志、憧憬としての「意志の表現」だと木村は考える。ここでも木村は、「意志が正しく自由を行使する」仕方を、現前する具体的な物質的状況に「即し且つ之を介して」という「表現の弁証法」の下に理解する。その際、実践的な意志の立場にとっては、歴史的社会的共同体における物理的物質、あるいは行為の痕跡としての「意味の物質界」は、すべて素材としての質料的物質となる。そこで、身体の事物的有用性と人格的自己目的性を連関させながら質料的物質と取り組み、世の中に「人格的存在仲間の関わり合い」を作り成すため「生きた歴史」を塗り替えて行かなければならない。以上のような考察が、前期思想のハイライトと言える。

第四節　「鑿の意志」の滅却

個的特殊性と全体的普遍性をめぐる思考

論文「一打の鑿」のポイエシス身体論と、論文「意志と行為」のプラクシス身体論の内容が明らかとなったところで、次に、「表現愛」概念を提出する直前の美学論文「ミケルアンヂェロの回心」（一九三八年）のなかで、両論考の結び目と言うべき興味深い論述が展開されていることに注目したい。ここでは、一人の芸術家の生が「鑿の意志」というポイエシスとプラクシスが重なり合った言葉で表され、その「滅却」という事態が、個と普遍性をめぐる問題と絡めて考察されている。

論文「一打の鑿」では、個的立場は「内と外、主観と客観、観念と物質」、普遍性は「表現的生命」という言葉で示された。一方論文「意志と行為」では、個は「人格的自覚」される「個人的存在」「個体的存在」、普遍性は「歴史的社会体全体」「世間」であった。しかし、この二つの論考では、個の特殊性と全体的普遍性の連関自体は表面化されず、そこに焦点を当てた記述は見られなかった。

木村の思索で個の特殊性と全体の普遍性がテーマ化されるのは、論文「ミケルアンヂェロの回心」と言われている。この論文は、『哲学及び宗教と其歴史――波多野精一先生献呈論文集』（岩波書店、一九三八年）のために記された。執筆時期は、木村が教育学研究に携わるようになって五年ほどが経ち、「表現愛」概念を提起する直前の頃である。論述の後半で、個体としての「個性的存在」同士が相互に関わり合う作用と、同時にまた別次元で各々の「個性的存在」が「普遍的なもの」と関わる作用が示されている。先行研究によれば、この論点は、後の論文「教育の本質について」（一九三九年）[38]のなかで、個体同士の「個的媒介」と個が普遍性と媒介し合う「普遍的媒介」という関係性の二重構造として示唆され、『国家に於ける文化と教育』（一九四六年）第二章第三節「自覚的個体」でそのように術語化し、定式化された[39]。

このような流れを踏まえ、以下では論文「一打の鑿」のポイエシス身体論と論文「意志と行為」のプラクシス身体論の論理的交わりを、論文「ミケルアンヂェロの回心」のなかに読み取ってみたい。

天才的「個性」が直面した問い

ルネサンス期の芸術家ミケランジェロ（Michelangelo di Lodovico Buonarroti Simoni：一四七五～一五六四）は、彫刻、絵画、建築など多岐にわたる天才的な仕事を数多く遺した。情熱的な作風は広く称賛を得、晩年のミケランジェロは畏敬の念を集めていた。論文「ミケルアンヂェロの回心」が光を当てるのは、そうした「個性的価値」競争の「激しい嵐の中」を、強靭な意志とともに突き進んだミケランジェロの足跡の一部である。

ルネサンス期の西洋世界は、中世の神学的普遍主義から解放されて、人間性開発と個性崇拝の熱が時代に充満していた。そして、「独歩の人物 uomo singolare」「無二の人物 uomo unico」と讃えられる独創的な個人が、最高の人間像として掲げられていた。ルネサンス初期のダンテ（Dante Alighieri：一二六五～一三二一）、一五世紀のアルベルティ（Leon Battista Alberti：一四〇四～一四七二）、ダ・ヴィンチ（Leonardo da Vinci：一四五二～一五一九）、ラファエロ（Raffaello Santi：一四八三～一五二〇）らである。ミケランジェロもまた同様の気風のなかで育った。

木村はそこで、「個性の絶対的尊重」「個人の絶対的肯定」を世間から寄せられ、自らも強く自負したミケランジェロの深き悩みの底を覗き込む。それは、孤独な天才が直面する必然的な悲しみだったのではないかというのである。そして、この悲しみの洞察は、ミケランジェロという個人やルネサンス期という時代に特別なのではなくて、「一般に人間存在そのものの本質」に関わるだろうと見通す[40]。

ミケランジェロは、早くからギリシャ哲学に惹かれ、「美」に対する断ち難いポイエシスの要求に駆られていた。ただし木村は、ミケランジェロの苦悩は、理想や直感を向上的に追い求め、挫折し、それでも何かを作り出すこと、という芸術そのものの意義とは別のところから生じていたのではないかと考える。その悲しみや苦悩は、「芸術意識の峻嶺登攀」という高さが窮まったところからの、更なる「深さへの登攀」のところで生じていたのではないかというのである。

この方向に於ては鑿は却て打ち破り難き闇の限界に行きつまらなければならなかった。深さへの登攀は、鑿の意志の滅却を介して、その絶対的な自己否定を介して、初めてその道が開けたのである。闇は長い間彼の生活をその底から脅していた。(41)

木村によれば、この苦悩はミケランジェロの生涯消えることがなかった。それでも老い行く巨匠は、最期まで鑿を加えることを止めず、最晩年の「ロンダニニのピエタ」(42)に至っては、「破壊の程度も未完成の程度も最も甚だしい」刻面を見つめていた。「鑿の意志」の高さへの窮まりが「打ち破り難き闇の限界」に打ち当たり、芸術への意志の高さや強さが生の「闇の深淵」を拓き出してくるという苦難の日々。論文「ミケルアンヂェロの回心」が描くこうした「鑿の意志」の自己否定的滅却が、木村の言うように「一般に人間存在そのものの本質」だとしたら、それは一体何を意味するのだろうか。

木村はミケランジェロの苦悩の背景に、個性を個人のうちの自発的で内在的な事柄として育み、比べ合わせ、より力強いものや優れているものを選別して称賛し歓迎する、時代の風潮を指摘する。その風潮の下では、個人は「独立的個体性」であることを求められ、他の「個性的存在」――「個人の一々の行為や作品に就いてと同様にまた民族や国家に就いても同様」――との比較競合が生活の基本的な姿勢となって行く。

ここで木村は以下のように問い返す。「個性的なものは普遍的なものを与り保つことに依って初めて個性的であり得る」のではなかろうか。一々の個性を個性として成り立たせている普遍的地平を省みず、完全に切り捨ててしまうと、個性は自滅的に枯渇してしまう。ミケランジェロが独創的な鑿の打ち破りを以ては立ち尽くしてしまった「闇の限界」、「鑿の意志」の自己否定的滅却は、天才的個性ゆえに激しく直面した「人間存在そのものの本質」に関わる問題であった。

ポイエシス身体性とプラクシス身体性の連関

以上のように論文「ミケルアンヂェロの回心」は、芸術に関する美学論文でありながら、合わせて個性に関する人間存在論となっている。ミケランジェロは、強烈なポイエシス個性であり、自らも強くそれを望み高めて行った。しかしミケランジェロの探究は、その偉大な個性を「独立的個体性」に押し込んでいたために、それだけ強く人間一般の普遍的な存在構造に押し返され、自問に直面したのである。

そこに、女流詩人ヴィットリア・コロンナ（Vittoria Colonna：一四九二～一五四七）との出会いがあった。交わされた書簡には、ミケランジェロが苦悩のうちにも堅持していた芸術に対する信条を徹底的に粉砕するような、鋭い指摘も綴られている。自身の創造力を利己心の下に置くことの傲慢さ、空しさ、そして信仰の必然性。しかし、彼女が灯した信仰の光は生涯決して消えなかったけれども、悲しみ、苦悩、絶望を打ち消したわけではなかったという。

天才芸術家ミケランジェロの悲哀と危機的苦悩は、ポイエシス的個性の極みから、歴史的社会的共同性のプラクシスの深淵を急角度で覗き込んだところにあったのではないか。自他ともに認める圧倒的な「無二の人物」であったこと、そうであることを極度に高く評価する時代に育ったことが、ミケランジェロに苦悩をもたらしたと考えられるのである。

独立独歩の個性や自分らしさ、独創性を「直接態に於てのみ生き切る傾向」を培った個人は、木村が言うようにいつの時代にも見出される。しかし、ここでの論考に沿えば、個性伸長を謳う言説は、いつしか鑿の打ち破りの論理では立ち尽くすしかないような、鑿の意志の深刻な自己滅却に至るだろう。ただそれは、他の「個性的存在」とのつながりにおいて他者とともに生きるプラクシスに関わる重要な問いの開かれでもある。ここに、ポイエシス身体性とプラクシス身体性が、個人の生のうちで、強度、深さ、重みなどを相互に連関させていることがうかがえる。

そこで木村は、「個性的存在」は「一方に他の個性と否定的に媒介し合うことに依って、また他方に普遍とも同様に否定的に媒介し合うことに依って」はじめて可能となるという人間存在論を示し出す(43)。この理解が日々の個人的関係性や社会全体で見失われ、個の特殊性と全体的普遍性のどちらかが膨張肥大すると、鑿の歩みは止まらざるを得ない。

ここで、木村は美学と哲学を通底する「自覚的表現者」の存在構造を示し、この淀みを打開しようとした。自覚的表現者は、一人ひとりが絶対的に「個性的存在」でありながら、同時に他の個性にとって「普遍的な表現的価値」の契機となるという仕方でのみ行為する。この枠組みは、芸術作品や個人の一々の行為に限らず、より広く民族性や国家の在り方にまで広げられる。ミケランジェロのような天才的個性のみならず、すべての個人、社会的共同体、組織といった個的立場が、他と普遍的地平を「分有」することで自身がはじめて成り立つという原理を真摯に問い続けることが必要だ。木村はこのように考えた。

この「分有」の仕方については、「個性的存在」が「普遍の単なる量的限定」としてその一部を分け持っているわけではないと指摘される。それは、「つながりなきつながり」「非連続の連続」による、飛躍的断続的な「分有」である。この点に関しては、論文「意志と行為」での意志の二重否定の議論が想起される。それは、個人の意志が、歴史的社会的な世間の規範性に叛き得る自由をさらに否定し、つねに身体的行為を通してのみ実現されるという件であった。「個性的存在」は、個として「普遍から叛き得ることの能力」「悪の根源」を伴いつつも、公共的な関係性において個性を他と普遍的に与り保つことから、その離反可能性を絶えず慎重に否定し続けて存在するというのである。

以上のような「個性的存在」の存在構造からすると、ミケランジェロの悲哀と苦悩、「鑿の意志」の滅却は、普遍性から引き剥がされて浮遊する「独立的個体性」にとって避けられないものだった。強烈な個性は、自らを歴史的社会的普遍性の深みに改めて根付かせる必要があった。そこで、ミケランジェロの「鑿の意志」は、自身の独創的ポイエシスに直接付与され称賛される個性を、おのずと個と普遍性との連関のなかに折り返して自ら滅却し、自らの生を、プラクシスの関わり合いを支える世界の成り立ちや普遍的地平から深く見つめ直した。そのような折に訪れたのが、ヴィットリア・コロンナとの出会いと「回心」の出来事だったというのが木村の読解である。

後期教育学「ポイエシス＝プラクシス」への布石

木村はミケランジェロの苦悩を辿ることで、すべての「個性的存在」が自他の「普遍的契機」を与り保っていることの事実を見据えた。そして、個性を単独に捉えて比較競合し、拡張肥大させるのではなく、他の個性や、個性自体を可能にしている普遍的地平との連関の下に捉え直すことの重要性を指摘した。

論文「ミケルアンヂェロの回心」には、後期教育学で術語化される「ポイエシス＝プラクシス」原理への布石が読み取れる。論文「一打の鑿」は、不満と欠如態を傾聴的に引き出す「彷徨」と「開鑿」の「鑿の眼」のポイエシス身体、論文「意志と行為」は、「意志の表現」である行為により不満と欠如を憧憬と意欲に変換する、「最も具体的に生きている現在」としてのプラクシス身体を明らかにした。そのうえで論文「ミケルアンヂェロの回心」は、両身体性が相互依拠的に連関するなかに「個性的存在」が成り立つことを示した。その際ここでは、ポイエシスとプラクシスの連関――後期教育学における「＝」――のところで、個の特殊性と全体的普遍性が飛躍と断続を介し互いに新しく改まることも示唆されている。以上が、「表現愛」概念提出以前の身体論の大枠である。

最後に、木村が捉える普遍性概念が、個的なそれぞれの立場から捉えられる相対的な普遍性を超えて、「未だ超人間的な絶対的超越性」「全存在（全宇宙）」と呼ばれるような超越的普遍性を遥かに見渡している点を確認しておく。その地平は、個を起点とするあらゆる呼応関係を一挙に「包越」し、それによって働くと考えられている(44)。つまり、木村の普遍性への視座は、「人間的世界」の原理である「表現の弁証法」を不可欠な契機として包み越え、さらなる広がりを見せ展開する余剰にも言い及んでいるのである。そして私たちの行為は、ポイエシスとプラクシスを相互連関させるそれぞれのかたちによって、個の特殊性と、そのような普遍性を一々に結び直しているというのがここでの見通しである。このように、木村の議論が、個的立場やその関係性の一角から普遍性を考えるのでなく、「人間的世界」を超えた非知の領域にも思索をめぐらせ普遍的地平を語っている点には留意しておきたい。

論文「ミケルアンヂェロの回心」は、ミケランジェロ個人が迫られた宗教的自己変容とそこでの救われなさを描くことで、その背景となる「ルネサンス的個性」の時代性と、それ以降も個人主義や自由主義を支え続ける文化理想主義的ヒューマニズムを問い直す論考であった。中世世界に逆戻りするのではないかたちで、人智を超えた事柄や、時代の価値性から取りこぼされ、覆い尽くされて見えなくなる側面を照らし出しておくことはいかに可能か。この大きな問いは、教育学研究が主となる中期以降の思索にも引き継がれる。

註

（1）よく知られている通り、プラトン（Platōn：前四二八／四二七〜三四八／三四七）は対話篇『国家』（前三七五年頃）において、詩作や演劇といった芸術が作り現す事柄を、超感覚的な「美」の「イデア Idea」の「模倣 mimesis」による虚構、作りごととした。ここで芸術は、超越的イデアを模した事物をさらに模倣する営みとして、普遍的心理から三段階かけ離れるとされる。その議論を継承したアリストテレス（Aristotelēs：前三八四〜三二二）は、経験重視の実証主義的立場から悲劇の現実味や詩の哲学的な普遍性に注目し、単なるイデアの模倣に収まらない芸術の積極性を見出した。

（2）木村が西田幾多郎の下をはじめて訪れたのは、一九一九年ことである。その翌年から師事し、西田哲学の後期思想と並走するかたちで思想を展開した。本書はそこで、岩城見一による西田哲学の思想時期四区分に従い、その第四期「後期西田哲学」と木村教育学との影響関係を主に読み取って行く。ここでの四区分では、第一期を「純粋経験」を思索した『善の研究』（一九一一年、明治四四年）前後、第二期を「絶対自由の意志」がキーワードとなる『自覚における直観と反省』（一九一七年、大正六年）所収の諸論文から『芸術と道徳』（一九二三年、大正一二年）までの間、第三期を「場所」の思索期である『一般者の自覚的体系』（一九三〇年、昭和五年）所収の諸論文から『無の自覚的限定』（一九三二年、昭和七年）に至るまでの間、そして第四期を「歴史的実在」「弁証法的一般者」「行為的直観」などがキーワードとなる一九三三年以降とする（岩城見一「解説」上田閑照監修『木村素衞 美のプラクシス』（京都哲学撰書七）燈影舎、二〇〇〇年、二六一頁）。

（3）木村素衞『独逸観念論の研究』弘文堂書房、一九四〇年、頁番号無し。

（4）この時期は、田邊元が『哲学研究』第一七〇号で論文「西田先生の教を仰ぐ」（一九三〇年）により西田哲学に疑問を呈し、以降、西田‐田邊間で弁証法論争が盛んとなった時期である。後に論文「一打の鑿」に付された「制作作用の弁証法」という副題にはこの論争が反映していると考えられる。この点については第二章で詳しく検討する。

(5) 大西正倫『表現的生命の教育哲学――木村素衞の教育思想』昭和堂、二〇一一年、三二、四二頁。

(6) この時期の訳著『フィヒテ 全知識学の基礎』は戦後も評価され続けており、二〇〇五年にも岩波文庫版として復刊されている。木村のフィヒテ研究についての詳細は、藤田正勝による論文「木村素衞とフィヒテ」日本フィヒテ協会編『フィヒテ研究』第二号、晃洋書房、一九九四年を参照。京都学派美学に関しては、浅倉祐一朗「西田幾多郎『歴史的形成作用としての芸術的創作』（一九四一年）における芸術認識」『場所』第六号、西田哲学研究会、二〇〇七年、四三～六四頁・岩城見一「解説 西田幾多郎と芸術」上田閑照監修『西田哲学選集』第六巻、燈影舎、一九九八年、四〇六～四三七頁・藤田正勝『西田幾多郎の思索世界――純粋経験から世界認識へ』第二章「生と表現、そして美の問題」岩波書店、二〇一一年、四三～七四頁を参照。

(7) 大西前掲書、一二、三八頁。

(8) 木村素衞『表現愛』こぶし書房、一九九七年、二〇六頁。

(9) 同上書、一二〇頁。なお、中嶋優太によれば、「感性的概念」を介し「感性的にものを想う」存在という木村の人間理解は、前期西田哲学の芸術論が芸術の非概念性を強調するあまり制作過程の媒介性を十分に捉えていなかったのに対し、「芸術家と素材との掛け合い」による感性的思考に光を当てた木村の創見と言える（中嶋優太「木村素衞の制作の美学――カント美学と制作論」日本哲学史フォーラム編『日本の哲学』第一一号、昭和堂、二〇一〇年、一二四頁）。

(10) 木村自身の表記では、「先端」と「尖端」は併用されている。本書では引用箇所を除き「尖端」に統一する。

(11) 木村前掲書、一二四頁。

(12) 芸術的制作や創作活動に働くこうした身体知の把握には、木村自身が絵を描き、日常的に制作に携わっていたことが少なからず反映されたように思われる。木村は、自由な時間があれば「一生懸命になって十五号位を二枚も三枚も描くだろう」と日記に綴っており、心に留まった静物や風景、子どもたちの姿のスケッチを数多く遺した（木村素衞『魂の静かなる時に』（燈影撰書一八）燈影舎、一九八九年、一二九頁）。

(13)　『善の研究』（一九一一年）を出版した翌年、西田は日記でフィードラーの著作に言及している（藤田前掲書、五五頁）。

(14)　Fiedler, K., *Der Ursprung der Künstlerischen Tätigkeit*, Leipzig: Hirzel, 1887. ＝山崎正和・物部晃二訳「芸術活動の根源」『近代の芸術論』中央公論社、一九七九年、一〇五～一〇七、一一五、一四一頁。

(15)　藤田前掲書、五八頁。

(16)　木村素衞『表現愛』こぶし書房、一九九七年、一二五～一二六頁。傍点は著者による。

(17)　後に木村は西田哲学の「絶対無」概念を交え、論文「科学と表現」（一九四一年）のなかで「表現的生命」を次のように定義する。「主体と客体とを媒介項とする具体的普遍としての絶対無の自己限定の活動」（木村素衞『形成的自覚』弘文堂書房、一九四一年、二五三頁）。この定義については、ヘーゲルの「具体的普遍」との関連の下、改めて考察したい。

(18)　小林恭「解説」『表現愛』こぶし書房、一九九七年、二二四頁。

(19)　木村素衞『表現愛』こぶし書房、一九九七年、一二〇頁。

(20)　同上書、一二四頁。

(21)　同上書、一四〇～一四一頁。

(22)　小田部胤久『木村素衞――「表現愛」の美学』講談社、二〇一〇年、一一八～一二〇頁。

(23)　西田哲学の「絶対無の自己限定」の議論は、『働くものから見るものへ』（一九二七年）で示された「場所」思想を敷衍するかたちで、『一般者の自覚的体系』（一九三〇年）で提起され、『無の自覚的限定』（一九三二年）で中心的に論じられた（藤田前掲書、一四八頁）。

(24)　田邊の論文「西田先生の教を仰ぐ」は、西田哲学が「純粋経験」から導き出した「絶対無の場所」や「絶対無の自己限定」では、「絶対無」が直接無媒介的に捉えられており、そこにすべての個別性が回収される議論となってしまっていると指摘し、発出論的傾向を論難した。これに対し、西田は直接的には応答しなかったものの、『無の自覚的限定』の序文で、所収論文「場所の自己限定としての意識作用」（一九三〇年）と論文「私の絶対無の自覚的限定というもの」（一九三一年）を、「田辺君の批評を考慮して」書いたと明記している。

(25)　一九三〇年前後の京都学派では多くの哲学者が弁証法を打ち出したが、その一つの引き金となったのは、田邊が一九二七年三月から『哲学研究』に掲載した「弁証法の論理」の論考だったと思われる（服部健二『西田哲学と左派の人たち』こぶし書房、二〇〇〇年、二七頁）。田邊のこの一連の弁証法研究は、『ヘーゲル哲学と弁証法』（一九三二年）にまとめられた。田邊の西田批判は、田邊が「絶対無」概念を受容するにつれて角度を変えて行くが、弁証法論争は両者の哲学の分岐点となり、その後も彫琢し合う軸となった（嶺秀樹『西田哲学と田辺哲学の対決――場所の論理と弁証法』ミネルヴァ書房、二〇一二年、四二頁）。

(26) 木村前掲書、一三二頁。

(27) 同上書、一三五頁。

(28) 森田伸子「木村素衞における政治と教育――京都学派の身体論を問い直す」『人間研究』第五一号、日本女子大学、二〇一五年、三六頁。

(29) 木村前掲書、一五一頁。文中の傍点は著者による。

(30) 同上書、一五三頁。

(31) 「この全体が拡がりに於て、即ち空間的に見られるとき、それは社会であり、持続に於て、即ち時間的に見られるとき、それは歴史であると考えられる」（同上書、一五五頁）。

(32) 同上書、一六五〜一七五頁。

(33) 同上書、一八六頁。傍点は著者による。

(34) 「愛の立場」の「真の自由」は、後に論文「表現愛」（一九三八年）のなかで、「解脱」の自由と換言される。仏教言説を織り交ぜながら「自在」や「無礙」と語り合わされる「愛の立場」の真の自由論、解脱の自由論に関しては、煩悩の束縛から離れ安らぎを得るという宗教哲学的な「悟り」の境地に関わることが指摘されている（大西前掲書、四一頁）。「表現愛」思想における宗教性をめぐる問題については、機会を改めて検討したい。

(35) 木村前掲書、一九四頁。

(36) 同上書、一七九頁。

(37) 同上書、一九六頁。

(38) 論文「教育の本質について」は、高坂正顕が遺稿に題目を付けるかたちで出版された『教育と人間』(一九四八年)に所収されている。
(39) 大西前掲書、五六頁。
(40) 木村素衞『表現愛』こぶし書房、一九九七年、九二頁。
(41) 同上書、一〇一頁。傍点は著者による。
(42) 四体の『ピエタ Pietà (哀しみ、哀悼、慈悲)』像は、十字架から降ろされた基督がテーマの聖母子像の一種である。唯一完成した『ローマのピエタ』(サン・ピエトロ大聖堂)のほか、『ドゥオーモのピエタ』(サンタマリア・デル・フィオーレ大聖堂附属博物館)、『パレストリーナのピエタ』(アカデミア美術館)、『ロンダニーニのピエタ』(スフォルチェスコ城)はすべて未完の作品とされる。
(43) 木村前掲書、一一二頁。
(44) 髙橋里美(一八八六～一九六四)が主題化した「包越」概念は、木村教育学の鍵でもある。木村の「包越」概念は、代表的論文「表現愛」第二部「表現愛の構造」で焦点化され、以降も要点となる。それは、自身にとって望ましいものを求め作り現そうとする価値志向的向上的な文化の愛「エロス」と、価値無関心的無動機的な宗教的愛「アガペ」という「表現愛」の二原理が連関する動きとして語り出される(同上書、八六～八七頁)。

第二章　「ポイエシス＝プラクシス」を原理とする身体

本章では、「表現愛」の人間学の第一の原理として、木村素衞の思想の集大成となった『国家に於ける文化と教育』（一九四六年）で術語化される「ポイエシス＝プラクシス」に光を当てる。ここでの目的は、「ポイエイス＝プラクシス」が語り出される道筋とその論理背景を、前期思想から後期教育学に至るまで読み通し、身体論の伏流線を捉えることである。

前章の通り前期思想の段階では、ポイエシスとプラクシスは、「区別の一層深い根柢」に「両者を一貫して支配する普遍的原理」が直観されながらも、別々の作用として論じ分けられていた(1)。それが、論文「ミケルアンヂェロの回心」（一九三八年）のなかで、個の特殊性と全体的普遍性の相互連関構造がテーマ化された際、ポイエシスとプラクシスの連関もまた示唆されることになった。そしてその先、後期教育学に至り、ポイエシスとプラクシスは「＝」で結ばれ一つの術語となる。「ポイエシス＝プラクシス」の「＝」は等号の意味ではなく、それぞれが区別以前から相互依拠的に生じる動きを捉える記号と解されている(2)。本章は、この「＝」記号の意味と、それが導き出されるまでの思想遍歴に注目したい。

第一節では、まず木村の身体論の背景となる京都学派身体論を概観する。そして、本書が参照する先行研究の論点を改めて確認する。

続いて第二節では、木村教育学がポイエシスとプラクシスを「＝」記号で結ぶに至る論理背景として、時期を追い、まず田邊哲学からの影響に注目する。ここでは、論文「意志と行為」（一九三二年）のプラクシス身体論が、田邊哲学から継承した論点に光を当てる。

そして第三節では、「表現愛」思想の身体論を、後期西田哲学の「行為的直観」の議論から捉え直す。ここでは、西田の論文「ポイエシスとプラクシス」（一九四〇年）からの影響に注目するとともに、(3) 西田の術語「ポイエシス即プラクシス」と木村の「ポイエシス＝プラクシス」を対比する。

そして第四節では、『国家に於ける文化と教育』のなかで「ポイエシス＝プラクシス」原理が登場する文脈を読み解く。そして、木村の後期教育学が、国民教育論に身体論を接続させて、技術的身体を「世界史的国家の技術的契機」と捉える点を確認し、その意図について考察する。

第一節　京都学派の身体論

木村は京都学派の一員として、西田哲学と田邊哲学の弁証法論争を反映させながら思索の方向性を探った。(4) そこで大きな論点となったのが、一九三〇年前後より主題化された身体をめぐる議論である。この時期の京都学派では、ドイツにおける哲学的人間学との関連で、人間の具体的全体的な存在構造を問う「哲学的人間学」が隆盛であった。なかでも田邊哲学は、フォイエルバッハ（Ludwig Andreas Feuerbach：一八〇四～一八七二）、ディルタイ（Wilhelm Dilthey：一八三三～一九一一）、ハイデガー（Martin Heidegger：一八八九～一九七六）らの思想解釈を通し、自身の立場を打ち出す機軸として身体論を導入した。後期フッサールやメルロ＝ポンティら現象学的身体論と同様に、主観と客観、精神と物質、人間と自然などを二元論的に分離する近代合理主義的なものの見方に疑問を呈したのである。また、西田哲学に関しては、一九三〇年代中頃の「行為的直観」の思索が、現象学とは別のアプローチから身体性に迫り、身体的行為の動きの只中で自己と世界の現実性が同時更新される動きを捉えたことが高く評価されている。[5]「行為的直観」という着想がはじめて表されたのは、論文「弁証法的一般者としての世界」（一九三四年）においてであった。[6] それは、人間の認識と行為を乖離させ別々に論じるのではなく、身体の動きのなかで認識と行為が一挙に編み変わる瞬間を精緻に論理化する試みであった。

ただ、すでに指摘される通り、ここで近代日本哲学の秀逸さを安易に掲げることは、京都学派が距離を置きながらも一面に傾斜したナショナリズム的傾向に再び陥る危険性がある。京都学派の身体論は、現象としての身体性に、歴史的社会的な文化の側面が根深く入り込んでいる事実を明らかにした優れた論理である。しかし一方でそれは、身体とその周辺世界との同質的全体的な連関を立ち上げ「ナショナリスティックな文化本質主義」に偏り兼ねない危うい論理でもある。[7] 身体論に関するこの二面性は、戦前戦時下の国民教育論を説いた木村教育学についても注意深く検討しなければならない。ただ、身体論のこの二面性は、京都学派身体論に限らず、身体性をめぐる議論一般に共通する。そこで、知識技能集約型から実践的表現型へ移行しつつある今日の学習理論もまた、身体論が傾斜し易い「同質的全体性」には十分留意する必要があると言える。[8]

ここで、木村教育学の身体論に関する二つの主な先行研究を、改めて確認しておきたい。まずは、小田部胤久による技術的身体論の評価である。小田部は、木村の技術的身体論が、「内」としての身体と「外」としての身体の弁証法的構造を捉えている点に注目した。この議論が明らかにするのは、行為の都度、身体の「内」「外」が互いに他者性を以て対話し、計り知れない自己変容と技術性がもたらされているということである。身体的行為のなかで、自己自身の動きでありながら他者として対面される「表現的環境」としての身体性が立ち現れ、自らの意志作用に語りかけ変化を及ぼすというのである。小田部によると、この技術的身体論は田邊の論文「綜合と超越」（一九三一年）から示唆を得た。[9] 論文「綜合と超越」は、身体を以下のように定義している。

身体は一方に於て自我に属すると同時に、他方に於て自我の外にありて自我に対立するものである。即ち超越的存在の自己顕現の尖端に外ならぬ。超越的存在は身体に於て自我に対する対立性を現し、之を外から強制すると共に、自我は身体を通じて自由行為をなし、自己の外なる所謂外界を支配することが出来る。…中略…即ち身体の制限を通しての自由である。過去の負課的内容を現在に支える外官の感覚的直観は、身体の変化の意識的記号に外ならぬのであって、之を媒介にしてのみ未来の自由計画も発展することが出来るのである。(10)

ここで田邊は、身体が「自我に属する」側面と、「自我の外にありて自我に対立するもの」である側面の双方に光を当て、行為の矛盾構造を捉えている。行為は、自我が身体的な制限を通じて外界を自由に支配する動きであると同時に、自我に対立する「超越的存在」が身体において外からの強制的制約を仕掛ける動きでもある。私たちは、自身も他者も、自由な行為によって外界を支配しているように考え期待するが、それは「身体の制限を通しての自由」であり、行為は実際のところ、身体に大幅に制約されているというのである。

とりわけ、外官を通した感覚的直観は「過去の負課的内容」を身体の現在に伝え成しており、私たちはそれを介してのみ「未来の自由計画」を展開する。要するに身体は、行為の契機として現在を制約するのみならず、感覚的直観をつねに未来計画にも差し向けて、行為の発展性にまで影響を及ぼしている。田邊はこのように考えた。

自分自身、ましては他者が、環境からどのような負課的内容を受け、その制約を感覚的直観的にいかに自らの意志や未来計画につなげるかは、決して明確ではない。田邊の身体論のこうした論点を、木村は論文「意志と行為」に継承し、意志作用と身体性を不可分とした。そして、意志は身体を通して「共同体の場面」に表現的に露呈され、プラクシスに結ばれることではじめて実際に深まると考えたのだった。(11) 小田部が指摘するように、木村の身体論を理解するには、田邊哲学からの影響関係を外すことはできない。

次に、森田伸子による評価である。森田は、木村の技術的身体論が、政治と教育との循環構造を積極的に扱っている点に注目する。そして、身体論の要点を、社会的実践の歴史性を塗り替えて行くプラクシスの側面に見出し、やはり田邊哲学との関連を重視する。着目されるのは、木村が政治を文化の一領域と捉え、国家を、政治文化を耕すための一つの道具とする考え方である。技術的身体論の評価はここで、政治の歴史的社会性を作り変え塗り替えるプラクシスの技術性に集中される。

木村の技術的身体論は、国家を形成する一個人としての国民を育むというよりも、それを含めより広い視野から「世界史的国民」を育むことをめざした。序章でも触れたように、木村の言う「世界史的意味」とは、「単なる人類的な意味」に対抗する「間国民的なもの」を意味する。(12) つまり木村は、「国民」概念を一個人や一つの国家のうちに帰属させせず、様々な技術的身体性が異文化交流を行き交うところの間国民的な自覚的折衝面と捉えていたのである。そして国家を、世界史的文化交流が大いに展開されて、上記の意味での国民性が豊かに発展するための調整機関、手段的道具と位置付けていた。森田の指摘の通り、木村の身体論は政治という文化領域を豊かに描き出す。

ただ木村教育学の国民教育論は、一面では国家形成のプラクシスを論じたが、さらにそれを超えて、政治に関わるプラクシスの主体性を、広く他の文化一般につなぎ返した。文化という大きな土壌のなかで、政治と教育が有機的に循環し、ともに文化を耕すことをめざしたのである。したがって、ここでは木村教育学の技術的身体論をプラクシスに限定せず、「ポイエシス＝プラクシス」原理を最終的な立場として再考したい。そして、その原理が導出される道筋を田邊哲学、西田哲学の双方から辿り直し、後期教育学のなかに身体論の消息を尋ねる。

第二節 「＝」記号の論理背景①——田邊元の「絶対弁証法」

シェリング哲学への参照とフィヒテ哲学批判

論文「意志と行為」には、田邊の論文「ヘーゲル哲学と絶対弁証法」（一九三二年）からの影響が指摘されている。(13)

論文「ヘーゲル哲学と絶対弁証法」はフィヒテ哲学を批判し、自身の立場を「ヘーゲルとシェリングとを併せ止揚」する立場と位置付けた。そして、身体論を軸に、後の「種の論理」構想においても鍵となる「絶対弁証法」を提唱した。この一連の展開は、フィヒテ研究者であった木村の思索に大きな刺激を与えた(14)。

論文「意志と行為」は「人間的意志」が規範的当為の作用を働く背景に、規範に叛き得るという「悪」への自由、「悪」への意志を見取った。私たちは「歴史的社会的全体」「世間」の普遍的な規範性から決して「離脱」できないながら、つねに「規範に叛くことの自由」を携えているという先述の件である。意志が当為に叛き得る「悪」への可能性が、逆説的に意志の必然的契機となる。この「悪」の自由論には、シェリング（Friedrich Wilhelm Joseph von Schelling：一七七五〜一八五四）の『人間的自由の本質』（一八〇九年）からの影響が指摘されている(15)。

田邊は折しも論文「ヘーゲル哲学と絶対弁証法」で『人間的自由の本質』を参照している。この点からも、論文「意志と行為」が田邊哲学から受けた影響力の大きさがうかがえる。論文「ヘーゲル哲学と絶対弁証法」は、シェリングの「悪」の概念を手がかりとして、以下のようなヘーゲル批判を展開する。

> ヘーゲル哲学の全体を通じて、イデーの否定原理たるものはそれの本来的なる実在的対抗対立の力を奪われ、単に観念上の論理的対立に化せられて、概念の綜合に止揚せられるという純粋思惟の観念的立場が支配するのである。然るに意志の本性はイデーの統一をも破って其普遍性に背き、其本質にも矛盾して個別性に固執する自己否定の矛盾的統一たる所にある。悪は意志の此自己否定性に成立するのである(16)。

ここで田邊が批判するのは、ヘーゲル哲学が、弁証法によって動的発展的な論理を構築しながらも、結局のところ人格的な個別性や実践の具体性を「イデー」の普遍性と並置するために、実在を捉え切れず純粋思惟の観念的立場に終始している点である。しかし、観念的イデーの統一的な普遍性は、あくまで個別性に拘《こだわ》る意志作用に否定的媒介されてはじめて実現されるのではないか。そうすると「意志の本性」は、直接にイデー的統一やその普遍性へ向かう側面ではなくて、あくまで個別具体的な立場でしか働き得ないという「自己否定性」を介してのみイデーに関わる点に見出されることになる。

田邊はこのように考え、ヘーゲル弁証法が、意志に備わる「実在的対抗対立の力」をイデーの普遍性に回収してしまっていることを鋭く指摘した。このような理解の下では、意志作用は人格的な個別性や具体性を抜き去られ、抽象的な観想的立場に閉鎖して、合目的的体系に絡め取られるだろう。田邊はそこで、シェリングがヘーゲル哲学に向けた同様の批難に注目する。

シェリングによれば、意志は個別具体的に働く瞬間、「我意 Eigenwille」として欲動や欲望に盲目的である。そのため意志は、悟性が掴み取るイデーの普遍性を否定し、それに背かざるを得ない。そのような実践的意志の作用を、シェリングは悟性的認識の下に理解するのではなく、悟性的認識をも生み出すさらに根源的な作用としての「憧憬 Sehnsucht」と捉え、人間の生を考察する中心的テーマとした。そうして、意志の自由を、普遍的全体的イデーを否定する作用と捉え、悟性的認識の根底に「悪」の始源性を示し出したのである。田邊はこの点を高く評価する(17)。田邊によるとシェリングの功績は、ヘーゲル弁証法を人格的実践に引き寄せ、捕捉的に発展させたところにある。

しかしながら、シェリングの議論にもなお検討の余地があると田邊は言う。なぜなら、シェリングの論理もやはりヘーゲルと同じように、人間の存在様式を形而上の観念論的イデーと、形而下の実在的自然との間に引き裂いており、二元論的な二項対立図式を免れていないからだ。田邊が自身の立場を「ヘーゲルとシェリングとを併せ止揚」する立場としたのは、このような問題関心からであった。

そうして田邊の課題は、「必然に悪を其反面に伴う所の善行為の道徳的意志」の論理を探究することとなる。それは、イデーの統一的な全体的普遍性が、意志の個別的具体的な実践に引き受けられて具現化される構造を言語化する試みである。そしてその際に、田邊が自身の主張の対抗馬として批判的検証を加えたのが、フィヒテ哲学であった。

田邊の解釈ではフィヒテの知識学は、その理論的部門が捉える構想力に関しても、実践的部門が論じる衝動おいても、内在的意識に投影された非我との交互関係を扱うに留まり、非我の超越性を捉え切れていない。つまり、フィヒテは実践哲学を、未だ観想的な抽象的観念論の立場から展開しているというのである。フィヒテは「分析理論を超えて内在と超越とを統一する弁証法」を捉え損なっている。

その欠点を補うには、意志の道徳的実践論を、イデー否定の「悪」を経由するところの「非合理的自由」を踏まえ練り直す必要がある。意志がイデーの統一的全体的普遍性を否定し、道徳的実践が阻まれる可能性を、しっかりと踏まえなければならないというのである。そのために田邊が提示したのが「絶対弁証法」であった(18)。これは、以下の引用が示すように、身体論の原理である。

身体は単に非我として対象の観念に化する能わざる超越的限定の媒介であり、如何にするも単に内在化することを許さざる超越と内在、外と内との統一であり同時に分岐点である。身体性こそ弁証法の最も直接なる発現であるといわなければならぬ。之を契機として活動の具体的構造を了解するとき、絶対弁証法が必然の立場となるのは疑い得ざる所である(19)。

ここで注視されるのは、身体において決して対象的に論じ得ないもの、断定的に語り得ないものが働き、それが行為を「超越的限定」する契機となっている側面である。身体を「超越と内在、外と内」との統一即分岐点と捉え直し、実践性を捉え返すことが、ここでのテーマである。

田邊は絶対弁証法を、「弁証法を超えるものとの対立的統一に於て、自己自身の立場をも弁証法的に自覚する弁証法」と定義した。そしてより具体的には、身体が「自己自身の立場をも弁証法的に自覚」する働きと理解した。ここで身体は、内在即超越的な自己矛盾的運動として把握される。この見方から、「道徳的意志」の発動を、内在的で内発的な認識機構や意欲の問題ではなく、外界からの単なる強制や誘導でもなく、身体的プラクシスとして捉え直すことが田邊の目的である。

田邊は、シェリングが自身の実在論の立場をフィヒテの観念論と対置させたように、フィヒテの実践哲学を批判的参照軸として、意志がそもそも個別具体的な作用としてイデーの統一的全体的普遍性を否定してしか働き得ないことを看破し、「悪」への自由論を身体論に落とし込んだ。この流れからするとプラクシスとは、身体が、外界からの制約のみならず、自身にさえ把握仕切れない内側からの超越的限定にも媒介され、自己自身の立場に関し、弁証法的に自覚を深めて行く営みと解される。このプラクシス身体論は、木村の論文「意志と行為」に明らかに継承されている。

自我的限定と無限への還元的発展が同時生起する身体

続いて、田邊哲学が京都学派身体論を飛躍的に発展させた議論を掴んでおきたい。論文「綜合と超越」のなかで、田邊は自我を「身体に限定せられた個人的なるもの」と解し、「身体を有することが有限なる人間的存在の特色である」と述べる。人間の自我を、本来身体的な存在と規定する考え方である。そのうえで、『存在と時間』（一九二七年）以来、学派に広く共有されていたハイデガー哲学を、身体性を軽視した抽象的思考として批判し、人間理解のうえで身体論が最も重要事であると強調した[20]。また、その半年後の論文「人間学の立場」（一九三一年）では、その主張をさらに進展させて以下のように述べる[21]。

我の身体は一方に於て我を我として存続せしめる限定の根拠であると共に、他方に於て我が其限定を超えて無限の絶対的全体に帰入する媒介となるものである。行為とは此後の帰入の動性を謂うのであって、それは必然に前の限定根拠としての身体を働かせて絶対的全体の要求する合目的的方向へ変化を起すことを意味する。この我の限定の根拠にして同時に無限の我への還元的発展の媒介であるという矛盾の統一が身体性なのである[22]。

ここで田邊は身体を、「我を我として存在せしめる限定の根拠」でありながら、また同時に「無限の絶対的全体に帰入する媒介」でもあると述べる。そして行為とは、後者の帰入の動きを指すという。この一節からは、田邊の行為論が、自我作用としての内面から外界への意図的な働きかけではなく、それを否定的な契機として身体が「弁証法的に永遠の超越的全体を実現」する動きを捉えていることがうかがえる。つまり、ここでは私たちが、身体の個別性と具体性のうちにすでに歴史的社会的な超越的全体性を掴んでおり、道徳的実践のプラクシスのなかで「永遠の超越的全体」を弁証法的に限定し実現すると理解されることになる。(23)

このように、一々の行為を、個人格性に担われた「全体的人格」「永遠の超越的全体」「絶対的全体」「歴史的社会的存在」への個別具体的な帰入の仕方、還元的発展のかたちと捉えてみる。すると行為は、歴史的社会的な全体性や共同性の許す限りで、身体が自らの「合目的的方向」を探り出すプラクシスとして示される。ただ、ここで身体性が導き出してくる事柄は、すでにどこかに控えていたものの顕現ではない。歴史的社会的な全体性や共同性は、有的に実体的なものとして環境や身体のどこかに含み込まれているわけではない点には注意しておきたい。身体は「各現在の道徳的行為に於て弁証法的に永遠の超越的全体を実現する」。これは極めて創造的な出来事なのである。

このように田邊は、対人格的道徳的なプラクシスを、すでに定められた規範性に一様に倣う行為とは考えていなかった。それは、各々の身体がその独自で固有な在り方を以って、田邊が「全体的人格」「永遠の超越的全体」「絶対的全体」「歴史的社会的存在」などと呼ぶ統一的全体的普遍性を出現させつつ、そこに帰入する運動である。その際、「我」の限定根拠としての身体はつねに解かれ更新され続ける。ここでの議論では、歴史的社会的普遍性への行為的な帰入の仕方、切り込み方は、無限発展的に際限なく見出される。

以上のような田邊のプラクシス身体論は、京都学派に身体論を根付かせた。木村の論文「意志と行為」はここから、第一に意志的内容を身体性と不可分に捉える視点、そして第二に、意志は「物質を介し且つ之に即して」働くとして、物質と精神の動的有機的な連関をまな差す視点を継承した。また第三に、プラクシス身体論を、個別の自己目的性に向かう個人的意志の立場からではなく、共同体における身体の合目的的方向を探る全体の代表性としての人間的意志の立場から語り出す点にも、田邊哲学からの影響がうかがえる。

プラクシス身体における物質的質料の多様性

田邊哲学に触発されるかたちで、木村もまた論文「意志と行為」のなかで、フィヒテ哲学における意志作用の内在性を批判した。それによると、フィヒテが捉える意志作用は、外界の非我からの「抵抗」「阻止」に対する「自己恢復」作用に留まる点で抽象的である。そこで、木村は自身の「表現の弁証法」を示し出し、フィヒテ的な非我の位置に「意志が身体を通して表現される時の質料」を置いた。そして意志の働きを、物質的質料と自身の身体性が相互限定される創造的発見的な作用と捉えた。

この見方からすると、歴史的社会的共同体のうちに在り、身体を通して働きかけることのできる一切のものが、プラクシスの物質的質料と考えられる。木村は、一人ひとりのプラクシス的行為が何を質料とするかは実に様々で、本人にさえ予測のつかないことだと考えていたように思われる。既述した通り、ここで物質的質料には、「意味の物質界」としての他者の行為の痕跡も含まれる。プラクシスの質料的世界は、誰にとっても均質で同一な物理的物質では決してないのである。それらは、意志が身体を通して表現されるその独自な仕方によって、歴史的社会的な共同性から引き出されてくる。

このように、論文「意志と行為」のプラクシス身体論は、先行する田邊哲学の身体論を継承し、行為の只中でプラクシスへの意志と質料がともに発見されて行くという議論を展開した。ただ、田邊の身体論と木村の身体論には、やはり多少の違いが見受けられる。

田邊は身体を「超越と内在、外と内」との統一即分岐点として、両側面が矛盾拮抗する緊張を焦点化した。対して木村の議論では、意志作用が物質的質料と相互発見されるところで、その物質性の方へ身体性が浸透し、染み渡る動きが見据えられている。また、田邊哲学がフィヒテ、ヘーゲル、シェリングとの対話から示した画期的な論点は、意志は個別具体的な実践のうちにのみ働き、実のところ、観想的イデーの統一的全体的な普遍性を否定してしか作用し得ないという点だった。論文「意志と行為」で木村は、田邊と同様、意志を物質に対する主観的意味付けや手段的操作の作用ではないとする。ただそのうえで、田邊が重視した「超越と内在、外と内」の統一即分岐点という身体の拮抗矛盾運動を、行為が関わる物質的質料とその素地となる共同世界に押し深め、意志作用が彼方から引き出されてくる側面に注目したのである。そうして木村の議論では、意志は、質料的可能性を見究めるまさにその動きを通して、質料的世界から限定され、身体的行為的に形作られて行くことになる。この点は、田邊の議論ではあまり表立っていない。

このような、木村のプラクシス身体論の特色である物質的質料の多様性と、意志と質料の相互規定の議論は、西田哲学から多くの示唆を得た。そこで、以下には西田哲学の身体論を参照したい。

第三節　「＝」記号の論理背景②——西田幾多郎の「行為的直観」

フィヒテ受容とその展開

木村の身体論は、プラクシス身体論の側面で田邊哲学を支柱としながら、さらに西田哲学のポイエシス的論理を反映させて、「ポイエシス＝プラクシス」を最終的な立場とした。そこで今度は、後期教育学で示される「＝」記号の論理背景を、西田哲学から辿り直しておこう。

木村教育学に大きく影響を及ぼしたのは、主に後期西田哲学である。後期西田哲学とは、『哲学の根本問題 続編』（一九三四年）以降の思索を指す[24]。田邊の「種の論理」構築とも重なるこの時期、西田はそれまでの論理構造を大幅に変化させた[25]。

『哲学の根本問題 続編』序文で明かされているように、西田はこの著書以降、前年の『哲学の根本問題』まで顕著だった「自己から世界を見るという立場」を改め、「個人的自己」を「自己自身を限定する世界の個物的限定」から捉えるようになった。この転換以後の思索は、「弁証法的一般者」「弁証法的世界」の立場と称される。

田邊哲学が身体を絶対弁証法によって捉え、「超越と内在、外と内」の統一即分岐点として突き詰めたのに対し、後期西田哲学は、身体性により捉えられる個人的自己の働きを、どこまでも脱自的に考えた。つまり、「内（内在）」と「外（超越）」の矛盾的拮抗を、個人を起点に主知主義的に捉えるのではなく、行為により弁証法的世界が「個物的限定」する動きのなかから生成的に捉えるのである。(26)

『善の研究』（一九一一年）第二の序文「版を新にするに当って」（一九三六年）のなかで、西田は「純粋経験の立場」以降「弁証法的一般者」「弁証法的世界」の思索に至るまでの遍歴を、以下のように回想している。

純粋経験の立場は「自覚に於ける直観と反省」に至って、フィヒテの事行の立場を介して絶対意志の立場に進み、更に「働くものから見るものへ」の後半に於て、ギリシャ哲学を介し、一転して「場所」の考に至った。そこに私は私の考を論理化する端緒を得たと思う。「場所」の考は「弁証法的一般者」として具体化せられ、「弁証法的一般者」の立場は「行為的直観」の立場として直接化せられた。此書に於て直接経験の世界とか純粋経験の世界とか云ったものは、今は歴史的実在の世界と考える様になった。行為的直観の世界、ポイエシスの世界こそ真に純粋経験の世界であるのである。(27)

西田の述懐によれば、『善の研究』で示される主客未分の「純粋経験」の立場は、フィヒテ哲学を経由して「絶対意志」「絶対自由の意志」の立場に進み、ギリシャ哲学を介して「場所」の論理に移った。そして、その場所的自己の議論が具体化されたのが、「弁証法的一般者」の立場である。ここで後期西田哲学の議論として注目する「行為的直観」の立場は、その「弁証法的一般者」の立場を、またさらに直接化して捉え直した立場であるという。このように西田哲学は、そのはじまりより螺旋状に思索を深め、自身の問題関心を多角的に掘り下げて行くスタイルで成り立っている。この姿勢は以降も続いて行くのだが、ここでは時期的テーマ的に「表現愛」思想の成立と展開に最もインパクトがあったと思われる行為的直観の議論に立ち止まっておきたい。

行為的直観は、論文「行為的直観の立場」（一九三五年）のなかで、以下のように定義される。「我々は行為によって物を見、物が我を限定すると共に我が物を限定する。それが行為的直観である」[28]。この定義によれば行為的直観とは、行為的に具体的な関係性を通して物を見るなかで物が私たちを限定し、それとともにまた私たちがそのように自らを現すものとして物を限定することを意味する。それは、自己自身と物を切り離して外界の対象的な物質として知覚しそれを認識するのとは違った仕方で、物事を捉えることを指す。つまりここでは、身体的行為は自己の任意な行為ではなく、弁証法世界が「個物的限定」する働きとして捉え直され、そのような根源的な世界の運動性において自己と物が遭遇し見出されると考えられているのである。

こうした行為的直観の立場にとって、物は「自己自身を表現するもの」「表現的に自己自身を限定するもの」「世界の果から果てに亘るもの」である。そして、そのような物の表現を身体的行為的に拾い上げて行くことで、物は「無限の縁暈《えんうん》を有《も》ったもの」として出来すると考えられている[29]。「ポイエシスの世界」と称されるこの枠組みでは、田邊哲学が重点を置いた「内（内在）」と「外（超越）」の統一即分岐の拮抗運動、折衝、緊張は、もはや「歴史的に働くもの」である弁証法的世界の自己限定の不可欠な契機として含み込まれて理解される。

後期西田哲学が以上のように追究する「行為的直観の世界」の鍵となったのは、フィヒテ哲学であった。とくに、「純粋経験」の思索が「絶対意志」への深まる時期に、フィヒテの「事行 Tathandlung」[30]としての自我概念が大きな手がかりとなった。ちょうど、『自覚に於ける直観と反省』[31]（一九一七年）で、直接経験と思惟との「内面的関係」について考察していた頃である。

ただし、西田哲学は事行概念にそのまま依拠したのではない。フィヒテが事行を自我意識の本質としたのに対し、西田はその把握をさらに徹底させて、事行を経験の構造、つまりは自己意識や主客を成り立たせる生の根源作用と捉えていた(32)。この決定的な違いは、西田哲学のフィヒテ受容に関する要点である。そして、木村もまた同様の切り口からフィヒテ研究に携わっていた点をここで確認しておく。

身体を道具として有《も》ちつつ身体的存在であるということ

後期西田哲学は、主観的な個物としての自己概念を徹底的に否定し、「個人的自己」の成立を、弁証法的世界の自己限定から捉え直した。そこで明らかとなったのは、身体的行為は世界が個物的限定する作用であり、その働きにおいて自己と物が同時に生起するという枠組みである。行為的直観の議論は、その弁証法的世界の仕組みを直接具現化して論じたものである。西田はこの議論を、論文「論理と生命」（一九三六年）のなかで改めて身体論として以下のように展開する。

> 歴史的世界は我々の身体によって自己自身を形成するのである、我々の身体は非合理の合理化の機関である。我々は身体を道具として有《も》つと共に、我々は何処までも身体的存在である。世界に没入するということは、身体がなくなるということではない、単に一般的となることではない。却ってそれが深くなることである、寧ろ身体の底に徹底することである(33)。

ここに示されるのは二重構造の身体論である。歴史的世界において「身体を道具として有《も》つ」ことと、「何処までも身体的存在である」ということ。後期西田哲学の身体論が示すこの身体の二重構造は、西田哲学の「図式的説明」に示される二つの論理系列――「内包‐主観‐時間‐心‐個物」系列と「外延‐客観‐空間‐物‐一般」系列――と無関係ではない(34)。「身体を道具として有《も》つ」側面は「外延 - 客観 - 空間 - 物 - 一般」の系列、「何処までも身体的存在である」側面は「内包 - 主観 - 時間 - 心 - 個物」系列に相応する。前者の道具的身体の議論には環境が、後者の身体的自己の議論には主体性が関わっている。

行為とは、この身体の二系列の連関により立ち現れる作用と考えられる。上記の引用では、その側面が「歴史的世界は我々の身体によって自己自身を形成する」と表されている。それはまた、身体が「非合理の合理化の機関」として働く動きでもある。そこで、「歴史的世界」における非合理の合理化の作用である技術的身体性が、「自己が世界となろうとすること」と言い表されている点は興味深い。

行為的直観の身体論は、世界を自己の立場から変化させるのではなく、逆に自己が世界へ没入して身体性を深めるところに技術の創造を見出す。ただしその意図は、決して自己喪失や自己滅却を説くことではない。これは、非合理を合理化しつつ「歴史的世界」を深みにおいて生きるというのが、私たちの根本的な在り方だという指摘である。「何処までも身体的存在である」なかに非合理さを深く捕《とら》まえ、「身体を道具として有つ」なかでそれを作り変えて行く。行為的直観の身体論は、このようにして歴史性が一人ひとりに担われて行く「歴史的身体」論として展開された(35)。

行為的直観の歴史的身体論の要点は以下二点に整理される。第一に、私たちの身体的行為を通して、「歴史的世界」が決して全貌の見えない仕方で弁証法的に自己形成するということ。この点は、西田哲学の論理系列で言えば、「身体を道具として有《も》つ」ことによる「外延 - 客観 - 空間 - 物 - 一般」系列に見出される。それは、環境を素材として作り変えて行く道具的身体性の働きに当たる。

また第二に、私たちは、それぞれに独自な「歴史的現実」において自身の身体性を深め、自己と物との関わりを発見的に見出し、そこでの非合理に問いを立ち上げつつそれを合理化するということ。この点は、「何処までも身体的存在である」ことの「内包 - 主観 - 時間 - 心 - 個物」系列に見出される。それは、自身の身体的行為的な歴史性を以って世界から意味を引き出す身体的自己の主体性に重ねられる(36)。

いずれにしても、行為的直観の歴史的身体論は、行為の都度に「底なしの不可測・不可思議な事実」[37]の生成を見据える。後期西田哲学の身体論には、無尽蔵さが伴っている。そして、身体が様々な制約を受けつつも、先述の二系列を力強く連関させ創造的に働くポイエシス原理を重視した。

木村教育学は、後期西田哲学とあゆみをともにした。一九三〇年代前半には、論文「一打の鑿」（一九三一～一九三三年）のポイエシス身体論に田邊のプラクシス身体論を接続させ、論文「意志と行為」をプラクシス身体論として展開させた。そして一九三〇年代の半ば以降は、後期西田哲学の行為的直観と歴史的身体論を消化し、また改めてポイエシスの立場に関し論理を深化させたと考えられるのである。「表現愛」思想はこうして結実された。

後期教育学で「ポイエシス＝プラクシス」原理が登場するまでには、以上のような田邊哲学、西田哲学からの思想的影響があった。「ポイエシス＝プラクシス」の「＝」の背景には、両哲学の身体論における軸足の違いを踏まえ、両者を往還しながら自身の原理を掴もうとする意図が読み取れる。ただ、論文「意志と行為」のプラクシス身体論ですでに木村は、意志が環境と対話的に変化変容し、自身の立場と物質的質料を相互発見的に引き出すポイエシス作用を捉えている。この点は、「表現愛」概念提出以前の木村の思索が、後期西田哲学の歴史的身体論のテーマを先取り的に論じていたことをうかがわせる。

西田哲学における「ポイエシス即プラクシス」

西田哲学のうち、木村教育学の「ポイエシス＝プラクシス」原理に最も直接的に影響を及ぼしたと考えられるのは、論文「ポイエシスとプラクシス（実践哲学序論補説）」（一九四一年）である。

ここで西田は、アリストテレス『ニコマコス倫理学』における「制作」と「行為」との語り分けを受けて、自身の見解を「ポイエシス即プラクシス」として示し出す[38]。以下、木村の「ポイエシス＝プラクシス」との対比を試みるため、まずは西田の議論を明らかにする。

西田によるとギリシャ哲学では、芸術的制作や創作活動のポイエシスは「ロゴス的に物を作る能力」、「作らなければ無いものを作る」ところの技術と解される。そして、社会的実践的行為一般としてのプラクシスは、「ロゴス的に働く能力」、「(物を作る)自己を作ること」、「人が人自身を目的とする働き」と考えられている。

伝統的なこの区分に対して、西田は身体の最も具体的な現実においては、両原理は切り離し得ないと指摘した。ポイエシスとプラクシスは連関構造を成している。つまり、対人格的な関わりとして自己目的的な道徳性のプラクシスは、必ず何らかの意味で、身体的行為的に物事を作り現す広義のポイエシスを介している。そしてまた、芸術的制作や創作活動に関わるポイエシスは、物質や環境を創出し新たに見出す「歴史的身体的形成作用」として、必ずプラクシスの側面を伴うというのである。

論文「論理と生命」の歴史的身体論を参照しながら、西田哲学の「ポイエシス即プラクシス」の要点をまとめると、次のようになるだろう。第一に、ここでのポイエシスとは、狭義の芸術的制作や創作活動の意味ではなく、より広く歴史的身体が道具的身体性と身体的自己を連関させて環境と深く対話する側面を捉えているということ。それは、身体が「外延－客観－空間－物－一般」系列へ浸透しつつ、そうして自身の歴史的現実に織り込まれる動きを受けて「内包－主観－時間－心－個物」系列を充実させ、独自性を発揮する動きとして浮かび上がる。

そして第二に、行為のうちで道具的身体性と身体的自己が連関的に生み出す技術性は、そもそも無尽蔵の展開可能性を湛えるということ。「ポイエシス即プラクシス」は、技術を人間が何か物を作るための目的外在的な作用とは捉えていない。技術の働きは、弁証法的世界、歴史的世界の側が、一人ひとりの身体を介して自己限定する瞬間的作用と考えられているのである。

歴史的実在は技術的に自己自身を形成するのである、自覚するのである。我々が世界に於て何等かの意味に於て物を作ると云うことは、逆に何らかの意味に於て自己が作られると云うことでなければならない。そしてそこに歴史的生命が自覚するのである（そこに歴史的現実の世界があるのである）。私はかゝる意味に於て、ポイエシス即プラクシス、プラクシス即ポイエシスと云うのである。ポイエシスとプラクシスとを同性質と考えるのではない。[39]又後者は前者を進めたものと考えるのでもない。両者は相反する方向として、相互矛盾的に一であると云うのである。

ここから明らかなように、後期西田哲学の「ポイエシス即プラクシス」「プラクシス即ポイエシス」は、両者が「相互矛盾的に一である」ということを指す。原理としての相反性を挟みつつ同時生起的にしか生じない。絶対的相互矛盾を介した統一作用と理解されているのである。

両者は決して同性質なのではない。どちらかが一方に先行し、前提となっているわけでもない。西田によれば、ポイエシスはプラクシスでないが、プラクシスを介さなければ単なる偶発的な物理的作用に過ぎない。そして、プラクシスもまたポイエシスではないのだが、ポイエシスを介し技術的に成されるのでなければ、歴史的社会的にかたちを成すことはない。西田の言葉を借りれば、ポイエシスは行為において「何処までも内在的に一の世界を形成し行く」自己放下的な運動、プラクシスとは「何処までも超越的なるものへの超越的関係に於て、自己が自己である」自己形成的な運動である。言い換えると、ポイエシスは、身体が自己を空しくして客観的事物に傾聴的に入り込み、事物の論理に添い行く側面、そしてプラクシスは、他者との対人格的な関わりから個人的自己が照らし出される側面と考えられる。両原理は単独に作用することはなく、つねに連関して物事を現すというのが後期西田哲学の理解である。行為的直観以後の後期西田哲学の立場は、上記のような「ポイエシス即プラクシス」「プラクシス即ポイエシス」であった。

ところで、西田哲学が「ポイエシス即プラクシス」に「歴史的自然的」という言葉を重ねている点にここで注目しておきたい。[40]「ポイエシス即プラクシス」は、身体が「歴史的自然的」に働く原理と言われているのである。

次章で詳述するように、この考え方は木村教育学にも共有されている。木村教育学は、外界として対面される環境とは異なる意味で「歴史的自然」を語った。木村においてこの言葉は、内と外、自己と他者、主体と環境の両者がともに計り知れない仕方で相互変容する動きを指す。(41) ただ、「歴史的自然」は京都学派に共有される用語であり、論者の思想内容、とくに唯物史観との距離やその解釈によって若干の意味の違いが生じる。木村教育学の「歴史的自然」概念については次章、唯物史観研究との兼ね合いを含むさらに詳しい解釈については第六章で論じる。

以上を踏まえつつ、後期西田哲学の「ポイエシス即プラクシス」と木村教育学の「ポイエシス＝プラクシス」の意味を対比しておきたい。木村の「＝」は西田の「即」と同様、両原理が相反しながら連関する矛盾的統一の動きを示す。ただ、木村の「＝」は教育学の原理として示し出された。とりわけ後期教育学は、「ポイエシス＝プラクシス」を技術的身体性の鍵として、そのように働く身体性を育むことを国民教育論の主旨とした。

そこで、ここでは教育原理としての「ポイエシス＝プラクシス」に、西田哲学の「ポイエシス即プラクシス」ではそれほど重視されていなかった意味合いを読み取っておきたい。それは、世界が人間の身体を通し「歴史的自然的」に転換する、その臨界点の捉え方に関わる。

木村教育学は「ポイエシス＝プラクシス」を、技術的身体が「歴史的自然」に根差して行く原理とした。そして、ポイエシスとプラクシスが相反的に相互矛盾的統一される作用「＝」のところに、第Ⅱ部で詳述する文化と教育の相互依拠的な連関を重ねていた。つまり木村は、身体が「ポイエシス＝プラクシス」的に「歴史的自然」へ深められる作用のところに、文化一般が教育の営みを支え、また教育が文化を耕す働きを見取ったのである。そこで「＝」記号には、ポイエシスとプラクシスの相互矛盾的統一に留まらず、両者の質的転換を問い質す営みが含まれていると考えられる。「ポイエシス＝プラクシス」原理は、ポイエシスとプラクシスの相互依拠的な相乗作用、相互深化を意味する。ここではこのように見通しておきたい。

たとえば、『国民と教養』（一九三九年）の終盤で、木村は国民文化が「自国の文化の世界史的媒介性を高めること」の重要性を説く。そして、広く文化一般の意義を「間国家性の積極的な実現」と定義する。国民文化においては、

「異国文化との相互の生き生きした交渉」が拓かれて行かなければならない。木村はこのように考え、国民教育論を、そのような文化交渉の可能性に向けて模索して行った。

文化が間国家性を高め「世界史的意義」を深めるには、「国民的個性的価値の世界史的深さ」が不可欠だと木村は言う。つまり、文化は「伝統の底へ沈潜」し、そこから涌き昇るような「不尽の根源力」を伴いながら、つねに新たに生まれ変わって行く必要がある。[42]「ポイエシス＝プラクシス」原理は、このような議論の延長に示し出された。したがって、身体的行為の技術性に関わる「＝」記号には、大枠の背景として、文化と教育が連関的に「世界史的媒介性」を高め、互いの創造力を育み出すという動きが重ねられている。この方向性に向けて、一々の行為はポイエシス的側面とプラクシス的側面を相乗的に培い深める。そして個々人は、互いのその真新しさによって影響を与え合い学び続ける。教育原理としての「ポイエシス＝プラクシス」は、以上のような議論に向けられていると考えられる。

第四節　後期教育学の「ポイエシス＝プラクシス」原理

「文化の世界史的交流圏」に向けて

本章は後期教育学の術語「ポイエイス＝プラクシス」の論理背景を、田邊哲学、西田哲学の身体論からの影響関係の下に読み解いてきた。ここでは最後に、『国家に於ける文化と教育』のなかで、実際に「ポイエイス＝プラクシス」原理が語り出される記述を辿る。

『国家に於ける文化と教育』の素描と位置付けられる論文「文化の本質と教育の本質」（一九三九年）のなかで、木村はすでに技術的身体の「形成的表現主体」にとっては「ポイエシスから離れてプラクシスは成立しうる余地がない」と述べている。[43]この時期すでに、木村はポイエシスとプラクシスの不可分性を見取り、その下に「表現愛」思想を構想し展開した。

『国家に於ける文化と教育』所収の論考は戦時下に執筆された。したがって、ここには木村が当時の教育学者として、また京都学派の思想家として「意味の争奪戦」[44]に関わった足跡が読み取れる。「ポイエイス＝プラクシス」が扱う創造性の問題は極めて切実なテーマであった。

序文において、木村は自身の試みは、「単なる国民的存在を直ちに絶対化する独断的国民主義」へ抗することだと明示している。独断的国民主義とは、「自国の自由と幸福との発展のみを究極的絶対的な要求とする帝国主義」のことである。木村はこの立場を非難し、翻って様々な国民が互いに「世界に対する使命的存在」として対面することを説いた。そして、教育に関わる課題性については、「みずからの立場を内在的批判的に打開」すること、そうして「人類的普遍と国民的特殊」とを高次に綜合した「世界史的立場」から物事を捉え直すことの必要性を指摘した。[45]

木村教育学の世界史的立場を理解するには、第五章「国民文化と国民教育」が手がかりとなる。ここで木村は、「個人主義」「独断的国民主義」「人類文化の立場」という三つの立場を「抽象的人間把握」として批判し、「三つの根本的契機を止揚的に綜合」する在り方として、「世界史的国民」という概念を示し出す。[46]

ここで、木村教育学における「国民」概念が、日本国民としての個々人ではなく、国民文化を担う「国民主体」を意味する点に改めて注意したい。[47]個人的自己としての主体性は、何らかのかたちで「国民」「国民主体」を通してはじめて「世界史的現実」を見る。そして、個人はいずれかの程度何らかの意味で、「国民」として問われ、その下でつねに行為する。木村はこのように考え、まずは国民が偏狭な独断的国民主義を脱しておくことが必須だとした。ここで国民や国民主体は、国家に内在する内向的な概念ではなく、はじめから他の国民に対面する境界的な概念であり、国民文化の接触と交渉によってのみ実現されると考えられている。

そして国民文化もまた、間国民的な相互の接触と交渉のうちにのみ作り成される。木村はこの意味で、それぞれの国民文化を「国民主体の表現的自己限定」と定義した。文化の営みは、国民が自身の世界史的立場を表現的に実現するなかに芽生えて行く。国民と国民文化は相互に不可欠な契機として関連しているというのである。

そこで私たちは必然的に、「公共的な外」としての「文化の世界史的交流圏」を豊かに保ち続けなければならない(48)。様々な国民が、国民文化を介して主体的に「表現的自己限定」が可能な公の現場を、ともに作って行くことが何より大切だ。木村の国民教育論はこのように主張した。ここでも鍵となるのは「表現性」である。それは、自足的な内的立場から外的な他者性に面するのではなく、「自己を否定的に媒介して外に」出ることによってのみ現れ出す在り方を指す。文化の世界史的交流圏は、そのように表現的な「間国民的存在」によって担われ展開されると木村は考えた。「ポイエシス＝プラクシス」は、このような国民教育論の流れで示し出される。

真の現在は客観的なものとして見出された現状の今にあるのではなく、それを見出して行く主体的な今にあるのでなければならない。主体的な今は併し単に受動的観想的に見ることに於て成立することはできない。主体的に見るということは、見ることの発展性に於て初めて成立するのでなければならない。そこに形成のイデアをポイエシス＝プラクシス的に見るものとして真の現在が成立するのである。世界史的現実とはこのような連関に於ける現状と現在とを契機として成立するものにほかならない(49)。

この件から、「ポイエシス＝プラクシス」とは、私たちが世界史的立場の間国民的存在として「現在」を「主体的に見る」ことの原理、世界史的国民が自らの「イデア」を「見ることの発展性」において見る原理を指すことが明らかとなる。それは、豊かな世界史的交流圏の形成に向けて、「現状」を「現在」へ取り結び、国民が「世界史的現実」を主体的に見究める動きを意味する。ここで、「ポイエシス＝プラクシス的に見るもの」が、「現状の今」ではなく、「それを見出して行く主体的な今」「真の現在」と呼ばれることに注意したい。この「今」「現在」における「形成のイデア」というものの動的展望の仕方が肝心なのである(50)。

木村によれば、「現状」とは、「眼の前に在るとして見られた今であり、行く手に直面して見出された現在」である。

現状は主体に対し回避を許さない。たとえば木村は、「歴史的現状」という概念を、国民主体同士が直面する「力的交錯の現存的情勢」の意味で用いる。つまり現状は、つねにすでに主体性を制約しており、また主体性は「現状のうちに深く喰い入っている」。よって、現状を肯定的に維持するにしても、否定的に作り変えるにしても、現状に応じる文脈には、不可逆的に押し迫る連続性とそれへの緊迫感が伴う。

それに対して「真の現在」は、「見ることの発展性」においてのみ成り立つ。現在は、決して客観的観想的に見ることには留まれない。というのも現在とは、主体が現状を積極的に引き受けるなか「形成のイデア」を現に作り見る時間性だからである。現在は、「イデア」が主体的に作り見られる動的瞬間なのである。

以上を踏まえて木村が重視するのは、現状と現在を往還し続け、「世界史的現実」を掴み取って行くことである。「ポイエシス＝プラクシス」はこのような運動性を指す。そして、木村教育学は、国民が「更に新しき現状のなかへ進み入る」ことで、世界史的国民主体として「間国民主体的な客観的現実」を掴み、そこから新しく自らの立場を「極的一中心として発見」し続けて行く在り方を示唆した。

つまり、木村の国民教育論が育もうとしたのは、自らの現状を世界史的空間、文化の世界史的交流圏へ投げ出し、そこから「形成のイデア」を「ポイエシス＝プラクシス的」な発展性において見ることのできる主体性、現状と現在を力強く往還し続けることのできる主体性であったと言える。

「世界史的個性」の相互発見を支える「世界史的普遍」

「ポイエシス＝プラクシス」原理は、一人ひとりの身体的行為の原理でありながら、引いては異文化交流の原理であり、国民が世界史的現実の「イデア」を見定める動きを指していた。ここではさらに、木村がそのイデアを、国民文化の「無限の創造的表現力」としての「世界的個性」と捉えていた点に立ち止まっておきたい。

先述の通り、イデアは現状的に把握されるのではなく、現状が現在へ発展的に捉え直されるなかに作り見られる。

そこで、文化の世界史的個性もまた、「無限の創造的表現力」という対象把握を逃れ続ける仕方で示されるのは興味深い。

国民文化の個性が「無限の創造的表現力」として示されるわけを理解するには、世界史的国民の成立原理として示し出される「世界史的普遍」という概念を押さえる必要がある。木村によれば、国民は「絶対否定的媒介の世界史的普遍」に媒介されてはじめて「個性的存在」となる。文化の世界史的個性がどこまでも互いの対象把握をすり抜けるのは、「絶対否定的媒介の世界史的普遍」の作用がそこに介在しているためだと言うのである。「世界史的普遍」の概念は、『国家に於ける文化と教育』第五章第一節で、以下の四点から把握されている。(51)

①否定媒介的普遍としての作用

特殊な立場同士が「みずからでない」他者と限定し合う関係性には、特殊個性的なものが打ち消し合う自己否定性が働く。「世界史的普遍」は、特殊な立場がそのとき同時に、そうした「みずからでない」特殊的他者「でない」普遍性、つまりは「自己否定の否定」にも媒介される、二重否定の作用を指す。

②絶対的な無の作用

「世界史的普遍」は、かたちなき「絶対的な否定の原理」としての普遍的作用であり、決して「媒介項としての特殊」、つまりは国民や国民文化としての個的立場から切り離し、単独には捉えることはできない。

③民族性や国民性に関する概念

「世界史的普遍」は、「個人や人類に関する概念」ではなく「民族や国民に関する概念」である。

④世界史成立の原理

「世界史的普遍」は、「国民的存在を無限なる媒介的発展に於て在らしめる」という意味で、「間国民性」を成立させ、「世界史」を成立させる原理である。

以上四つの側面から照らし出される「世界史的普遍」概念は、「間国民的文化として国民文化を成立せしめるところの媒介的普遍」とも言い換えられ、さらには「絶対的無」とも呼ばれている。[52] 木村教育学は、西田哲学の「絶対無」概念を、こうして異文化交流の原理として解釈し直したのである。「この媒介原理は然るに絶対無である。そうすれば国民が世界史的存在として主体的に存在し、世界史的国民として他の国民と交渉すると云うことは、それが即ち絶対無を行じ、絶対の空を生きると云うことにほかならないのでなければならない[53]」。

要するに、「世界史的普遍」とは、文化の世界史的交流圏のうちで国民や国民文化の特殊性を成り立たせる原理、間国民性を体現する原理、世界史を成り立たせる根本原理と解される。この概念は、国民が文化を通して世界史的立場に立ち、自民族中心主義を脱して向かい合い、それぞれの異質さに留まりながら、文化の脱中心的な多元的変容を見据える在り方を照らし出す。

そこで、「世界史的普遍」を介し、世界史的国民が他の国民と交渉する在り方が、「絶対の空を生きる」と表されている点は重要である。木村は、どのような文化的領域においても、世界史的個性というものは、確固とした輪郭や有的な核を伴ってはいないと考えた。[54] 国民主体が水平的に対面し限定し合う個的媒介では、おのずと自己否定性が働き、それに抗して自足的な特殊性や個性があるかのように見えてしまう。しかし、そこに「世界史的普遍」を踏まえてみると、国民が、現状として把握される伝統や価値観や世界認識の一切をつねに空化しながら向かい合っている側面に光が当たる。「世界史的普遍」はこの意味で、間国民的な異文化交流において、そこに関わるすべての特殊性や個性が変貌し続けながら生成する動きを掴む概念と言える。

つまり、「世界史的普遍」とは「世界史的文化的普遍」の意味である[55]。どのような文化も、絶対的な無化と空化を経由してしか関わり合えず成り立ち得ない。したがって、「ポイエシス＝プラクシス」の「＝」記号は、文化の世界史的交流圏の形成原理を指すとともに、そこで文化の現状的な特殊性や個性がいったん無化、空化され続ける動きをも捉えていると考えられる。

これはラディカルな議論である。しかし裏を返せば、各々の文化の個性が世界史的立場で発展する道のりを、互いに守り通そうとする考え方である。現状把握される歴史性や伝統性、そこから生じる先入観、対象的に付与される価値などをひとまずすべて解き放ち、文化交流における相互の変容可能性をできるだけ保ち置いておく。「ポイエシス＝プラクシス」という術語にはこのような含蓄がある。

「世界史的国家の技術的契機」としての身体

以上の流れにおいて、後期教育学の技術的身体論は、身体を「世界史的国家の技術的契機」と定義した[56]。この定義には、半ば身体論を国家論に集約しているような印象を覚える。ただ、内容を辿ってみると、そこには明確な意図がある。

木村は、国民の共有基盤である「国民共同体」が、独断的国民主義や極端な国粋主義に容易に傾斜することを指摘していた。国民は文化交流に臨む際、端的に世界史的国民性を働くのではないのである。世界史的国民は、必ず非合理的な「危機性」――国民共同体が陥りがちな自文化中心主義、排他的な対抗意識、相対的に自他を比較競合する傾向、異文化の他者性や異質性を否定する破綻傾向――を経由する。その意味で、「世界は自己拡大の衝動をもつ国民の不断の闘争である」。

木村は、文化の世界史的交流圏の現状を、このように把握していた。そのうえで、国民主体が現状の非合理を合理化し、それぞれに世界史的個性を発見的に発展させて行くための不可欠な契機として、国家を位置付けた[57]。この意味で「ポイエシス＝プラクシス」は、上記のような非合理的危機をどうにか合理化しようとする国家形成の創造的工夫の原理とも言える。木村教育学は、このような枠組みで政治の技術性を捉え、身体を「世界史的国家の技術的契機」として、しなやかに育む技術的身体論を展開した。そこでの最重要課題は、世界史的現実の非合理的危機の現状を深く把握し、そこから、多くの国民文化の世界史的個性が少しでも発展的に共存できる術を探る身体性の育成であった。

本章をふり返り、後期教育学の「ポイエシス＝プラクシス」原理に注視することで浮き彫りとなったのは、次の二点に要約される。第一は、後期教育学の術語「ポイエシス＝プラクシス」は、田邊哲学のプラクシス身体論から継承した議論を後期西田哲学に接続し再考する立場から示されている。ここでは木村が、国民教育論の文脈で、この言葉を世界史的立場の技術的身体性を深化する原理として述べていることが注目される。この側面からは、「＝」記号に、ポイエシス的側面とプラクシス的側面が相互依拠的に相乗深化する意味合いが込められている点が明らかとなった。

第二に、「ポイエシス＝プラクシス」の「＝」記号の相互依拠的相乗的な深化は、国民共同体が本来的に孕む非合理的危機を合理化する方向性へ向けられている。それは、国民文化が、自文化中心主義や排他主義を脱し、世界史的国民文化としてのそれぞれの世界史的個性を「無限の創造的表現力」として与り保つことを指す。そこで後期の国民教育論は、身体を「世界史的国家の技術的契機」と定義した。そうすることで、国民や国民文化を自己閉塞的に捉え日本的個性を掲げる独断的国民主義とは真逆の立場から、一人ひとりを「文化の世界史的交流」の担い手として育み、文化の世界史的交流圏を充実させることをめざした。

身体を国家の技術的契機として育む旨は、日本近代化の経緯からすると、世界史的国家となるために自国の技術的契機を肥やそうとする議論に読み取れる。しかしながら、現状と現在を往還する世界史的現実の把握や、文化の世界史的交流圏に向けた道具としての国家論を踏まえると、木村教育学の主旨が、一律的で画一的な目的を定めた国民教育論ではなかったことが明らかだろう。

ただ、こうした主張は言論思想界に留まってしまい、時局の流れを変えることはできなかった。また、後述する通り、木村教育学の論述に、部分的に当時のイデオロギーを反映する側面があったことも確かである。ただ、ここでは「ポイエシス＝プラクシス」の「＝」記号が国民教育論に示し出した意味に留意しておきたい。そこには、国民が「有的な固定化の原理」の下に相互を了解し切ることで、互いを自身の立場から価値的把握してしまう傾向性を打開し続けようとする意図が込められていたのである。

註

（1）木村素衞『表現愛』こぶし書房、一九九七年、八頁。

（2）小林恭「解説」『表現愛』こぶし書房、一九九七年、二二五頁。

（3）論文「ポイエシスとプラクシス」は、『思想』第二二三号（一九四〇年）に掲載された。

（4）西田哲学と田邊哲学の弁証法論争の背景には、当時隆盛を迎えていたマルクス主義研究における唯物論的弁証法との対峙があった（服部健二『西田哲学と左派の人たち』こぶし書房、二〇〇〇年、二七～二九頁）。木村教育学と唯物史観研究の関連は第六章で検討する。

（5）西田哲学、引いては京都学派身体論が改めて評価されるきっかけとなったのは、野家啓一による論文「歴史の中の身体――西田哲学と現象学」『現代思想』第二一巻一号、青土社、一九九三年であった（横山太郎「日本的身体論の形成――『京都学派』を中心として」『UTCP研究論集』第二号、東京大学二一世紀COE共生のための国際哲学交流センター、二〇〇五年、三〇頁）。なお、野家の本論考については、ここでは上田閑照編『西田哲学――没後五十年記念論文集』（創文社、一九九四年）に再録されたものを参照する。

（6）竹内良知『西田哲学の「行為的直観」』農山漁村文化協会、一九九二年、六九頁。元となる論考は『哲学研究』（第二一九～二二一号）に連載。

（7）横山前掲書、三八～四一頁。

（8）この点に関しては、終章で「表現」「形成」「作ること」と教育の接点を掘り下げながら検討する。

(9)　小田部胤久『木村素衞――「表現愛」の美学』講談社、二〇一〇年、五三頁。
(10)　田邊元「綜合と超越」『田邊元全集』第四巻、筑摩書房、一九六三年、三四五頁。
(11)　木村前掲書、一七三～一七五頁。
(12)　木村素衞『国家に於ける文化と教育』岩波書店、一九四六年、二三五頁。
(13)　森田伸子「木村素衞における政治と教育――京都学派の身体論を問い直す」『人間研究』第五一号、日本女子大学、二〇一五年、三八頁。
(14)　フィヒテ研究が木村教育学に及ぼした影響については、後期教育学での国民国家論との関連の下、第七章で詳しく検討したい。
(15)　岩城見一「解説」上田閑照監修『木村素衞 美のプラクシス』(京都哲学撰書七) 燈影舎、二〇〇〇年、二七六頁。
(16)　田邊元「ヘーゲル哲学と絶対弁証法」『田邊元全集』第三巻、筑摩書房、一九六三年、一六三頁。
(17)　シェリングは『人間的自由の本質』第二論文「悪の一般的始源と発生(自由の実質的本質)」のなかで、「悟性は本来意志のうちなる意志 der Wille in dem Willen である」と述べ、意志が悟性を包括する作用であることを示す。また、「自然」に関しては「神のうちの自然」と理解しながらも、「神と離し得ざるものではあるが、しかもなお区別ある存在者」と捉え、人間を含む被造物としての万物の「生成 Werden」は、自然に根源を持つとする。よってシェリングに従えば、人間的なあらゆる「規則・秩序・形式」の根本には、つねに「無規則なるもの」「実在性の不可解なる基底をなすもの」「決して割り切れぬ余剰」「最大の努力を以ってしても分解して悟性とすることができずして永遠に根底に残るもの」が見据えられている (Schelling, F., *Philosophische Untersuchungen über das Wesen der menschlichen Freiheit*, Hamburg: F. Meiner, 1911. = 西谷啓治訳『人間的自由の本質』岩波書店、一九五一年、五九～六二頁)。
(18)　田邊前掲書、一六七頁。なお、田邊は「絶対弁証法」を軸として、論文「社会存在の論理」(一九三四年) 以降、論文「種の論理の意味を明にす」(一九三七年) にかけて、人間の行為が「類」「種」「個」を相互否定的に完全媒介し合う「種の論理」を構築する。木村教育学と種の論理の関わりについては第七章で詳しく検討する。
(19)　田邊前掲書、一七二頁。

(20) 田邊元「綜合と超越」『田邊元全集』第四巻、筑摩書房、一九六三年、三四六頁。

(21) 矢野智司によると、ハイデガーの存在論を批判する田邊の人間学は、ディルタイ学派の「生の哲学」の流れ、とりわけ存在論と存在との不離相即を説き「存在論的無差別」の立場を表すミッシュ（Georg Misch：一八七八〜一九六五）の議論と通じ合う。ただ、生の哲学は存在論的無差別の議論により弁証法的な考えを抜きにして、個人格を共同体の次元に回収する傾向にある。一方で田邊哲学はどこまでも、ハイデガーが世界内存在を形容する「存在論的 ontologisch」ということと、世界内存在として解釈不可能な絶対超越の「存在的 ontisch」ということの差異に留まり、身体を両側面の相互媒介面と捉えて人間学を構築した（矢野智司「京都学派としての篠原助市――『自覚の教育学』の誕生と変容」小笠原道雄・田中毎実・森田尚人・矢野智司『日本教育学の系譜――吉田熊次・篠原助市・長田新・森昭』勁草書房、二〇一四年、一七七頁・田邊元「人間学の立場」『田邊元全集』第四巻、筑摩書房、一九六三年、三六四頁）。

(22) 同上書、三七〇頁。

(23) 同上書、三七四〜三七五頁。

(24) 板橋勇仁『歴史的現実と西田哲学――絶対的論理主義とは何か』法政大学出版局、二〇〇八年、三頁。

(25) この転換期に先立ち、西田は論文「私と汝」（一九三二年）においても思索の転換点を迎えたと言われている。それは、論文「私と汝」以降、自己の問題を他者との関わりにおいて社会的実践の文脈に乗せて捉え直すようになった点である（藤田正勝『西田幾多郎の思索世界――純粋経験から世界認識へ』岩波書店、二〇一一年、一四三頁）。西田の記述には、『一般者の自覚的体系』（一九三〇年）所収の論文「自覚的一般者に於てあるもの及それとその背後にあるものとの関係」（一九二九年）辺りから身体論が登場し、元々は芸術的制作を介するポイエシス論の色彩が濃かったが、論文「私と汝」からはプラクシス領域へも思索が広がった。木村が前期思想の代表的著作を記す前後に、西田哲学にはこのような転換が生じていた。

(26) このように、「個人的自己」を直に捉えず、行為的な運動性のなかに浮かび上がる現象として論じる背景には、人間的な活動を、思惟でなく身体的実践から捉え直す唯物史観への一定の共感があった（藤田前掲書、一七七頁）。

(27) 西田幾多郎「版を新にするに当って」『西田幾多郎全集』第一巻、岩波書店、二〇〇三年、三頁。

(28) 西田幾多郎「行為的直観の立場」『西田幾多郎全集』第七巻、岩波書店、二〇〇三年、一〇一頁。

(29)　同上書、一一九頁。
(30)　ここではフィヒテの「事行」概念を、木村が学位論文で主な研究対象とした『全知識学の基礎』（一七九四〜一七九五年）に基づき、〈自我の働き（定立する行為、Hundlung）が自我の存在（その行為において、行為によって存在するもの、Tat）と同一である〉という自己意識の根源作用と理解しておく。なお、木村教育学はフィヒテの「事行」を、「在ること」と「働くこと」との同一としての「自我の本性」と理解し、「働く者が実体的に先ず存在してそこから自己定立即ち働きが起るのでなく、自己を定立する働きそのものが即ち自我の存在にほかならない」とした。そして、「フィヒテの自我は在と行と知との同一をその本性とするもの」と記す（木村前掲書、七四頁）。
(31)　この時期に西田が参照したのフィヒテ哲学としては、『知識学への新叙述の試み』（一七九七〜一七九八年）における「知的直観 intellectuelle Anschauung」の主題がよく知られている（板橋勇仁『西田哲学の論理と方法——徹底的批評主義とは何か』法政大学出版局、二〇〇四年、四九〜五〇頁）。
(32)　新田義弘『現代の問いとしての西田哲学』岩波書店、一九九八年、三八〜三九頁。
(33)　西田幾多郎「論理と生命」『西田幾多郎全集』第八巻、岩波書店、二〇〇三年、四七頁。
(34)　矢野智司『幼児理解の現象学——メディアが開く子どもの生命世界』萌文書林、二〇一四年、四二〜四三頁。檜垣立哉『西田幾多郎の生命哲学』講談社、二〇一一年、二〇一頁。
(35)　論文「論理と生命」の歴史的身体論は、木村の身体論に大きな影響を及ぼした。ただ、木村の身体論は、後期西田哲学の影響下である程度の展開を見せるものの、戦中の国民教育学としてそこから具体的な学習理論や教育原理を結実し得なかったと指摘される（矢野智司「生成と発達を実現するメディアとしての身体——西田幾多郎の歴史的身体の概念を手掛かりに」田中毎実編『教育人間学——臨床と超越』東京大学出版会、二〇一二年、二四五頁）。しかしながら本書は、木村教育学が技術的身体論を軸に、教材を軸とする教育原理の議論を展開したと見て、その側面を第五章で詳述する。ただし、第六章、第七章では、その論理展開が身体論を活かし切れなかったり、時局のテーマを反映させたりするなか、難点や課題性を残している点も指摘する。
(36)　矢野智司はこの構図を踏まえ、「身体を道具として有つ」という物としての身体性が、「意味に回収されることのない純然たる外部を生み出す」側面に注目する。そして、この道具的身体性は、個人による意味把握をつねに超え出るかたちで、「外延‐客観‐空間‐物‐一般」の系列を拡張させる動きを伴うことを指摘する。矢野によれば、人間は「身体である」ことで意味を孕み、「身体を有つ」ことで意味を侵犯することができる。こうして人間の生は、身体を深めつつ意味を結実させて有用性を発揮する「発達」の側面と、身体を用いて意味を侵犯し有用性を超える「生成」の側面という二つの側面から捉えられる（矢野智司『幼児理解の現象学――メディアが開く子どもの生命世界』萌文書林、二〇一四年、五四頁）。

(37) 板橋勇仁『歴史的現実と西田哲学――絶対的論理主義とは何か』法政大学出版局、二〇〇八年、三七～三八頁。

(38) 西田幾多郎「ポイエシスとプラクシス（実践哲学序説補論）」『西田幾多郎全集』第九巻、岩波書店、二〇〇四年、二〇一～二〇五頁。

(39) 同上書、二一二頁。

(40) 同上書、二一七頁。

(41) 木村素衞『表現愛』こぶし書房、一九九七年、五九～六〇頁。大西正倫『表現的生命の教育哲学――木村素衞の教育思想』昭和堂、二〇一一年、一三六頁。

(42) 木村素衞『国民と教養』弘文堂書房、一九三九年、二〇〇～二〇一頁。傍点は著者による。

(43) 木村素衞『形成的自覚』弘文堂書房、一九四一年、二八頁。

(44) 上田閑照によると、当時の西田哲学は、軍部をはじめ「戦争遂行の日本主義者」とは異なる意味で「東亜共栄圏」を構想し、「共栄圏」「皇道」「日本精神」といった時局のイデオロギー解釈をめぐり「意味の争奪戦」を繰り広げていた。国粋主義者が日本的なものを自発的自律的に捉え、その絶対的な卓越性を主張するのに対し、西田が構想した「東亜共栄圏」は、世界中のあらゆる文化とともに世界史を構築する一つの極東の特殊的世界に過ぎなかった（上田閑照『西田幾多郎とは誰か』岩波書店、二〇〇二年、二三八～二三九頁）。また、木村教育学の「意味の争奪戦」の意図は、論文「教育と全体観」（一九三八年九月）の次の一節にうかがえると言われている（大西前掲書、一八五～一八六頁）。「今若し全体の名に於て個体の独特の意義を無視或は軽視してこれを単なる普遍の為めの手段的存在であると考える如き立場に立つ人があるとするなら、それは決して真の全体観の立場に立つものではあり得ない。…中略…このことは教育の実際に当って、或は更に広く一国の文化政策に関して、極めて重大な、時としては恐るべく重大なことではないかと考えられる」（木村素衛「教育と全体観」学校教育研究会編『学校教育』第三二一号、広島高等師範学校附属小学校 学校教育研究会、一九三八年、三三頁）。木村は確かにここで、「全体観」を充実させる方向に議論を進めている。ただ、ここでテーマとされている「全体観」とは、当時ドイツで隆盛だった「全体的教授 Ganzheitlicher Unterricht」の全人教育論を指し、内容的には、知育偏重に抗する教育改革の立場から子ども自身の活動による社会的生産性の獲得をめざす趣旨であった点に留意しておきたい。木村はここで、全体観の充実のためには、逆説的に個人の独自性と特殊性を尊重することが重要だと述べている。この点については第六章で改めて検討する。

(45) 大西正倫は、木村教育学の「世界史的立場」を、京都学派の「世界史の哲学」派と関連付けて理解する。「世界史の哲学」派とは、一九四二年から一九四三年にかけて雑誌『中央公論』の誌上で組まれた三度の企画座談会「世界史的立場と日本」に参加していた、高坂正顕、鈴木成高、西谷啓治、高山岩男を指す。この座談会内容は、『世界史的立場と日本』（一九四三年）として刊行された。大西は彼らの思想傾向を、対内的な「思想戦」を歴史哲学的考察として戦い、現実の戦争に「道義性」を付与しようとする志向性と捉え、木村教育学にも同様の傾向を読み取る（大西前掲書、一八五頁）。しかしながら、『国家に於ける文化と教育』序文を読む限り、木村の国民教育論の意図は、太平洋戦争のための道義獲得にはなかったように思う。ただ、結果的に記述に含まれた時局のイデオロギーやその解釈については慎重に検討しなければならない。その点に関しては、座談会「世界史的立場と日本」と合わせて参照される、雑誌『文学界』（一九四二年一〇月号）の掲載企画座談会「近代の超克」をも踏まえ、改めて考察したい。

(46) 木村素衛『国家に於ける文化と教育』岩波書店、一九四六年、二二四頁。

(47) 大西前掲書、一八〇頁。木村の国民教育論については、フィヒテの「独逸国民に告ぐ」への参照などを踏まえて第七章で再び検討する。

(48) 木村前掲書、二三二～二三三頁。

(49) 同上書、二四八～二四九頁。

(50) 木村教育学のイデア論は、「生成するイデア」論として注目される。「表現愛」思想のイデア論の特徴は、イデアをプラトニズム的に彼方に掲げ、対象的距離のなかにめざすのではなく、身体的行為の只中に動的生成的に捉える点である（西村拓生

「京都学派における美と教育――木村素衞の表現論に即して」今井康雄編『「美的なもの」の教育的影響に関する理論的・文化比較的研究』平成一四～一六年度科学研究費補助金・基盤研究（B）（一）研究成果報告書、東京大学大学院教育学研究科、二〇〇五年、七七頁・大西前掲書、八二頁）。木村のイデア論については、第三章第二節で詳述する。

(51) 木村前掲書、二一四～二一六頁。

(52) 木村素衞『国民と教養』弘文堂書房、一九三九年、一九五～一九六頁。

(53) 木村素衞『国家に於ける文化と教育』岩波書店、一九四六年、二一七頁。

(54) 木村教育学はこのように、基本的に文化の有的な統一性を否定する。そのためか、木村教育学は当時、臣民教育の要請に添わないものとして、原理日本社の雑誌『読書人』のなかで、「非国民教育」として非難されていた（森本忠「非国民教育論の一例――木村素衞著『形成的自覚』」『読書人』第三巻第七号、東京堂、一九四三年、三八頁）。

(55) 木村前掲書、二三七頁。

(56) 同上書、三七一頁。

(57) 同上書、二九四～二九五頁。

第三章　「歴史的自然」に根差す身体

本章では、「表現愛」の人間学の第二の原理として、木村教育学における「歴史的自然」概念と身体論のつながりを検討する。(1) ここでの目的は、最も代表的な論文「表現愛」（一九三八年）を手がかりに「表現愛」思想の全容を掴むとともに、そこで「歴史的自然」を「イデア的に先取」すると述べられる身体性の内実を明らかにすることである。

「表現愛」とは、個人が内に抱く愛情や愛着ではなく、(2) 私たちが他者や環境と影響を及ぼし合い、相互に他を作り、作り返されて変容する、世界構造化の原理を指す。木村は自身の思索が「単なる個人的体験の構造分析を志したのではない」と述べ、「個人的自覚の先験的構造」の解明を動機とした。(3) このように生の先験的構造を言語化する試みは、個性や主体性など教育の主要概念を問い直すことにつながる。

以下、第一節では、木村が「表現」という言葉をどのような意味で語り、何を問おうとしたのかを改めて確認する。簡潔に言えば、木村における「表現」は、「内なる自己を外へ押し出し（express, ausdrücken）」、そうすることで「外に於て却て内を見、外に於て却て内を在らしめる」作用と考えられている。ここでは「内」と「外」、自己と他者、主体と環境は、表現作用を通して創発的に立ち現れる。(4)

次に第二節では、「表現愛」思想に関する主な概念について、先行研究を手がかりとしながら概観する。ここでは、「表現愛」の世界構造における主体性が、三位相構造により重層的に捉えられている点を確認し、その意味について考察する。

そして第三節では、木村教育学における「歴史的自然」概念と身体論が関わる文脈を詳細に辿る。ここでは、木村教育学が西田哲学の教育論考から『中庸』の一節「天地の化育《かいく》を賛《たす》く」という人間理解を継承している件に注視する。そして、「天地」＝「歴史的自然」において、身体性がその変転を「イデア的に先取」すると述べられる意味を考察する。

続いて第四節では、「表現愛」を成り立たせる「愛」の概念について整理する。ここでは、「表現愛」という世界構造化の働きの具体例として展開される「林檎の素描」の記述を詳細に辿る。

最後に第五節では、人間の生の先験的構造を明らかにした「表現愛」思想の要点を、論文「表現愛の構造」終盤に示される「アガペの当為的性格」として焦点化する。そしてその側面に林檎の素描に示し出された「美」の語りを重ね、「表現愛」思想における美学的側面と教育学的な議論の重なりを見取る。また、続いて技術的身体論の内容を明らかにするとともに、関連する道具論と機械論を検討する。

第一節　世界構造化の原理「表現愛」——「表現」という言葉の内実

代表的論文「表現愛」第一部「身体と精神」（一九三八年）[5]は、身体について以下のように考察する。

我々に取っては身体は、凡《すべ》て善きもの美しきもの真なるものを真に具体的に実在せしめる為の不可欠の原理なのである。人間に取ってそれの存在の願わしきもの、それを現実に在らしめるに値するものの一切は、唯身体を通してのみ成就せられ得る。ここに身体の本質が見定められなければならない。身体は表現の原理なのである。[6]

ここで木村の思索は、身体の固有性とその意義に改めて焦点を絞っている。それによると、身体は、人間の全存在を通した「善きもの美しきもの真なるもの」の希求の契機である。個々人において望ましく求められる事柄は、必ず身体を通して成就される。その意味で身体には、「人間に取ってそれの存在の願わしきもの」「現実に在らしめるに値するものの一切」の過程や実現可能性が懸かっているのである。

ただ、「願わしきもの」「値するもの」を現し出す「表現の原理」としての身体は、他者との間の摩擦、折衝、葛藤、対立、自己否定などのこのうえない極みでもある。では、私たちはそのような身体を携え、いかにして「人間に取ってそれの存在の願わしきもの」「それを現実に在らしめるに値するもの」に向け、ともに行為することができるのだろうか。木村の身体論は、思想開花時の「表現的制作人間の人間学」以降、こうした実践哲学を、表現の営みを切り口に問い深めてきた。そして、論文「身体と精神」では一連の表現論を取りまとめ、「表現愛」という生の先験的構造の探究につなげた。

ここで木村は、表現の働きを以下三段階で考察している。そして、第三の立場を自身の表現論の立場として示す。(7)

第一の立場は、「内面が直接に身体的外面に現われる」作用を表現と捉える場合である。たとえばそれは、「身体的表情」や「身体的動作」といった直接的表現である。この表現論の下では、「悲しみの目には月も花も一切が悲しみを現わし、喜びの目には風も太陽も一切が喜びに舞う」と言われるように、身体は環境に埋没し、自然がそのまま身体的表情となる。このような環境や自然と融合し切った表現論は、木村によれば一面では「内を外に現わし、外において却って内を見る」という表現の本質を掴んでいる。しかし、それはどこまでも内と外が連続的な、主観的表現としての把握である。ここでは身体をめぐる客観的事実性や制約性が全く考慮されない。これは、生の主観的側面や直接的な感覚情動に偏った、表現の表層的理解である。

次に第二の立場は、表現が「表現活動の所産」を意味する場合である。ここでは第一の立場とは逆で、表現は言葉や形象や数として、何らかの客観化されたかたちに固着される。この場合、表現は対象的に把握し得る所産として物象化され、明示化される。木村によれば、ここでは表現は、固定的で狭義な理解に留まってしまっている。身体は環境や自然と完全に分離され、その下の表現論は、すでに表出された過去の所産や客観的事実に関心を注ぐ。これは、客観的分節的な見方による、表現の表層的理解である。(8)

そして、第三の立場は、表現を「自覚的形成」を介する作用と捉える場合である。ここでは表現は、「外への形成性と、同時にそれの自覚性」を伴う。この表現論は、「形成的自覚」を契機とする。第一の表現論のように主観的に肥大した「内」が「外」を覆い尽くすのではなく、第二の表現論のように客観的に対象把握される「外」が「内」を規定するのでもない。ここでは、「内」が必ず「外への形成性」において、「外」との摩擦、折衝、葛藤などの非連続性や他者からの制約性を介し、固有に把握される。木村の表現論はこの立場から展開されている。

ここで重要なのは、第三の形成的表現（表現的形成）の立場では、第一の主観的表現の立場と第二の客観的表現の立場が弁証法的に綜合されるなか、表現の営みが個人の枠組みを超えて、普遍性の下に捉え返される点である。ただし、その普遍性は決して画一的な固定概念ではない。それは、身体の固有な在り方を介して、「内」と「外」、自己と他者、主体と環境が刻々と弁証法的に現れ出る、その作用としての「表現的生命」の働きを指す。木村の表現論では、一々の身体的行為の背景に、「内」と「外」、自己と他者、主体と環境の特殊な関係性が結ばれることによる「人間性の自覚的形成」と、そうして内外、自他、主客が生成することによる「表現的生命の具体的形成」が、重ねて見取られている。

このことと関連して、「表現愛」の世界構造における実践的主体性は、「表現的生命」「表現的主体」「個的主体」(9)という三位相で捉えられることになる。以下、「表現愛」思想の最も大きな要点と言える主体性の捉え方について押さえておきたい。

第二節　「表現愛」における主体性の三位相構造

根源的主体性　「表現的生命」――「内」「外」「身体」の連関運動

木村は「表現愛」における主体性を、最も普遍的なかたちでは「表現的生命」と捉えている。論文「一打の鑿」では、「感性の中に融合し切った概念」「感性的に動く意味」の躍動のことを「表現的生命」と示していた。それは、「感性的にしかものを想い得ない存在」である制作渦中の芸術家が、知的概念的な認識とは異なる仕方で、身体的行為的に世界の一角に自己限定する作用と捉えられていた。要するに木村は、「身体的存在」が「感性的なるものの中に融け込んで了っている概念」を固有に引き受け、それを多様に展開しつつある動きそれ自体を、そのまま根源的な意味での主体性と捉えたのである。

このような主体性の理解は、主体的関係性のうちに想定される見通しや予定調和的なものの見方をことごとく覆す。そして、あらゆる行為が事実上、「内」と「外」、自己と他者、主体と環境のせめぎ合いから、無限の発展性のなかに生じている事実を浮き彫りにする。「表現的生命」を主体性概念として踏まえると、関係性の暫定的なあゆみに留まりつつ、個々の立場が刻み出される動きに注視することができる。

論文「身体と精神」のなかで「表現的生命」はさらに描き直されて、以下のように記される。

> 身体は表現的生命の一つの契機を成す内なる精神的なものが、他の契機である外に己れを形成的に表現する際の内と外との表現的媒介契機を成すところにその特有の意義を有《も》つのである。簡潔に唯これら三つの契機の表現的生命に於ける連関を明らかにすることに我々の中心問題を限局しようと思う[10]。

「表現的生命」は、私たちの身体内部をめぐる内的生命力でも、外的な環境のエネルギーでもない。引用に示されるように、それは「内」「外」「身体（内と外との表現的媒介契機）」という三項の連関運動である。「作られるものを作ること」のうちで、「内」と「外」、自己と他者、主体と環境が「弁証法的自同性」を成し、身体的行為とともに個々の主体性が刻み出されるダイナミズムとも言えるだろう。

木村はそこで、「内」を「精神」、「外」を「物質」と捉え、身体を「精神の自己否定」であると同時に「物質の自己否定」と把握する。身体性はこの意味で、精神と物質が相互に自己否定的に連関する運動と捉えられるのである。また、「表現的生命」という概念が、内なる精神と外的物質を、実のところ両者が未だ立ち現れていない創発以前の「無相の相」から捉え返している点にも注意したい。木村教育学は、身体的行為的に内なる精神と外的物質が生い立つ動きのなかに、「表現的生命」という主体性の源流を見通す。そして、その瞬間的な時間性のことを「永遠の現在」と言い表す(11)。

これは、論文「一打の鑿」で提起された「表現の弁証法」の時間性である。現状の客観性や分析的な対象把握に「依って」でなく、「これに即し且つこれを介して」ものを見る瞬間であり、合理主義的弁証法が基づく過去、現在、未来への直線的連続的な時間軸では捉えられない時間性である。木村教育学は主体性概念を、このように根源的で未だかたちなき無的位相から語り出したのだった。

「内」なる意志的立場「表現的主体」——イデアを作り見る「外」的環境との対話的交渉

「表現愛」における主体性は、さらに「表現的主体」という、外界の環境と対話する「内」なる主体性として描かれる。この件に関しては、「外」の概念が三段階で捉えられ、改めて「表現愛」思想の立場が示し出される点に留意したい(12)。

第一の「外」の捉え方は、「自然科学的観察の対象となるような自然」「テオーリアの対象界」「理論的観想の対象界」「自然的物質性」と記される。これらは「内」と切り離され、対象分析的に捉えられる「外」である。この科学的合理主義的なものの見方は、「表現の弁証法」の立場とは相容れない。ここでは「表現的主体」は働かず、もはや「表現」の営み自体が見出せないと木村は言う。

そして第二の「外」の捉え方は、「形成作用に対する障碍者」、あるいは「形成性」を保持し確保する「素材 Stoff」「素材的外界」としての理解である。ここでの素材は、「内」によって克服されるべきもの、または形成作用の支持体を意味し、恣意的に用いられ操作される「可塑性 Bildsamkeit」によって特徴付けられる。木村は、カント、フィヒテをはじめドイツ観念論の立場をここに見取っている。この捉え方では、「内」なる「形成的意志」の能動的主体性は、何の疑いもなく自明視される。そして、「内」から「外」への形成作用により、両者が根本的に変化変容する側面は省みられない。ここでは「外」は、「一般に形成的主体の現実的な環境を形作るもの」「形成作用が働きかけ得る実質的なもの《マテリアル》」とのみ捉えられ、「外」の多様な特殊性がいかに「形成可能的領域」を開いているかという点が、「内」なる主体性の唯一の関心事となる。ここに作用するのは、「形成的主体」であり「表現的主体」ではない。そして、このような主体性が抱くイデアは、「内」から自発的に生み出されると考えられている。そのため形成的主体は、「イデア定立の自由」のための素材の「形成可能的領域」を、少しでも効率的に広げようと素材と格闘する。木村は、西洋の文化理想主義をこの立場とし、「外」を遍く「文化価値実現の素材」とする見方に疑問を投げかける。(13)

最後に第三の「外」の捉え方は、「表現的形成」「形成的表現」における「外」である。木村において外界としての環境は、この立場で捉えられている。これは、「声なき意志」を以て人間に語りかけ、人間の意志的行為を唆す「汝的外」、積極的に主体に向けて表現する「表現的環境」である。「表現的環境」は、「作る人に向かって声なき声を以て語りかけ、かくして作る人の制作意志にそのきかけ、イデアを喚起し、このようにして主体を限定するものに他ならない」(14)。要するに、「表現愛」という世界構造においては、私たちを取り囲む「外」は「内」と対話的交渉し、一人ひとりの意志作用に呼びかけ語りかけ、応答を迫るのである。

以上のように「表現的環境」と対話する「内」なる主体性のことを、木村は「表現的主体」「人間的主体」などと呼ぶ。これは「汝的外」「表現的環境」に傾聴的に関わり、対話的交渉の下に意志を働く主体性である。要するに「表現的主体」は、「外」との「表現的交渉」によってつねに呼び醒まされる主体性であり、また、表現的形成的、形成的表現的に、果てなくイデアを作り見る主体性と言える。

「表現的主体性」をこのように考慮するとき、私たちが望むと望まざるとにかかわらず環境の声を拾い、「相互に表現的に限定し合う関係、互いに作られる関係」に在ることの現実味が浮かび上がってくるだろう。学校教育の文脈で「表現力」「形成力」を問う際に、一人ひとりが単独に能動的主体であるというよりも、一面には置かれた環境への表現的形成的応答として意志的立場を表しているという見通しを持つことは、深い人間理解につながる。「内なる表現的主体」は、「歴史的社会的全体からその具体的意味が基礎づけられて来る個性的存在」である。(15) こうした見方から、一人ひとりが直面する環境とどのように呼応し、「内」「外」が変化変容する臨界点にいかに臨み、何を求め期待しながら関わり合っているかを見据えることは重要である。

決意的行為の主体性「個的主体」――イデア実現の固有性

以上を踏まえ、「表現愛」における主体性の三位相がまとめられる次の一節に注目したい。

表現的生命はかくの如き表現的外との弁証法的媒介に於てそれの創造的契機として表現的内を同じくそれの一つの契機として有ち、そして個的主体は恰もかくの如き表現的生命の自覚的表現点に他ならないのである。(16)

ここに示されているのは、「表現的生命」が表現的外として環境と表現的内としての「表現的主体」の創造的な媒介作用であり、その「表現的生命」の自覚的表現点が私たち一人ひとりとしての「個的主体」だという、主体性の三位相構造である。このように、「表現愛」思想における主体性の議論は、「個的主体」の立場を端的に捉え完全に自律的で自発的な立場とするのではなく、内なる「表現的主体」や内外相即の「表現的生命」との連関の下に捉える。「個的主体」とは、「表現的世界」において「決意」的に行為し、イデア実現に赴く主体性と解される。ただし、「表現的世界と云うのも、主体と環境とのかかる連関に於て初めてその本来の意味に於て成立する」[17]。このように木村は、世界そのものを表現的存在と捉えていた。「内」と「外」、自己と他者、主体と環境、精神と物質の表現的対話交渉を契機として、「表現的世界」は移り変わって行く。「表現的生命」は、ここでは「表現的世界」が立ち代わる作用を指す。そこで「個的主体」は、そのような立ち代わりに「決意」的に切り込む「否定の原理」として、「内」と「外」、自己と他者、主体と環境、精神と物質の相互に自己否定的な連関を身に受けて行為すると考えられている。つまり「個的主体」は、未来と過去、創造と伝統の拮抗の仕方を一つひとつ定め成して行く身体的行為的主体性である。この意味で「個的主体」は、「表現的生命」の自覚点であり、「創造的意志の尖端」としてイデア実現に赴くと述べられる。

イデアは内から外へ表現的に形成し出だされることに於て初めて真実に見られるのである。表現的生命に取っては見るとはその本質に於て作ることであり、その他に見ると云うことは成立し得ない[18]。

これは、プラトン（Platōn：前四二八／四二七～三四八／三四七）のイデア論のように、人間が観照的にイデアを見遣り、把捉して、外界的な環境に表出するという枠組みのイデア論ではない。また、アリストテレス（Aristotelēs：前三八四～三二二）の質料形相論のように、内的にイメージされた「形相 morphē」を外的環境の物質的「質料 hylē」に投影するという制作論とも異なっている。これまでの論述で明らかとなってきたように、木村においてイデアとは、必ず感性的に外を経由するなかで、動的に作り見られるものである。

ここでイデアは、「表現的世界」における固有な「身体的存在」であることによって、「表現的生命」として何事かが作り現され、そこで環境と「内なる表現的主体」が表現的形成的に対話することで作り見られる。そして「個的主体」は、その流れに惹起されるかたちで行為や在り方を「決意」する。したがって、意志的行為は必ずいずれかの程度、イデア形成とその実現の試みなのだと木村は考えたと言えるだろう。

要するに木村教育学は、「個的主体」が「表現的世界」においてどのようなイデアを引き出しつつあるか、どのような事柄を作り現そうとしているかを非常に重視する。イデアは、未だ完全には具現化されずかたちを成さないものながら、一人ひとりの身体的行為的な志向のうちにすでに「表現的世界に於ける一つの実在」となると考えられている。この伸びやかな生成するイデア論は、木村教育学の人間理解の大きな特色となる。

ところで、「個的主体」を個として「決意」する「自由意志的自覚」の主体性と捉える背景には、論文「意志と行為」（一九三二年）で田邊哲学を経て参照されたシェリングの「悪の自由」論が裏打ちされている。上述のように「個的主体」は、まさに探究されつつあるイデアへ、個別に動的にしか関われないという点で、イデアに叛き得るという悪への可能性をつねに孕む。しかし、だからこそかえって「個的主体」はイデアの「内在即超越的な在り方」に向き合うことができると木村は考える。イデアが、実現に向けた努力的志向性としてすでに「歴史的実在性」を有すると言われるなかには、不完全さや未完さとしてイデアに叛く悪への振れ幅が、まさに「決意」の契機として含まれているのである。

以上、「表現愛」思想は主体性の概念を三位相構造によって捉え、個々の決意的な意志作用を、内と外、自己と他者、主体と客体、精神と物質、未来と過去、創造と伝統など、多様な拮抗運動の折衝面に捉えた。「個的主体」は、このような諸々の折衝が収斂される動点であり、そのように「歴史的現在の一々の現実的な自覚点」として行為する意味で「個性的存在」と言える。この三位相の主体性構造は、後期教育学まで一貫して継承された。

第三節 「歴史的自然」のイデア的先取

「見究めることのできない悠久なる成るもの」としての自然

ここまで、「表現愛」思想を紐解き、〈根源的主体性「表現的生命」――「内」なる意志的立場「表現的主体」――決意的行為の主体性「個的主体」〉という主体性の三位相構造を確認した。この三位相の主体性は、身体的行為において一挙に作用する。「イデアを真実に見ると云うことは単に精神的に見ることではなく、却て身体的に見ることでなければならない[19]」。

そこで、木村は以上のような身体的行為的なイデア論と京都学派の「歴史的自然[20]」概念をつなげ、次のように記述する。

> 内と外とのかくの如き交渉に於てみずから動きみずから成って行く歴史的自然の内に在って、自覚的にこの表現的生命の営みに参与するもの、それが個的主体に他ならないのである。見究めることのできない悠久なる成るものの裡に在ってみずからのなすべき業を自覚的に成すもの、それが個体的人間である[21]。
>
> 身体は歴史的自然が自己の物質面へ喰い込ましめている創造的意志の尖端であると云わなければならない。具体的な自覚的形成は唯この尖端に於て働く心に依って成されて行くのである。恰も鑿岩機《さくがんき》の尖端が岩に喰い込んで岩を抉《えぐ》って行くように、我々は困難な仕事には身を入れて当って行く。その身に於て直ちに心が働くところに身体の独特な特性が成立する[22]。

以上二つの引用では、「表現愛」における主体性の三位相が改めて、身体がそこにおいて在る「見究めることのできない悠久なる成るもの」としての「歴史的自然」から照らし返される。身体は鑿岩機のように「歴史的自然」に喰い込んでいる。「表現的生命の自覚的表現点」と言われた「個的主体」は、ここで改めて「歴史的自然が自己の物質面へ喰い込ましめている創造的意志の尖端」として把握される。

木村の言葉で言えば、「歴史的自然」とは、「人間を内に包み、そこに於て生みそこに於て育てそこに於て営ましめ遂にそこに於て死なしめる歴史的自然」であった[23]。それは、私たちを取り巻く環境ではなく、決して対峙されることのないままに人間としての在り方や生き方を刻々と支え成し、また一方では、環境に対してあるいは他者間における私たちの関わり方により、際限なく変転する自然である。こうして、私たちが「身体的存在」として、決して見究められない「歴史的自然」の自己形成作用のうちに在るという視点は、「表現愛」思想から構想される教育学を理解する際に大きな鍵となる[24]。この点については後に西田哲学の教育論との関連で詳述したい。

「歴史的自然」に根差す身体性が明らかとなったところで注目されるのは、引用で「その身に於て直ちに心が働く」と表されている、ある種の身体知への視座である。この身体知は、「歴史的自然」における悠久な不透明さのなか模索されるのであって、決して明示的画一的には示し出すことができない。一人ひとりの「個的主体」が「歴史的自然」の「創造的意志」として身を深めるなか、探り出して行くしかないのである。

ところで、論文「表現愛」第二部「表現愛の構造」（一九三八年）の終盤で、「歴史的自然」の鑿岩機としての身体が、「歴史的自然」の変転を「イデア的に先取」すると述べられることの意味は大きい。

人間はこの自然のうちに生れ、育まれ、生きつつ、自然との交渉に即してこの自然が動き行くべき姿をイデア的に先取し、そして却て自然をそれに従って形成する。だからここでは人間は今や歴史的自然そのものの目であり、手であり、従って文化も単に人間の営みとして自然に対する勝利であるのではなく、かかる連関を止揚した立場に於て、歴史的自然の成ることのうちに在ってそこから人間が自覚的に成すべくゆだねられたことを成し果して行くと云うことに於て、文化の一層深い意味が成立する。(25)

ここには「表現愛」思想の文化論が展開されている。それによると文化とは、「身体的存在」としての人間が、「歴史的自然そのものの目」となり「手」となって、その移り変わりを「イデア的に先取」する営みであるという。したがって「歴史的自然」は、自律的自己完結的な目的性を伴う有機体ではない。それは、人間の包括的な身体性を契機として形成されて成って行く自然である。また、この文脈から浮かぶのは、いかなる手付かずの自然においても、私たちは人間としての身体性を伴う時点ですでに、「歴史的自然」しか生きることがないという視点である。思い描きがちな完全に純粋な自然というのはもはや空想であり、私たちは身体レベルで「人間的世界」の歴史性を介してのみ自然と関わる。その意味で、特別何かを決心したり強く制約されたりして在り方や行為を定めなくても、一人ひとりは図らずもつねに「歴史的自然」が「動き行くべき姿をイデア的に先取」し、「自然をそれに従って形成」しているというのが木村の見通しと言えるだろう。

このように「歴史的自然」を「イデア的に先取」する身体の存在構造の指摘は、「個的主体」が、ひと時として同じではない「歴史的自然」のめぐりに根差しながら、その運びを一歩一歩担わされていることを示唆する。ここに木村は「文化の一層深い意味」を見出した。そして自身の文化論を、文化を人間による「非我」的自然の征服と見る西洋の文化理想主義的な文化論と対置させた。

以上、「表現愛」思想を概観したうえで、木村教育学が「歴史的自然」概念を西田哲学の教育論の文脈で解し、その議論を大いに取り込んでいる点を確認しておきたい。

「天地の化育を賛けるものを賛け育成するもの」としての教育

木村教育学の「歴史的自然」概念は、直接的には西田哲学から継承された中国古典『中庸』（旧本『礼記』第三一篇）の一節「賛二天地之化育一」（天地の化育《かいく》を賛《たす》く）の「天地」と結んで理解されている。[26]「賛二天地之化育一」は、西田が教育学に関する自身の考えを記した論文「教育学について」（一九三三年）に登場する。木村は、論文「教育学について」から多くの示唆を得、自身の教育学構想に反映させた。

論文「教育学について」は、岩波講座『教育科学』第一八冊に所収するため、「哲学と教育」という題目で発表された原稿が元になっている。その後、教育学論考として改稿、改題されて、『続思索と体験』（一九三七年）に収められた。執筆時期がちょうど木村に教育学研究を勧めた時期と重なることから、美学・哲学から教育学へ転じようとする弟子へのエールと読み取ることができる。[27]木村はここでの議論を継承しつつ、積極的に練り直し、独自の教育学体系を築いた。

西田は冒頭で、教育学について門外漢であることを断ったうえで、当時隆盛だったヘルバルト（Johann Friedrich Herbart：一七七六～一八四一）の教育学が、教育の目的を倫理学、その方法論を心理学や生理学から得ている点を批判する。そして、教育という営みの独自性を哲学的に問い深め、教育原理や教育の理論を再構築する必要性を説く。そうして示されたのは、教育学を、倫理学の規範的法則性や心理学の科学的方法論とはまた違った角度から、「創造作用とか形成作用とかいうものの学問」として探究する方向性である。

この時期の西田哲学は、京都学派におけるマルクス思想の流行やヘーゲル没後百年の再興、弁証法的神学からの示唆などを取り込み、「場所の立場」から「弁証法的世界の立場」へ移行しつつあった。[28]そして木村は同時期、論文「一打の鑿」（一九三一～一九三三年）のポイエシス身体論と、論文「意志と行為」のプラクシス身体論を並行させ、「表現の弁証法」の立場から「身体的存在」の存在構造を探りはじめていた。そのような時期、西田は以下のように述べている。

教育ということも、私は一種の形成作用と考えることができると思う。彫刻家が彫刻を造る如く教育者は人間を形成するのである。形成するということはイデヤによって客観的に物を造ることである、イデヤ的なるものを実現することである。[29]

彫刻家と教育者を並べる議論の背景には、木村の論文「一打の鑿」への配慮が読み取れる。ただ、西田がここで「表現」ではなく「一種の形成作用」として教育の営みを捉え、教育と芸術の営みを重ねて論じる点には注意が必要である。この教育論は、一見されるように彫刻家が対面する素材や作品と、教育者が対面する自ら意志を持つ子どもたちを重ねているわけではない。西田が教育者と彫刻家を重ねるのは、「イデヤによって客観的に物を造る」という存在構造においてである。それらはどちらも、「主客合一の創造作用」としての「形成作用」に従事する営みだということだ。「芸術的創作に当っては如何なる作品ができるかは、芸術家その人も知らない」。西田が教育者と彫刻家の共通点としたのは、最終的な完成形や着地点を未定にしたまま、明確な目的性や定められた段階手順をひとまずは抜きにして、内と外、自己と他者、主体と客体の呼応関係に傾聴して行く在り方である。

西田がここで重視するのは、「主観の客観化ではなく、客観の主観化」である。つまり、主観的自己の立場から他の客観性を慮るのではなく、客観的な布置が自らの主観を「構成する bilden」＝「引き出す erziehen」動きに沿い行く姿勢と言える。「我々は主観によって客観を構成するのではない、与えられたものの内に自己自身を見出すのである」、「我々の人格は絶対の他に於て自己を見るという意味を有《も》っていなければならない[30]」。そのようにして、「主客合一的に自己自身を限定」する動きのなかで、他者を育むことが教育である。西田はこのように考えた。

ここで注目されるのは、「主客合一の創造作用」「真の形成作用」としての教育理解を示し出したうえで西田が提示した一節――「私はこういう意味に於て賛天地之化育ということを教育者の使命と考えたいと思う」――という件である。木村教育学はこのフレーズを引き継ぎさらに発展させて、教育の営みを「天地の化育を賛けるものを賛け育成するものとして、形成的自覚の徹底にほかならない」と定義した。そして、この枠組みの下フィヒテをはじめドイツ観念論や文化教育学の議論を検証しつつ、独自の教育学を築いた(31)。

ここでもう一つ注目しておきたいのは、先に木村教育学の特色と述べたイデア論が、西田の論文「教育学について」のなかですでに示し出されている点である。木村教育学のなかでイデアが明確に術語化されるのは、学位論文の後改めて教育を論じた論文「教育と歴史性」（一九三七年）と考えられる。

表現的意志は実在性《レアリテート》を要求する。だから真に形を見るということは、単に見ることではなくして、却って形造ることでなければならない。表現的に形成することが、真に見るということである。そこにイデアを見るということの真の実践が成立する。人間的存在における身体の積極的意義は恰もここに見出されて来る。形造ることにおいてのみ真にイデアを見ることができるということは、イデアが表現的身体によってのみ真実に見られるということにほかならないからである(32)。

ここにはすでに、後に論文「表現愛」で展開されるイデア論の枠組みが整えられている。しかし、『フィヒテ』（一九三七年）以前の著作では、イデア論は中心的なテーマではなかった。ドイツ観念論を消化し吸収する意図の強い前期の哲学論考では、因果律的な時間性を超えた芸術作品の「完結性 Voll-endung」概念を重視したり(33)、カントの「決意性 Willkür」概念に伴う「展望的多産的な体系的核心」に注目したり(34)、カント哲学が使い分ける普遍的「Idee」と個別的「Ideal」との違いを指摘したりする件が散見される(35)。ただ、そうしたなかにもイデア論が表立つことはない。

したがって、引用に示される木村教育学のイデア論は、西田の論文「教育学について」に触発されたと考えられる。「表現的身体」が「形造ること」は「イデアを見るということの真の実践」であるという木村の記述は、西田の「形成するということはイデヤによって客観的に物を造ることである、イデヤ的なるものを実現することである」という件と響き合っている。

論文「教育学について」で西田は、『中庸』「賛天地之化育」を掲げた後、さらに以下のように展開する。「教育学はそれ自身の立場を有たなければならぬ、それ自身のイデーを有たなければならない」[36]。ただし、「時と所とを超越した単に一般的なイデーというものは抽象的」である。西田において、抽象的な固定概念としての普遍的イデーは、理念主義に偏るものとして退けられる。

では、教育学特有の普遍的「イデー」とは何だろうか。西田はそれを歴史哲学に求めている。「教育学というものは、歴史哲学という如きものを背景として組織せられると云うことができるであろう」。そして「教育の目的」は、歴史的社会的な「イデーの形成作用」を中心に考えて行くべきである。西田はこのように述べ、「賛天地之化育」ための多様な形成性に向け、一人ひとりが「イデヤによって客観的に物を造ること」の固有な在り方を身体的に落とし込み深めることを、教育の目的として示唆した。西田は、各自の時代性や置かれた「時と所」において、「絶対の他に於て自己を見る」視点を携え、「賛天地之化育」にともに参与して行けるような関係性を、教育の独自性と考えたのである。

木村教育学が主体性を三位相構造で示し、「歴史的自然の内に在ってその営みを人間的主体が自覚的に育て成して行くこと」[37]、「歴史的自然がみずからの地を耕しみずからをその深き根源から育て上げること」[38]を教育原理の軸とした背景には、以上のような西田哲学からの影響が見出される。このことを踏まえつつ、以下に木村教育学の代表的概念「表現愛」の詳しい論理構造を明らかにしたい。

第四節　「表現愛」を織り成す「エロス」と「アガペ」

論文「表現愛」第二部「表現愛の構造」のなかで、木村は「表現愛」の「極めて直観的に明白な一つの例」として、「林檎の素描」を挙げる。

「林檎の素描」の考察

一つの林檎を描く人がそこに描かれた線を訂正するために次の瞬間に今一つの新しい線をそこへ引いたとする。絵はこれに依って一層よくなったに違いない。画家は恐らく満足を得る迄幾度も線に線を重ねて行くであろう。彼は内に見られている林檎の一つのイデアが目のあたり表現的に見究められる迄その努力を止めようとしないに違いない。これがエロス的次元に於てある表現活動に他ならず、描かれた形は云わばエロス的空間に在ると云うことができる。併し、——簡単の為に唯二つの線を注意するとして、——前に引かれた線と後に引かれた線とは単にかくの如き完全性への接近と云うことのみで以てその意義の総てを尽くすことができるであろうか。他面同時に実は二つの線はそれぞれ美的個性の異なった二つの林檎を表現しているのである。両者は共に描かれた二つの絵としてそれぞれ独特の美的意味を有し、それぞれ完結した一つの形として、他との優劣的比較を超越した存在なのである。これが云わばアガペ的空間に於てある林檎の表現に他ならない。一つの林檎の素描は常にかくの如く互いに矛盾する両原理の相即に於て成立し、本来的に両原理の弁証法的綜合を構造連関とするような世界構造の内に於て成立するのである。(39)

ここで「林檎の素描」は、「エロス」と「アガペ」という二つの「愛」の原理の「弁証法的綜合」として描かれている。これらの術語は、スウェーデンの神学者ニグレン（Anders Nygren：一八九〇～一九七八）の著作『アガペーとエロース』（一九三〇～一九三六年）に由来する。(40)ニグレンはここで、キリスト教の根本概念である神の絶対愛「アガペ」と、人間的な自己中心的愛である「エロス」とを峻別する。そして、キリスト教文化において、つねに何らかの意味で価値志向的である点で自己救済的愛でしかあり得ないエロスが、あくまで人間的自己の「魂の欲求」であるにもかかわらず、向上的な上昇志向の延長で「天上的エロース」として語られ、アガペの領域と混同されてきたことを厳しく問い直す。ニグレンは、エロスがギリシャ・ローマをはじめ、ほとんど世界中の宗教や哲学思想に出現し、人々を魅了してきた歴史を辿り、「アガペーとエロースの遭遇」によってキリスト教世界が深刻な打撃を被ってきたと指摘する。そしてエロス、とりわけ最も洗練したかたちで人間精神の純粋性を提起したプラトン哲学のエロスを、「アガペーの敵手」としてアガペと切り離す。(41)

スケッチ「りんご」
かそけくも匂ふ珠なり
静もれるさみどりの珠
1935（昭和10）年
出典：信濃教育会，安曇野市教育会

　ニグレンが「アガペーとエロース」の質的な違いを際立たせ、両原理が完全に対立し相容れないことを主張したのに対し、木村は論文「表現愛の構造」で、エロスとアガペを相互連関の下に捉え直す。ニグレンの議論を踏まえ木村は、エロスを望ましいものを求め作り現そうとする価値志向的で意志的な向上的愛、アガペを価値に対して無関心的で無動機的な絶対愛と定義し、両者が「動的弁証法的自同性」を成すとした。「表現愛」とは、「かくの如く互いに矛盾する両原理の相即に於て成立し、本来的に両原理の弁証法的綜合を構造連関とするような世界構造」に他ならない。エロスとアガペは、どちらかが一方が先行し他の前提となっているわけではない。両者の相互依拠的連関のうえに「身体的存在」

の生が成り立っているということが重要なのである。

以上の枠組みの下、「林檎の素描」の考察を辿ってみたい。ここではまず、林檎の素描において描線が改められるたびに変化変容するかたちは、一つひとつがつねに「完全性への接近」をめざし「エロス的空間に在る」と述べられている。しかしまた同時に、描画が改められる過程の一々の瞬間が、「それぞれ完結した一つの形」として「アガペ的空間」に捉えられるという。

「エロス的次元」から表現活動を捉えると、手数が加えられる都度、「絵はこれに依って一層よくなったに違いない」。ここで素描のあゆみは連続的に捉えられ、「前に引かれた線」と「後に引かれた線」は、どれだけ完全性へ接近したかという点から見比べられる。また、ここでは画家の筆跡が、幾度にも重なり蓄積されて行く。そして極論すれば、エロス的に捉えられる素描では、手数を加えることがそもそも「訂正」である。素描をするという営み自体が、ここでは終始「満足を得る迄」「イデアが目のあたり表現的に見究められる迄」の努力的立場と捉えられているのである。

一方、「アガペ的空間」から描画を眺めると、加えられる「今一つの新しい線」は、その都度そこに真新しい一つの完成形を現し出すことになる。それは、様々な可能性のなかから創出された「他との優劣的比較を超越」したかたちであり、そしてまたそこからの無限の進行や発展の可能性を帯びた完結した林檎像である。アガペ的に捉えられるこのようなかたちに、木村は「美的個性」「美的意味」という言葉を宛てる。

重要なのは、この美的さは、画家が努力的意志的なエロスの立場から到達し達成する美的さではなく、また、モチーフとなる林檎や、制作途上の素描作品に見出される美しさとも異なる点だ。アガペ的空間に見出される「美的個性」「美的意味」は、林檎の素描という行為の只中にのみ出現すると考えられているのである。さらに言えばそれは、エロス的立場で試みられる「前に引かれた線」と「後に引かれた線」の狭間に、動的瞬間として垣間見られるものである。この美しさは対象把握し得ず、有的で固定的なかたちとして指し示すことができない。

木村は林檎の素描を、以上のようにエロスとアガペの原理で記述した。そして、同様の原理の下に無数の様々な「表現活動」が、影響を及ぼし合いつつ一挙に展開される世界構造のことを「表現愛」と呼んだ。この問題関心は、論文「表現愛」第一部「身体と精神」冒頭より浮かぶ身体論をめぐる素朴な問いにつなぎ返されているように思われる。つまり、身体が「存在の願わしきもの」「現実に在らしめるに値するもの」の実現のための契機だとすれば、私たちは、様々な自他の願わしさや価値性との摩擦、折衝、葛藤、対立のうちをいかに行為しているのか。

ここで、価値志向的な向上的愛エロスが「文化」の愛、価値無関心的で無動機的な絶対愛のアガペが「宗教」の愛と述べられる点に留意しておきたい。要するに、「表現愛」とは、文化原理と宗教原理が分かち難く連関して織り成す世界の成り立ちとも言えるのである。その連関が切り放たれたり、その連関性が捉えられなくなり喪失されたりするところには、「文化と宗教との克服し難き対立と相剋とが現れる」と木村は言う。

エロス的立場は価値性に関わる文化の原理であり、その意味で価値的な比較と対立を免れない。ところが、林檎の素描に語られていた、「これに依って一層よくなった」ということの「よさ」は、個々の時と場合により実に様々である。そこで、単にエロス原理の下にのみ在るとすれば、私たちは「他との優劣的比較」からしか他と関われず、物事を見ることができないことになる。しかし、そのような単独のエロスは抽象的な見方に過ぎない。何かを作り現そうとするところでは、エロスの文化的愛はアガペの宗教的愛と必ず連関している。したがって、完全に純粋なアガペとしての宗教原理もまた、同じく抽象的な見方である。宗教性においてもそれぞれに相容れない多様な価値的志向があり、その点を見失ってしまうとアガペの価値無関心性はかえって強烈な統一志向に転じてしまう。林檎の素描に関する論考は、このような視点から、実に多様で絶えず変化し続ける価値性が、いかに連なりあゆみをつないで行けるのかを見つめ直した。

以上、主体性の三位相構造と「愛」の二原理により示される「表現愛」思想は、林檎の素描に代表されるような種々の表現活動について、その原理構造を探究した。表現活動とはここで芸術的制作に限らず、行為一般として広く捉えられている。

林檎の素描において、先述の「歴史的自然」を「イデア的に先取」する身体性を考慮してみると、素描のアガペ的空間に示された美は、描画に手を加える行為のなかで、画家の身体が根差す「歴史的自然」がまさに立ち代わろうとするイデアの先取であり、それは「表現的生命」の位相に語られているようにうかがえる。このように捉えてみると、アガペ的空間とは、画家が目の前の林檎を描くという個的なエロス的活動が、「歴史的自然」の自己形成という普遍性のうちに迎え入れられる側面を指すことになる。この辺りのことを身体が感触しながら行為するとき、表現活動はとても豊かで深みあるものになると思われる。

「エロス」と「アガペ」の「弁証法的自同性」

「表現愛」思想が原理的に明らかとなったところで、エロスとアガペの相互依拠的連関で何が起こっているのか、またそのような「表現愛」の世界構造を踏まえることで何が見えてくるのかについて考察しておきたい。

木村によると、エロスは「自己の底」にアガペとつながり、アガペは「自己の内」にエロスとつながる。そして、このつながりは、同質なものの連続でなく、異質な原理が相互の非連続性を以って連なる意味で、「弁証法的自己媒介」と記される。一々の行為において、エロスからアガペ、アガペからエロスという両方向の弁証法的自己媒介が即することで、「表現的生命」は動いて行くというのである。(42)

先のイデア論の件で見たように、「歴史的自然」のイデアは、一人ひとりが実際に何かをやってみること、表現的環境と対話しながら環境へ働きかける形成性の只中で、「外」を経由して「内」に見出される。そのことを木村は、イデアの「超越即内在性」と言い表した。イデアのその性質ゆえに、「内」なる対話的な「表現的主体」や行為を決意する「個的主体」の位相においては、イデアは決して見果てられず完全に実現されることがない。内的立場、個的立場としての主体性は、イデア実現に挫折し続ける「不完全」性と「悲劇性」を免れないのである。この側面のことを、木村は「エロス的主体性」と呼んだ(43)。

一方、身体が「歴史的自然」をイデア的先取するところの、「表現的生命」が拓くアガペ的空間は、そのようなエロス的主体性の不完全性と悲劇性を不可欠な契機とする。つまり、内的立場、個的立場としての主体性が、イデア実現に関して不完全性と悲劇性を免れないということ自体がアガペの「弁証法的否定面」となり、その側面が引き金となってアガペが生起するというのである。こうして、エロスとアガペは原理の異質さゆえの相互矛盾と否定性を積極的な契機とし、互いに支え成している。実践的な行為が一々にそのように出現している世界の成り立ち方のことを、木村は「表現愛」として指し示した。

そこで、エロスとアガペが非連続的に連続する相互矛盾の否定性について、以下に詳しい記述を参照しておこう。

> 否定の扉は併しエロス的領域の連続的な拡張と押し出しとに依って内側から押し開くことはできない。否定の扉は当然唯内側の自己否定に依ってのみ打ち開かれる。ここに自覚の飛躍的な深まりが成立するのである。云う迄もなくエロスのこの自己否定は、みずからをアガペの世界へ躍入せしめることに他ならない(44)。

ここで示されているように、エロスとアガペが弁証法的自己媒介し合う否定性は、それぞれが自身の原理の「連続的な拡張と押し出し」によって自ら否定するのではなく、また他方の異質な原理によって外から打ち消されるのでもない。二つの愛の原理の連関は、自らの「内側」からの「自己否定」によると木村は言う。それは、自らの原理へ通徹することによる自己矛盾的な「自覚の飛躍的な深まり」が、他方の原理との「弁証法的自同性」をもたらすという「包越」の働きである。

引用ではエロスからアガペの連関について書かれているが、ここで重要なのは、エロスが自身の原理に則り価値志向的、意欲的に自己否定するのではないという点だ。またアガペも、価値無関心的、無動機的なまま自己否定するのではない。要するに、両原理は自己完結的していない。エロスとアガペはどちらも自らの原理のみでは立ち行かず、私たちの一々の行為的な関わり合いのうちで、真新しく連関し続けて生じる。

エロスは価値向上的で努力的な自身の原理を働く限り、どうしても「イデアとの一致」を果たし得ず、永遠の不完全性という「悪」を免れずに「内在的分裂」してしまう。このことは、内的立場、個的立場としてのエロス的主体性にとって、「切り抜け難きアポリア」である。しかしながら、エロス原理はこの個々としての不完全性と悲劇性の悪を深く自覚することで、「アガペの世界」へ躍入する。価値志向的意志的なエロスは、その極みで「自己みずからの本性に窮し了ったところ」を介し、価値性に拘《こだわ》らないアガペに進み入ると木村は言う。

一方、アガペの絶対肯定、絶対愛もまた、自律的な作用ではない。「アガペは自己を要求せざるを得ないものを要求する」。つまり、「完全性を願いつつ不完全性を脱し得ないもの」、「悪と罪とを免れ得ないもの」としてのエロス原理なしには、アガペ原理は働くことができない。「表現愛」という世界構造化の原理を詳しく辿ると、以上のようになる。

このような「表現愛」思想を通して見えてくることは、以下二点にまとめられるだろう。第一は、エロス的主体性は、身体的行為的にイデアを作り見つつ、その実現に挫折し続けるという点で、つねに不完全な悲劇性を伴う働きであるということ。そのうえで私たちが主体的に関わる際、内的立場、個的立場としては、本来的にエロス的主体性としてしか関わり得ないということ。第二は、主体性の概念を内的立場、個的立場に限らずさらに掘り下げると、身体的行為的な生の構造として、一人ひとり固有な身体が、決して「見究めることのできない悠久なる成るもの」としての「歴史的自然」に根差す側面が浮かび上がるということ。この側面において、身体は「歴史的自然」が立ち代わり変転して行く動きを「イデア的に先取」する。この身体的な存在構造そのものの動きに宛てられる包括的な主体性の概念が、「表現的生命」である。

以上のように「表現愛」思想は、私たちが内的立場、個的立場におけるエロス的主体性としてそれぞれにイデア追究的に関わるなか、個々の挫折や失敗、不完全さを帯びながらそれでも関わり合い、アガペ的空間を拓き合うことを原理的に示唆したのだった。

第五節　「表現愛」思想における教育学構想

「アガペの当為的性格」における美と教育のつながり

『表現愛』序文で、木村は所収論考を、教育学の諸問題に対する原理的研究と位置付けている。ここまで辿ってきたような「表現愛」の世界構造を「個人的自覚の先験的構造」として見据えることで、木村は個々人としての人間同士が、一定の意図や目標、目的の下、意味や価値性をめぐり影響を及ぼし合う教育という営みが、いかに可能なのかを探った。

「表現愛」思想の全容が明らかとなったところで、ここではそこから教育原理が導出される鍵として、論文「表現愛の構造」の終盤に示される「アガペの当為的性格」の件を焦点化しておきたい。エロスとアガペが相互依拠的、相互自己否定的に連関するという「表現愛」の成り立ちに関し、木村はアガペが「エロス超越的性格のままに而もエロス的構造を取り」、「最高の価値」として、エロスに志向される側面を示し出す(45)。そして、このアガペの当為的性格が、「表現的生命」の「永遠の生々過程」を駆動させる鍵であると述べ、それを「不思議な循環」と言い表した。

ここでは、エロスとアガペの連関点でアガペが当為的性格を帯びるという「不思議な循環」を、林檎の素描の記述でアガペ的空間に示し出されたある種の価値性、つまりは「美的個性」「美的意味」と重ねて理解してみたい。林檎の素描では、画家が素描をさらに一層望ましく、「よく」するために加える描線は、連続的で蓄積的な描画過程としては一々に比較されつつ、いずれも未だ不完全であった。しかし、アガペ原理からすると、素描のあゆみにおいて次々と生み出されるかたちは、一瞬ごとそれぞれに独自性を保つ完結性の下、美的さを充てがわれていた。その美しさは、客観的な物質としての綺麗さや技巧の高度さなどを指すのではなく、素描という行為のなかからのみ垣間見られる、ひと手間ごとと結び合った言葉にし難い美しさである。それは、「鑿の眼」的な彷徨と開鑿の拮抗運動のなかで、一つのかたちが現に定まってくることの鮮明さ、あるいはまたそこからさらなるかたちへの可能性が無数に予感される開放感に関わる美のように思われる。

このような、林檎の素描における美的さが、「表現愛」の原理構造に示唆されるアガペの当為的性格と重なり合うと考えてみよう。そうすると、木村教育学が、教育言説が重視しがちな個性や主体性といった概念や、「資質・能力」に関わる意味や価値性を、固定化された枠組みの下には捉えていないことがうかがえるだろう。ここでは、それらを対象目的的に見遣りエロス的に達成したり到達させたりすることは、教育の関心事ではない。それよりも、一人ひとりが固有な身体性に働くエロス的主体性を究め、自身が根差す「歴史的自然」において、アガペの当為的性格をいかに引き出すかが重要である。具体的に言えば、教育の関係性では、個々人が素描のひと手間ごとのような固有のあゆみを重ね、「身に於て」働く自然な「心」として個性や主体性を現し、環境や他者との表現的交渉を深めることを通して、「鑿の眼」的な意味解釈や価値的判断を築いて行くことが大切だと考えられるのである。

ただ、アガペの当為的性格に関しては、注意しなければならないことがある。教育の文脈で、エロスとアガペの原理的な差異を踏まえず、内的立場、個的立場のエロス的主体性にアガペの作用を直結してしまうと、そこには目的性や価値性を一切抜きにした放任主義的な交わりしか生じない。あるいは逆に、アガペ原理を働くこと自体を、エロス的立場の当為と捉えてしまう誤解も生じ兼ねない。

「表現愛」思想が示すアガペの当為的性格が教育原理の鍵と考えられるのは、内的、個的立場におけるエロス的主体性同士の関係性に拭い去れない様々な対立、相剋、矛盾、葛藤にこそ光を当てるためである。エロス的な不完全さや悲哀さに向き合うなかで、そうした個々の向き合い方を現にすべて迎え入れて立ち代わろうとしている「歴史的自然」の普遍的地平から、エロス的関係性を見返してみようという議論である。木村の考えでは、このように他者間の主体的関係性にアガペの当為的性格が映り込むことは、教育の関係性に限られたことではない。ただ、この側面は、教育という営みを考えるうえで大きな視座となる。

ところで、アガペの当為的性格が焦点化されるところで思い返したいのは、第一章で触れた自由論の二側面である。論文「意志と行為」では、「意志の立場」における「悪」の自由論が展開されていた。それは、行為の原理に、人格の個々の自己目的性ゆえ、「歴史的社会的全体」「世間」への反駁可能性が織り込まれているという旨だった。そこで、規範性に沿うことの意志の自由は、個が普遍に叛き得る自由にさらに叛くことによる二重否定の自由論として描かれていた。これは、「表現愛」の構造に照らせば、折衝的に関わり合い、不完全ながらもともに居るなかでイデアを作り見るエロス的主体性の自由論と考えられる。

一方、論文「表現愛」で表面化するのは、「愛の立場」における「真の自由」論である。[46]「解脱」の自由とも表されるこの自由さは、アガペ原理から捉えられた自由論と言える。この自由論に関しては、論文「表現愛」後半に散見される、黄檗希運（?〜八五六?）、臨済義玄（?〜八六六）、親鸞（一一七三〜一二六二／一二六三）らの仏教言説が手がかりとなる。

たとえば論文「表現愛」の「解脱」の自由論は、黄檗問答集『伝心法要』の一節と関係している。[47]「終日不離一切事、不被諸境惑」（終日一切の事を離れずして、諸の境に惑せられざる）。また、「前際無去、今際無住、後際無来、安然端坐任運不拘」（前際は去ること無く、今際《いまわ》は住《とど》まること無く、後際は来ること無し、安然として端坐し任運《にんぬん》にして拘《こだわ》らざる）。[48]これは、融通無礙な「自在人」についての語りである。木村はこの文脈に倣い、「自在人」の実践のことを解脱の自由と述べ、「表現愛の世界に於ては一切は既に救われているのである」と記した。[49]

この救済的な自由さは、アガペの当為的性格と無関係ではないだろう。アガペが究極的にはエロス的構造を取り、エロス的価値の位置に映り込むことで実際的な意志的行為が成り立っているという指摘は、去らない過去・留まらない現在・来たらない未来にただ端座する自在人の絶対的な自由さが、エロス的な関わり合いのうちにつねに介在することを示す。林檎を素描する画家の手が拓く美のかたちもまた、このような無礙な自在さがもたらすものと考えられる。本書はこれ以上仏教言説には立ち入らないが[50]、最終的に木村教育学の重心が、以上のような真の自由論、解脱の自由論にあったことには留意しておきたい。この視点は、ただそこに在ること、それぞれの立ち位置において「歴史的自然」に根差していること自体によって、「身体的存在」としての私たちに何がもたらされているのか、またそこから何ができるのかという点に立ち止まらせてくれる議論である。その点を踏まえたうえで、以下、身体の道具性と技術性についての記述を追ってみよう。

身体の道具性と技術性

「表現愛」におけるアガペの当為的性格は、以下の引用のような「歴史的自然」から個々人への変転可能性のゆだねとして示し出される。これは、論文「表現愛」がとくに教育の営みに焦点を当てた一節であり、木村教育学の核となる考え方である。

人間は歴史的自然を耕し、その土の中から萌えいづるものをみずからの手にゆだねられたものとして育て上げて行く存在である。教育とはかくの如き育成の特に人間を対象とする特別な場合に他ならない[51]。

木村によれば私たちは、「歴史的自然」を「イデア的に先取」する身体性により、そこから「萌えいづるもの」を自身にゆだねられたものとして育み上げることによって生きている。教育は、その「萌えいづるもの」として、他者である人間を見出す営みである。そこで、一人ひとりが「歴史的自然」から「萌えいづるもの」を掴み、働きかけて行く仕方のことを、木村は「形成性」「形成作用」と表した。身体は、「内」と「外」、自己と他者、主体と客体、精神と物質、創造と伝統、未来と過去など、数々の弁証法的な拮抗にゆらぎつつ、行為の都度にそれらを矛盾的統一する。形成作用は、その矛盾的統一の「一打」であり、それには身体の「技術性と道具性との綜合」が大きく関わっている[52]。

このような流れで、論文「表現愛」は技術的身体論を展開する。「手に宿る心は手を用いて働く」と木村は述べ、「手心」と呼ばれる道具的身体性に注目する。「歴史的自然」に根差す身体は、「歴史的自然」から「萌えいづるもの」を全身体的に探り当て、それを育み上げる試行錯誤を通して自らも自己変容し続ける技術的身体である。それは、自身の「手に合う限りの対象」に対し「適用の融通性（客観的妥当性）」を発揮する。技術的身体性は、純粋に内発的なものでも外からの付加でもなく、「身体的存在」で在ること、そうして道具的身体性を有することの限りで表現的環境から「声なき声」を聴き出し、そこに形成的に関わり対話を深めるなかで、「歴史的自然」を「イデア的に先取」する身体性である。

では、身体性を通した環境への傾聴や対話の深まりは、どのように可能となるのだろうか。「技術性と道具性との綜合」に関して手がかりとなるのは、習慣的反復の議論である。木村は習慣的反復のなかで深まる手心的な「技術性と道具性との綜合」を指し、「技術はかかる身体に宿る自然化された意志なのである」と定義した[53]。この要点は、ラヴェッソン（Jean Gaspard Félix Ravaisson-Mollien：一八一三〜一九〇〇）の『習慣論』（一八三八年）を参照したものである[54]。

ラヴェッソンは、日々構築されて行く生活の技術性を習慣の一つとし、「意志と自然との間の共通の限界」「中項」と理解した。そして、その限界領域を「自然的自発性の自由の領域への侵入」と考えた。木村はこの技術論に賛同している。ラヴェッソンの習慣論は、意志の働きのうちで身体の「道具性」が自然律とすり合わされる側面に注目した。そして、そこに身体内部の「獲得された自然」と言うべき、第二自然として働く意志を見取り、この側面を身体の「技術性」と捉えた。こうしてラヴェッソンは、習慣論の延長に技術論を展開し、人間の自由意志と自然の統合作用のことを「技術性」と捉えたのである。それは、身体の内なる脱自作用と言える。木村はこの議論を、自身の技術的身体論に取り入れている。

ただその際、木村はラヴェッソンの技術論を、京都学派的に解釈し直した。人間の身体が関わるところが、純粋な野生の自然ではなく、存在の仕方の原初から、人間的営みの歴史性を帯びた「歴史的自然」であるという理解である。「表現愛」思想が把握する自然は厳密な自然律を伴いながらも、ラヴェッソンの議論のように、自発性や自律的目的性を伴ってはいない。そこで私たちは、「身体に宿る自然化された意志」としての技術性と、それを形成的に用いる身体の道具性を綜合させて、それを唯一の勘所として物事に当たって行く。「表現的宇宙」を開拓するとも言い表されるそのような営みを通して、「歴史的自然」は「技術的身体を媒介としてみずからを形成する」というのである。

教育の営みが、「歴史的自然」から「萌えいづるもの」として他者としての人間を見出す場合も、その人間理解の背景には、以上のような技術的身体論が控えていることは重要である。

道具論と機械論

論文「表現愛」の技術的身体論は、道具論と機械論とともに展開されている。それは、技術的身体性を決定付ける身体の「技術性と道具性との綜合」が、諸々の道具や機械との関わりにより無限に変質しながら分化され拡大されて行くという議論である。

木村によれば、身の回りにあふれる道具は、「離身性」「代用可能性」「公共性（主観的妥当性）」を特色とする。道具の離身性とは、「身体が主体と反対の方向へ更に自己否定的になったもの」ということを意味する。身体は「自己否定的精神」であると同時に「自己否定的物質」であると木村は考えた。それと関連して、離身的な道具は「自己否定的身体であると同時に自己否定的物質」と言える。要するに道具とは、身体性と物質性がともに自己否定的に他方に作用を寄せながら連関する拮抗点だというのである。

また、身体と道具との関係は、固定的な目的手段関係には留まらない。なぜなら道具には、身体性と物質性がともに自己否定的に連関しながら、さらに「客観に投げ出されている意志」としての側面があるためである。身体性と物質性がともに否定された客観的物体が、そこから新たに「形成的目的」を生み出す意志作用を働くというのが、木村の道具の捉え方である。「道具は常に人間の形成的意志に対して目的と計画とを呼びかけるのである」。

こうして、道具の離身性を考慮してみると、「歴史的自然」に根差す技術的身体の構造はますます複雑なものとなる。というのも、道具は一つの「離身的身体」として、表現的環境において多岐多様に分化し散逸する。そして、「一つの纏まった意志」「表現的主体の而も経験を積んだ最も信頼するに足る分身」として、私たちの身体に働きかけるのである。すると、身体に備わる道具性は、離身的身体としての道具とともに変化し、道具を通しさらに環境に拡散されて行く。そうして、身体と素材とを「仲立ち」する不可欠な媒体者として、道具がいつの間にか思いも寄らないかたちで身体を規定することにもなる。

このように、道具は「人間的主体」「人間的意志」の創造性と切っても切れない伴侶であると木村は考えた。さらに言えば人間は、「道具に於て最も確実にその実効性を客観的に保証された意志を有つ《も》」。したがって、技術的身体における「技術性と道具性との綜合」の仕方は、多種多様な道具によって改変され続ける。その意味で「歴史的自然」の変転は、道具の離身性に託されていると考えられる。

また、道具の離身性は、代用可能性と公共性につながっている。木村は、道具が「身体的存在」の間で作業の「仲立ちとしての手段」となる点で、道具と身体そのものは決定的に異なると言う。なぜなら、道具は合理的効率性に向けて分類され量産されて、一定の明確な効果のための手段として広く代用されるからだ。そして、道具はそこに在るだけで合理的使用を唆す。その意味で道具は公共性を伴い、その公共性に則したかたちで身体を規定する。

ここで木村が指摘するのは、このように離身的身体としての道具が、代用可能性と公共性によって伝播され共有されるなか、「人間の工作過程」が変化変容してきた側面である。「経験を積んだ最も信頼するに足る分身」として合理的に手段化された道具は、それを用いる身体の側をも技術的に規定し、人間の行為を社会的機能的に整え返す一面がある。この点には十分に留意しておく必要がある。

また、道具の離身性、代用可能性、公共性によって、道具を用いる身体はおのずと「形成的加工」を発揮する。そして道具には、「客観に投げ出されている意志」として、これまで歴史的社会的に蓄積されてきた合理的手段性を、他の技術的身体に伝える働きがある。よって、道具と関わる身体は「形成的加工」に馴染み、環境を有効に活用し、生活の利便性を高め、同様に他者とも関わる。そこで道具との接点では、環境の客観性が際立てられ、そこに根差す自他の身体もまた客観的な事物となる傾向にある。ここで、技術的身体同士は一面にともすれば、互いを「形成的加工」の手段とすることで、合目的的な関係性に閉塞してしまう。この側面にも留意しなければならない。

木村は以上のような事柄を示しつつ、離身的で代用可能、公共的な道具との関係性を問い直し、「精神にも物質にも属さない技術の世界」特有の身体性と豊かな可能性を指摘した。そして、たとえば「手はず」「手配り」「手違い」「手際」「手間」など、身体的感触を元に道具の「形成的加工」の方向性を再考する必要性を説いた。

道具と関わる技術的身体論を問い直すうえで手がかりとなるのは、「歴史的社会的身体」としての身体性の把握である。つまり、道具との関わりのなかで身体が培い継承してきた歴史的社会性を改めて考慮することは、道具の使用が分化拡大してきた「手分け」「分業」の奥行きを改めてふり返ることになるのではないか。木村教育学はこのように、技術的身体論に歴史的社会的身体論を接続して語り直すことで、身体の「技術性と道具性との綜合」の仕方を実質的に省察し、豊かに編み直して行ける方向性を示唆した。

しかしながら、機械論に関しては、さらに注意深い検討がなされている。木村によれば、道具との関わりでは、離身性は空間的なものであり質的な変化は伴わない。しかしながら、道具が合理的目的性を究極に高め、自動性の下に徹底的に組織化された機械は、「超身性」を特色とする。そこでは、技術的身体性は機械に超え包まれ、機械の一部に取り込まれる。機械は「部分的計画の複合的統一」として「具象化された全体計画」であり、「計画の建築」だと木村は言う。私たちはその計画の建築のなかに安住してしまうのである。

また、超身的な機械には、「組織的統一と技術性とを有った客観的意志」が伴う。この意味で、機械はもはや超身的身体とは言えず、「超人」である。木村は機械を基本的には道具の進化形として連続的に捉えているが、道具と機械が身体と結ぶ関係性は全く異質だと指摘する。というのも、機械の超身性においては、全体的統一的な厳密な計画性により、道具の「手心」のような身体知、つまりは身体における「技術性と道具性との綜合」を通して得られる「物事のこつ（骨、骨法）」や「呼吸を心得ているものとしての心」が活かされないためである。

道具を用いる技術的身体は、「こつ」や「呼吸」の身体知により、「目的と自然律とが合致して働く独特な領域」を掴みながら技術性を現す。一方、機械に関わる技術的身体は、その「客観的機構」としての組織的統一のなかに即座に入り込まれなければならない。「その時道具は手先を離れて巨大なる機械に化身し、人間は自動機械の前に立つ作業監督者となり、唯時折切れた糸を繋ぐ他に仕事はなくなったのである」。このように、木村は将来の人間疎外を早くも指摘していた。人間は圧倒的な「客体的身体」を機械において見出した。機械は、「人類歴史が未だ曾て聞かなかった強く大なる声」で「形成的主体的人間」に呼びかけ、「芸術も道徳もこの声を無視することはできなかった」[55]。

以上のような機械論を踏まえると、機械の超身性が道具の離身性に完全に取って代わり、「客観的意志」の強力な纏まりとして日常生活を覆うところで、「身体的存在」の存在構造が根こそぎ入れ代わってしまう不気味さが浮かび上がる。機械社会においては、私たちの身体が主体性とは「一層遠い反対の方向に自己を否定」されたと木村は言う。そうして「否定の否定」を介した圧倒的な自己否定的身体、客観的身体性としての「第二の身体」が取り戻されたと指摘する。第二の身体では、物事の「こつ」や「呼吸」を心得え、冒険的、試図的に働く技術的身体性は、完全に失われてしまうのだろうか。そして、手心が動く道具との息の合った関係性は、過ぎ去ったものとなってしまうのだろうか[56]。

木村は機械を「それ自身としては動力性も作業性もなく、この意味に於て身体性を喪失した身体的零としての道具」と把握した。そして、超身的な客観的超人としての機械に生をゆだねることを「現代的危機」として警鐘を鳴らした。

ただ、超人的機械にとってもなお、「スイッチをひねる侏儒《しゆじゆ》の指先が致命的に必要」だと木村は述べる。そして、ここに機械社会における技術的身体性の可能性を見出している。こうした見通しを以って、木村は技術的身体論を軸として教育原理や教授法を語った。その詳細は第五章で、また技術的身体論の後期教育学における展開については第七章で検討する。

註

(1) 京都学派における「歴史的自然」概念の変遷については第六章で詳述する。本章ではまず、木村教育学における「歴史的自然」の議論に注目し、概念の由来に関しては西田哲学との関連に留めて理解する。

(2) 小林恭「解説」『表現愛』こぶし書房、一九九七年、二二四頁。

(3) 木村素衛『表現愛』こぶし書房、一九九七年、六二頁。ここでは、京都学派の「自覚」概念について、それがドイツ語Selbstbewusstsein の訳語である点のみ確認し、改めて第五章第二節の教材論の件で詳述する。「自覚」は現代の哲学辞典には項目がなく、一般的には訳語として併用されてきた「自己意識」の意味と重ねて理解される。ただし、「自己意識」が認識論的な色彩の強い概念であるのに対して、「自覚」は存在論的・実存論的色彩が強いものとして分けて使用される（矢野智司「京都学派としての篠原助市——『自覚の教育学』の誕生と変容」小笠原道雄・田中毎実・森田尚人・矢野智司『日本教育学の系譜——吉田熊次・篠原助市・長田新・森昭』勁草書房、二〇一四年、二〇三～二〇四頁）。

(4) 木村はどこまでも、近代合理主義的な自然科学から距離を置いた。ただ今日では、木村教育学が示唆した身体性や「歴史的自然」概念の議論を、改めて科学と結び直し再考する必要があるように思える。たとえば、伊東俊太郎は自然を「創発自己組織系 the emergent system of self-organization」と捉える立場から、自然科学における「創発 emergence」概念を重視する（伊東俊太郎『変容の時代——科学・自然・倫理・公共』麗澤大学出版会、二〇一三年、三六頁）。科学における創発性概念は、還元主義的な方法論には馴染まない「残余 residue」「部分からの全体の予想不可能性 unpredictability」を指し示す概念として、一九二五年頃より登場したという（松本俊吉「『創発性』について」『科学基礎論研究』第二八巻第二号、科学基礎論学会、二〇〇一年、二五頁)。

(5) 論文「身体と精神」は、『人間の諸問題』(理想社、一九三九年)に所収され後に補筆された。この論文に対しては、西田が書簡で次のような称賛の辞を送っている。「『身体と精神』拝受した　木村、コノ論文ハヨイゾ　私は全く君と手を握り合った様に感じた　加之君一流の才があらわれて居る　これまで君の論文で物足らなく思っていたものがみたされて来た様におもう　こういう立場から徹底的に考え貫いてゆかれんことを望む　三月十九日　西田生　木村君」(西田幾多郎「日記　昭和一四年(一九三九)」『西田幾多郎全集』第二二巻、岩波書店、二〇〇七年、二二四～二二五頁)。

(6) 木村前掲書、一九九七年、一四頁。

(7) 「表現」の三区分については、論文「表現愛」第一部「身体と精神」にも議論が展開されているが、その後の論文「文化の本質と教育の本質」(一九三九年)にも記述がある(同上書、三三一～三四頁・木村素衞『形成的自覚』弘文堂書房、一九四一年、九～一五頁)。

(8) 今日の教育における表現論は、この第二の立場に軸足を置いているように思える。しかし、この立場の下で身体知や非認知的能力を扱うことは、ともすれば偏った成果主義に陥る危険性がある。この点については終章で詳述する。

(9) 大西正倫は木村の主体性概念を整理し、「表現的生命」の位相に「歴史的生命」「歴史的自然」「歴史的実在」「歴史的主体」「絶対的存在」「絶対的実在」「絶対的生命」「表現的存在」などを重ねて理解する。また、「表現的主体」の位相は、文脈により「人間的主体」「表現的内」「表現的意志」と言い換えられる(大西正倫『表現的生命の教育哲学——木村素衞の教育思想』昭和堂、二〇一一年、一三二～一三九頁)。

(10) 木村素衞『表現愛』こぶし書房、一九九七年、一八～一九頁。

(11) 同上書、一四五頁。なお、木村教育学が「永遠の現在」と呼ぶ位相は、西田哲学の「永遠の今」と重ねて理解される。田中毎実によれば、「永遠の今」は『今』の根柢」である。「永遠の今」の自己限定により、それぞれの人格的自己や過去、未来、そして世界が生ずる。ここでは経験の瞬間が垂直的に掘り下げられて、現実が無限の深みを伴う重層的構造の下に捉えられる(田中毎実『臨床的人間形成論の構築——臨床的人間形成論第二部』東信堂、二〇一二年、二六～二七頁)。

(12) 木村前掲書、四八頁。

(13)　木村素衛『形成的自覚』弘文堂書房、一九四一年、二二頁。
(14)　木村素衛『表現愛』こぶし書房、一九九七年、五三頁。
(15)　同上書、二九頁。
(16)　同上書、三一頁。
(17)　同上書、二三頁。
(18)　同上書、二六頁。
(19)　同上ヵ所。
(20)　「歴史的自然」概念は、「行為的直観」を論じる後期西田哲学のなかでも鍵となる概念である。たとえば、『哲学論文集第一――哲学体系への企図』(一九三五年)に付録される「図式的説明」では、「歴史的自然」は以下のように論じられる。「永遠の今そのものの自己限定というのは、歴史的自然ということである、世界が世界自身を限定するということである。そこにはいつも過去未来が同時存在的である、いつも永遠の今である。故に寧ろそこには方向というものがないと云ってよい」(西田幾多郎「図式的説明」『西田幾多郎全集』第七巻、岩波書店、二〇〇三年、一七九～一八〇頁)。つまり「歴史的自然の世界」では、あらゆる対立項や方向性は脱落し、「永遠の今」の自己限定のなかに自然性と歴史性が重ねられる。こうした論調が西田哲学に散見されるようになるのは、論文「時間的なるもの及び非時間的なるもの」(一九三一年)前後からと言われている(服部健二『西田哲学と左派の人たち』こぶし書房、二〇〇〇年、一九三～一九四頁)。
(21)　木村前掲書、三一頁。
(22)　同上書、三四頁。
(23)　同上書、五九～六〇頁。
(24)　「表現愛」における「形成性」「形成作用」には二つの文脈があることが指摘されている。それは、「歴史的自然」の〈歴史的形成作用〉の文脈と、「個的主体」の〈形成＝表現〉の文脈である。大西正倫は、木村の論述が前者へ傾斜しがちであることを指摘し、教育学では後者の「個的主体」としての教師の「形成作用」が中心的テーマであるべきだと述べる(大西前掲書、二九八、三七二頁)。しかしながら本書では、「表現愛」の主体性概念が、「個的主体」を身体的行為的な固有な決意性とし、それを「歴史的自然」の「自覚点」とする点において、形成性の二区分は動きのなかに解消されると捉えてみたい。あるいは、両者は「内」「外」連関の捉え方の違いではないだろうか。「内と外」が「対立と矛盾とのままにしかも相即統一」する作用が「表現的生命の具体的形成」としての歴史的形成作用、対して「内」的立場とその都度の「外」の間に相互作用を見出すのが「人間性の自覚的形成」としての個的形成作用と考えられる（木村素衞『形成的自覚』弘文堂書房、一九四一年、一二頁）。

(25) 木村素衞『表現愛』こぶし書房、一九九七年、八三頁。
(26) 論文「教育学について」の先行研究としては、宮野安治による論文「西田幾多郎と教育学――『教育学について』を読む」上田閑照監修『人間であること』燈影舎、二〇〇六年を参照。
(27) 大西前掲書、二八〇頁。
(28) 宮野前掲書、二四二～二四三頁。
(29) 西田幾多郎「教育学について」『西田幾多郎全集』第七巻、岩波書店、二〇〇三年、二八一頁。
(30) 同上書、二八三～二八四頁。
(31) 木村素衞『国家に於ける文化と教育』岩波書店、一九四六年、一二四頁。木村におけるフィヒテ教育思想や文化教育学の解釈に関しては、第七章で詳述する。
(32) 木村素衞『形成的自覚』弘文堂書房、一九四一年、一二三頁。傍点は著者による。
(33) 木村素衞『表現愛』こぶし書房、一九九七年、一四五頁。
(34) 同上書、一六〇頁。
(35) 木村素衞『教育と人間』弘文堂、一九四八年、一三〇頁。
(36) 西田前掲書、二八五頁。
(37) 木村素衞『表現愛』こぶし書房、一九九七年、五八頁。
(38) 木村素衞『形成的自覚』弘文堂書房、一九四一年、四一頁。
(39) 木村素衞『表現愛』こぶし書房、一九九七年、七一～七二頁。傍点は著者による。

(40) ニグレンの思想は、西田哲学が社会論や他者論をテーマ化しはじめた論文「私と汝」（一九三二年）にも参照されている。「自己自身の底に絶対の他を見ることによって、即ち汝を見ることによって、私が私であるという私のいわゆる絶対無の自覚と考えられるものは、その根柢において愛の意味がなければならぬ。私はキリスト教に於てアガペと考えらえるものにかかる意味があると思うのである。アガペは憧憬ではなくして犠牲である、神の愛であって人間の愛ではない、神から人間に下ることであって人間から神へ上ることではない」（西田幾多郎「私と汝」『西田幾多郎全集』第五巻、岩波書店、二〇〇二年、三二八頁）。

(41) Nygren, A., *Den Kristna Kärlekstanken Genom Tiderna: Eros och Agape*, Stockholm: Svenska Kyr-kans Diakoni-styrelses Bokförlag. 1930/1936. ＝岸千年・大内弘助訳『アガペーとエロース』第一巻、新教出版社、一九五四年、六、一八頁。

(42) 木村前掲書、八二頁。

(43) 同上書、五四～六〇頁。

(44) 同上書、七六頁。

(45) 同上書、八五～八六頁。

(46) ただ、「愛の立場」における真の自由論、解脱の自由論は、実のところすでに論文「一打の鑿」のなかで、「悉皆成仏」の議論として素描されている。この点に関しては以下の記述を参照。「天平の仏を刻んだ或る人達に取っては一打一打が信仰の絶対的表現であったに違いない。信ずると云うことは直ちに刻むことに他ならないのである。一打の鑿に於て悉皆成仏が行ぜられる。…中略…表現活動の最深の底は無底の愛である。意志は却て愛の一契機としてこれに包まれる」（同上書、一四九頁）。あるいは、「意志が愛の契機であり、後者が前者を包み含むと云っても、それ故包摂的連関に立つのではなく、弁証法的連関に於てでなければならないことは明白であろう。刻むものはそれ故一打の鑿に於て悉皆成仏なるが故を以て刻むことを止め得ず、併しまた一打に於て悉皆成仏であるが故に限りなき彷徨の中に道を失いもしないのである」（同上書、一五〇頁：傍点は著者）。大西は、木村教育学を包括的に理解するためには、こうした「解脱」「悟道」論の系譜を踏まえる必要があると指摘し、木村教育学における宗教性と教育学体系の関連に注目している（大西前掲書、三七五～三七六頁、三八三頁）。

(47) 『伝心法要』は、黄檗の弟子・裴休《はいきゅう》(七九七～八七〇)が説法を録して序文を付したいわゆる『伝心法要』と、その公開を機にさらに弟子たちが手記を持ち寄り編纂した『黄檗断際禅師宛陵録』の二部から成る。裴休は、八五七年一〇月八日に長安で『伝心法要』序文を記したとされる。後の一〇四八年、テキストは元版大蔵経に収録された(入矢義高『禅の語録八 伝心法要・宛陵録』筑摩書房、一九六九年、一五七、一七二～一七八頁)。

(48) 木村前掲書、八四頁。

(49) ちなみに、論文「表現愛」後半で参照される仏教言説の多くは、『国家に於ける文化と教育』でも「仏教に於ける慈悲の概念」として再掲されており、たとえば「前際去るなく今際住するなく後際来るなし」というように書き下しのかたちで考察されている(木村素衞『国家に於ける文化と教育』岩波書店、一九四六年、一八七、一九二～一九三頁)。

(50) 論文「表現愛」は、『宛陵録』の一節「(慈者)不見有仏可成」「(悲者)不見有衆生可度」(慈とは、仏の成ずべき有りと見ざるなり 悲とは、衆生の度すべき有りと見ざるなり)で括られている(木村素衞『表現愛』こぶし書房、一九九七年、八八頁)。このフレーズは、黄檗が「無縁の慈悲」の働きを説き、「慈とは志向すべき理想像としての仏の存在を認めないこと、悲とは済度すべき対象としての衆生の存在を認めないことである」と述べたとされる件である。引用部の続きは、「其所説法無説無示。其聴法者無聞無得。譬如幻士為幻人説法(其の説く所の方も、説くこと無く示すこと無く、其の法を聴く者も、聞くこと無く得ること無し 譬えば幻士の幻人の為に説法するが如し)」。つまり、慈悲の働きとは本来、聞く者もそれによって悟る者もいない無対象の働きであり、誰かに受け取られさえしないような作用である。慈悲を説くとは、たとえてみると幻術師が自分の作り出した幻人に向かって説法しているようなものだ。この件における黄檗(の筆録者)の意図は、一般的な説法の構図である覚者と衆生の区別を一掃し、関係性のなかで伝達され会得されたと考えられる一切の悟りや縁を「幻」に帰すことと言える(入矢前掲書、一二八～一三〇頁)。要は、慈悲つまりは「アガペ」の働きは決して師から弟子へ説き伝えられるものではなく、どれだけ思索をめぐらせ行動として真似び取ろうとしても、木村の言葉で言うところの「エロス的主体性」の立場からは決して掴めない。「表現愛」思想はそこで「アガペの当為的性格」という「不思議な循環」を示し、実際的な関わり合いのなかで図らずもアガペの慈悲的作用が志向される節々に光を当てようとしたと考えられる。

(51) 木村前掲書、八三頁。

(52)　京都学派における技術性のテーマは、西田幾多郎の『善の研究』(一九一一年)ですでに、「技術の骨」という言い方で、主観的感覚の作用と客観的対象の作用との統一として示唆されており、後に論文「論理と生命」(一九三六年)で中心的に論じられることになる。また、その影響下に展開された三木清の技術哲学と木村教育学の関連については第六章で検討する。

(53)　木村前掲書、四二頁。

(54)　ラヴェッソンは、道徳政治学アカデミーにおけるベルクソン(Henri-Louis Bergson：一八五九～一九四一)の前任者である。フランス・スピリチュアリスムの代表的論者であり、『習慣論』により博士号を取得した。この書物は一九三八年に翻訳された。

(55)　木村前掲書、四三～四五頁。

(56)　この点に関しては、インターフェイス論をはじめ、ＡＩ社会のモノとの関係性を視野に改めて考えてみたい。インターフェイスとは「モノと人との境界面」のことを指す。渡邊恵太によれば、人間の感覚知覚とモノとの境界面は、機械と情報処理技術の介入により溶けはじめている。これまではハードウェアのうちに輪郭を留めていた機械が、情報処理技術の拡張によってますます複雑に環境化され、日常生活に浸透するようになってきた。「これからインターネットを取り込んだメタメディアが、人類の様々なアイデアによってさらに爆発的に多様化し、変化する」(渡邊恵太『融けるデザイン――ハード×ソフト×ネット時代の新たな設計論』ビー・エヌ・エヌ新社、二〇一五年、二二三頁)。

第四章　「情趣」を生きる身体

本章では、「表現愛」の人間学の第三の原理として、中期の美学論考に語られる「情趣」概念について検討する。ここでは、「表現愛」概念提出後に編まれた美学論考集『美のかたち』（一九四一年）を読み解き、芸術における技術的身体性のうちに指摘される「情趣的主体性」という働きに注目する。「表現愛」思想が美学・哲学・教育学を領域横断的に思索する側面を美的人間形成論として明らかにし、人間理解の一つの視座とすることがここでの目的である。

木村教育学の美的人間形成論については、西村拓生による一連の研究が手がかりとなる。西村は、「西田や木村の哲学の一部分や応用が美的人間形成論なのではなく、その思想の全体が美的人間形成論に他ならない」と述べる(1)。ここではこの見通しに沿い、美的人間形成論と身体論のつなぎ目において、「情趣」を生きる身体性を焦点化する。

木村は「詩人哲学者」と称された(2)。日記や散文には、身の回りの自然や人々に対するぬくもりあるまな差しや、「懺悔と祈祷」と表される他の生き物に対する人間の破壊性への深い自覚、生きることの悲哀を象る言葉があふれている(3)。また、流れるような美しい文体と、透徹した思索言語の対照性も魅力の一つとされる。

その急逝を惜しむ声は、当時の仲間たちや後の研究者に共通して、木村の鋭い感受性が教育学研究へ赴いたことに遺憾の意を示す(4)。確かに教育学は当初、木村にとって「憂鬱の塊り」だった。しかし、苦悶の末に教育学に転向した後には、それまでの学問的な変遷は、教育の営みを原理的に深く思索する支えとなったのではないだろうか。実際のところ、「詩人哲学者」の言葉は当時、多くの教育者に届いていた。(5) そこで本章は、木村の感性と美学への志向が拓いた美的人間形成論に注目する。

まず第一節では、「表現愛」思想に流れる美的探究の特色を掴むため、木村が自身の美的関心について記した日記を参照する。

次に第二節では、論文「形式と理想」（一九四〇年）の芸術論におけるカント美学との対話を掘り下げる。ここでは木村教育学が、純粋感情の美的作用を、知的概念的思考や目的的意欲的意志の働きと連関させて捉える見方が注目される。

第三節では、引き続き論文「形式と理想」を辿り、情趣概念が技術的身体論に接続される側面に光を当てる。情趣的主体は、この時期の思索に限って登場する用語であるため、これまでの研究においてはそれほど注目されてこなかった。ただここでは、木村教育学の論理体系が全体的に美的人間形成論の色合いを持つ所以を、「技術的身体的存在」としての人間理解の端緒に情趣的主体性が見据えられている点に求めたい。

第四節では、以上のような美的人間形成論を踏まえることで、木村教育学が捉える個々人の関係性が、直接無媒介的な対峙ではなく、ある種の迂回路を介した関係性として浮かび上がる点を考察する。

最後に、第五節では第Ⅰ部の小括として、「ポイエシス＝プラクシス」「歴史的自然」「情趣」という三つの身体論の系譜から、「表現愛」の人間学における「身体的存在」の構造を図示化することを試みる。

第一節　学術的理解を拒絶する「美」

『美のかたち』序文で、木村は自身の美的なものへの関心についてふり返っている。それによると、木村は幼い頃から「美しい作品や美しい景色」に強く惹かれ、思春期の頃から「美しいものが一体どういう本質をもち、どういう原理に基いて成り立っているのであるか」という問いを抱いていた。哲学を専攻するようになった後も、「美の存在」は何よりも切実な関心事であり、美に心動かされることが「最も大切な生活の部分」であったという。しかしながらそれゆえに、木村にとって美的な事柄への学術的なアプローチは、かなりの困難を伴った。

「この世界へだけはその考察の入口が長く私には峻拒されていた。美の前で唯感心し感動して立っているほかなかった」(6)。美的なものへの感受性ゆえに、木村は美を研究対象として分析し、論理立てることに躊躇した。木村にとって「美の本質や原理」の探究は、芽生えた時点ですでに、学術が求める実証や検証、分析論理的な思考を飛び越えていたと言える。美は鮮烈な印象として、日々の生活に入り込んでいた。そこで、木村の関心はおのずと、美的なものが立ち現われ、自身の生を包み成り立たせる世界構造の哲学的思索に向かって行ったのだろう。

ここでの美への「感心」や「感動」は、表象としての綺麗さや美しさ、事象の心地よさではなく、美しさに心奪われる感覚の不思議さ、また、そうして美に出くわしている自己の存在自体が問いに付されるような衝撃を意味していると思われる。木村は思想家として美に取り憑かれ、美的体験の言外の感触を尋ねて行った。「表現愛」思想はその道のりで生み出されたものである。

このように木村の美学的関心は、美的なものへの「感心」や「感動」から、「人間的世界」の存在構造、成り立ちに関する哲学的関心へ伸び出した。そして、美が生を賦活する作用を論理として掴み取り、人間が人間を育む教育の原理へつないだ。その意味で、木村の美学は、そのはじまりから美を客観的に論述する学術としての美学を通り越していたように思われる。しかしだからこそ、生身の美的感触から私たちにとっての世界の成り立ちや人間としての在り方、生き方を探る美的人間形成論が生み出されたのではないだろうか。

一九三八年に「表現愛」概念を提起した後しばらく経って、教育学者として着実にあゆみ出した後、木村は自らの思索にとって美の探究がどれほど真剣で重要かを改めて思い起こし、以下のように日記に綴った。これは『美のかたち』出版の翌年、一九四二年秋の一節である。

十月四日　曇

…前略…美を忘れた時、私は死んでいる。その面から生に進めよと、神は私の魂を作る時この生息を吹き入れたに違いない。無我の愛が、十数年前に私を救った。私はその時生まれたのだ。無我の愛と美の心と、それが一つになって私の魂は作られている。私は忘れていた。(7)

これは、教育学研究に携わるようになっておよそ一〇年の頃の日記である。ここで木村は、自身にとっての「無我の愛と美の心」というテーマの大きさを再確認している。この頃の木村は、『国民と教養』（一九三九年）以後『国家に於ける文化と教育』（一九四六年）に至る国民教育論の構築を専らの課題としていた。とくに、一九四一年三月に「国民学校令」が公布され同年四月一日に施行されると、満六歳から一四歳までの子どもたちを対象とする国民教育の基礎となる論理を提供することが喫緊の課題となった。

元々フィヒテ研究者である木村にとって、国民教育論は、一九三七年の学位論文の時点から中心的テーマであり、根本的な問題関心の一つだったと言える。(8)したがって、木村は時代の要請に迫られて課題に当たったわけではなく、純粋な学問的関心と必然性の下、国民教育論を展開した。(9)ただ、日記の筆跡からすると「無我の愛と美の心」という思索の出立であるテーマを国民教育論に接続することは、容易なことではなかったと想像される。

また『形成的自覚』（一九四一年）序文には、「表現愛」以後の課題性が、「表現愛の立場から、それを具体的に展開することによってさまざまな特殊問題へ出て行く」ことと明記されている。(10)『形成的自覚』が教育論考集であることを踏まえると、木村が教育という営みを「表現愛」という世界構造化原理の具体的展開として描き出そうとしていたことがうかがえる。この時期の木村教育学は、フィヒテ研究を元にした国民教育論の体系化と、当時の世界的情勢を「表現愛の立場」における「無我の愛と美の心」の下に語り直し方向付けること、という二重の課題を担っていたのである。情趣概念は、この時期に登場する美の概念である。

第二節 美的人間形成論の通奏低音――「純粋感情」の美的作用

芸術の営みを問い直す

『美のかたち』所収の論文「形式と理想」の前半部分には、芸術の「内容と形式」に関する議論が展開される。ここで木村は、カントの「質料 Materie」と「形式 Form」の区分に倣いつつ芸術を論じはじめる。[11]とりわけ注目するのは、形式論のうち、カントが感性的な直観形式とした「時」と「空間」の二項対立図式である。そして、詩的表現から、散文ほか言葉の表現、声楽、器楽、舞踊、能、歌舞伎、彫刻など造形芸術まで、様々な芸術の原理構成について試論を展開する。[12]

ただ、最終的に木村がめざしていたのは、芸術の形式を「時」と「空間」といった二項対立図式で規定することではなかった。ここでの試みはむしろ逆に、そもそも「内容と形式とを対立するものとして考える考え方」を再考し、揺るがしてみることであった。

「内容と形式」に則る芸術論は以下のように続く。「時」の系列として「音が言葉の意味を脱離して声楽から純粋な音楽に移った」のとは逆に、「空間」的にそこから言葉が取り戻されるところに、歌劇や劇が生じる。また、詩が「空間」に響く音（楽）を交えるところに声楽が展開し、逆に詩が言語的概念的意味を徹底させ内在的「時」を充実させるところに散文が生まれる。またさらに、その散文的「時」が「観念的空間」に吸収されるところに物語、伝説、随筆が生じる……。

この議論は、諸々の芸術の営みを形式的に分析する旨になっている。ただ、注目すべきは、この芸術論の妥当性というよりも、問いの立て方のところである。

論文「形式と理想」前半で木村が行なっているのは、多様な芸術が歴史的社会的に形成され定着してきた仕組みを、カント美学の枠組みを用いつつ辿り返すことと言える。ただ、カントが内的直観形式の「時」と外的直観形式の「空間」を語り分けたのに対し、木村の論述は「時」と「空間」がそれぞれの芸術的営みのうちで特有に同時生成しつつ、またそうして各芸術を質的内容的に現象させている動きを浮き立たせようとした。木村の美学論考は、芸術を所与のものとして分析するのではなく、その営みに参入する身体性の働きに焦点を合わせ、そこに生じる時空間を特徴付ける試みである。そして、そのような営みに関わることが私たちの生にとってどのような意味を持つのかを考察して行く。

そこで木村は、『表現愛』（一九三八年）で示した「表現」の定義——「表現とは内なる生命が外へ現わされることである」——を再び示し出す。そして、自身が表現の「内なる生命」と言い表すものが、「表現的なるものの内」として予め把捉されるものではなく、あるいは、単に形が無いという「形の否定」でもなく、未だ形無きという「形の欠如」「窮乏」「形への可能性」「可塑性」であることを再度強調する。

つまり、芸術に代表される表現的形成的な営みでは、未だ無き「内的衝動として生きられるところの可塑性」、「形への止むなき要求」が活性化されるという点が重要だ。そこで私たちは、普段の対外的な対応や応答においては見過ごされがちな「みずからの具体性」「完全性を求めるところの要求」「表現的衝動或は意志」の側面と深く関わる。芸術は、内的直観形式の「時」と外的直観形式の「空間」を巧みに結合させるワザなのではなく、「内なるものの無形性のもつ積極性」が「時」と「空間」の連関を新たに創出する瞬間に立ち会い、生の独自性と一回性に深く身を浸す営みではないか。[13] 木村は「表現愛」思想を携えながら、このような芸術論を展開した。

木村において芸術は、一人ひとりの生の固有性や具体性が、感性的探究のうちで充実される営み、何かを表現し形成することへの止む無き衝動や憧憬へ、「身体的存在」の構造を通し深く傾聴して行く営みと捉えられる。そして、そうした芸術の営みが私たちの元に生じる原理を辿り返すことで、芸術に特筆されがちな「表現的衝動或は意志」が、実は「人倫的諸関係、組織、制度、施設、礼儀」等の実践にも等しく見通されることを明らかにしようとした。木村の意図は、芸術を特別な領域として規定することではなかった。あくまで目的は、「一つの文化としての芸術に於ける内なるもの」に着目することで、そこから世界がどのように見えるのか、芸術を通した世界への関わりはいかなるものになるのかを見究めることだったと言える。(14) 以上の見通しの下、引き続きカント美学との対話を辿ってみよう。

概念的思考と意欲的関心を「内へ否定」する純粋感情

木村は、カント美学を参照しつつ、「芸術に於ける内なるもの」「美なるものの表現的内」について考察を進める。そして、芸術の特性としてカントが示す、概念的思考や知的認識、目的的な意志や意欲に拘《こだわ》らない「美」の「非概念性」「無関心性」に注視した。

木村の理解では芸術の営みは、私たちの内なる未だ形無き「形の欠如」「窮乏」「形への可能性」「可塑性」の動きが際立ち、それが非概念的で無関心的な美的脱自性のうちに現れ出ようとする作用と考えられる。これは、カント美学が美を個々人の感性が捉える事象として認識論的に捉えるのに対し、人間の先験的な世界構造の感触として行為論的に捉え直す立場である。この背景には、京都学派の「純粋感情」をめぐる議論が控えている。(15)

つまり木村はここで、カント美学が示し出す美の非概念性と無関心性を、個々の認識の成立根拠となる身体性の議論から再定義しようと試みていると言える。そして、純粋感情の働きを、個人の内なる「一切の概念的活動と一切の意欲の動き」に関わりつつすべてを否定し切る「清められた内」とした。純粋感情は、思考の「概念性」や目的志向的な「関心性」が、行為を駆り立てながらも、実際的な身体的行為的な動きのなかおのずと削ぎ落とされる作用なのである。

ただ、ここで重要なのは、純粋感情が知的概念的思考や目的的意欲的関心を削ぎ落とし脱却する、その「否定の仕方」「洗い落し方」である。純粋感情の美的な作用が、概念性や関心性と全く無関係に、それらを「外へ棄て去った」のであれば、美は一人ひとりの生の個別具体性から乖離した「抽象的貧困」に過ぎないことになる。しかしながら、純粋感情は生を充実させ賦活する。そこで純粋感情の美的さは、カントの言うように概念性や関心性と全く別の次元にありながらも、それらを「一層深き内面から浄化し摂取」し「内へ否定する」作用なのではないか。木村はこのように解釈し、純粋感情を、概念性や関心性に関わるすべての営みの根源と考えた。

こうして「表現愛」思想は、「芸術に於ける内なるもの」の美的脱自性の作用が、知的概念的思考や目的的意欲的な関心を「ありのままに保持」しつつ、「その一層深い内面的背景、主体的な底」から日々の現状や一切の関係性を包み込む側面を示し出す。つまり、知的概念的な活動や目的的意欲的な試みは、美と対立することなく完全に無関係なのでもない。むしろ純粋感情の美的作用は、概念性や関心性に関わる営みを不可欠な契機として、しかしそれらの動向に全く縛られず拘《こだわ》らず、深いところから支えるというのである。

このように、純粋感情の美的作用が概念性や関心性を支え成す連関は、「浄化」「摂取」「一切の生内容の絶対的肯定」と言い換えられる(16)。これは、論文「表現愛」がエロスとアガペの「不思議な循環」と述べ、「愛の立場」における「解脱」の自由論を示した、「アガペの当為的性格」と重ねて理解される。このように考えると、上記のような意味での美に関わる芸術は、「表現愛」の世界構造におけるこの側面が、最も顕著に鮮明になる領域ということになる。

木村によれば、カント美学もまた、美の作用を「一切の生内容の絶対的肯定」として強く示唆していた。ただカントはそれを、美的判断が「主観に対する普遍的妥当性」をいかに獲得できるかという認識能力として問うたため、純粋感情の美的作用を主観に括り付けてしまった。カントは、美的判断能力を先験的な認識機構のうちに探り、同じく先験的な認識機構である悟性と構想力が調和的に働くところに、それが構成されると考えた。対して木村は、すべての人間が認識や判断以前の存在の次元、つまりは先験的普遍的な存在構造のところで、非概念的で無関心的な純粋感情を分かち持つと考える。

したがって、木村教育学の美的人間形成論は、カントのように美的判断を個人の認識能力として扱うことはない。美的な純粋感情は、認識に関わる問いではなくて、身体的行為的な在り方、生き方の問題である。したがって、美的なものに関わる問いは、狭義での芸術の領域に留まらず、他者の生を培う教育をはじめあらゆる社会的関係性に深く関わる。

一方カントの議論では、美的判断は認識機構がある条件の下に働く際に生じると考えられている。木村の理解では、カントは悟性が「合法性の能力」として、また構想力が「表象の自由なる戯れの能力」として、いずれもが「一般的 überhaupt」に協和するところで、美が生じるとした。この枠組みの下では、美的判断力は、その一般的協和の状態に向けた工夫や働きかけが可能かのように論じられる。

しかしながら、悟性と構想力の一般的協和の限りにおいて「構想力の自由な合法則性」を生むというカントの議論では、個々の認識のうちに普遍的機構を持ち込むことで、結局は「特殊を外へ否定し放棄した単なる抽象的一般」の抽出になってしまうのではないか。木村はこのように指摘し、カントの産出的構想力の議論が観念的であることを批判する。[17] そして、その傾向を打開するために悟性と構想力の協和の底に、認識機構を超えた「内から活発に美的表象を生産し得る能力」「一切の特殊を包蔵するもの」「一切の特殊を自己限定として分化し出すもの」の働きを見取ることが重要だと説いた。

その試みはカントにおいてすでに、「人間性の超感（性）的基体」という美的判断の普遍的妥当性の根拠として把握されているのではないかと木村は言う。そこで、カントが慎重に回避した「超越的 transzendent」領域へ踏み出すのでも、個人の認識の先験構造の内側を限定的に思索する「超越論的 transzendental」立場に留まるのでもない仕方で、そのような超感性的な側面について考察することはいかに可能かと問うた。[18]

そこで木村の論理的工夫は、美的人間形成論を存在構造論として展開し、個々人の認識能力を超えた環境や他者との固有な関係性の根源に、純粋感情の美的作用を捉えるというものだった。そこでは純粋感情の美的作用は、身体的行為的に現に生きている世界へ無尽蔵に散逸し、多層的に展開する関係性を洞察する身体知として理解されてくる。この議論を踏まえると、私たちがつねに自己認識を超えて、環境や他者との関係性に染み渡りつつ自己を現象として捕《とら》まえる側面が浮かび上がってくるだろう。木村において純粋感情の美の脱自作用は、概念性や関心性に基づく判断が捉える意味や価値性から自由に、しかしそれらを不可欠な契機として、未だ生成途上の新たな意味や価値性に開かれて行く動きを指す。

第三節　美的人間形成論の主体性——技術的身体性の端緒「情趣的主体」

絶え間なくゆれ動く「情趣」

論文「形式と理想」は、カント美学を手がかりに芸術について論究し、非概念的で価値無関心的な純粋感情が、直接無媒介的に生じるのではなく、必ず知的概念的思考や目的的意欲的意志を契機とすることを示した。そこで問題となるのは、概念性や関心性と純粋感情の連関の仕方である。

「感情は成る程直接である。併しその直接は、——パラドックスと聞えるかも知れないが、——媒介を超えた直接なのではないか。感情は媒介を併呑している[19]」。木村はこのように洞察する。そして、「一切の知一切の意志」が尽くされるなかで、「人間性を形作る一切の生内容の底に主体みずからが深まり行く」と述べた。

知的概念的思考や目的的意欲的な意志の主体性が、環境や他者性との対立、矛盾、葛藤などを経て尽くされるなか、主体性が「人間性を形作る一切の生内容の底」に深まるという理解は、論文「表現愛」ですでに示されていた。それは、望ましいものを求め作り現そうとする価値志向的で意志的な向上的愛エロスと、価値に対して無関心的で無動機的な絶対愛アガペの連関である。そこでは「表現愛」の世界構造を織り成す二つの愛の原理が、相互依拠的連関として描かれ、その連関点で、アガペ原理がエロス的構造に投射されるという「アガペの当為的性格」が指摘されていた。その際、林檎の素描の件において指摘したように、木村はこのアガペのエロス的構造のところに、美的なものの現れと純粋感情の作用を見通している。

論文「形式と理想」で新しく示し出されているのは、その「一切の知一切の意志」が尽くされるエロスの臨界点に、「情趣」という内なる美的動勢が指摘される点である。[20] 情趣概念もやはり、カント美学との対話を通して議論される。木村は自身の情趣概念を、カントが美的な趣味判断の原理とした悟性と構想力の「釣り合いの取れた整調 proponierte Stimmung」の「Stimmung」概念[21]と対比させる。両者は非常に似通っていながら、決定的な違いがあるというのである。

木村の言う情趣とは、カントのStimmungが、美的判断を可能にする協和的調和的な一定の「心情の有様」、悟性と構想力の合致を指す静的概念であるのに対し、どこまでも、そのような協和や調和が整調されてくる「おもむき」と解される。また別の理解としては、情趣は「情緒」という言葉が示す「心の動く発端」「心情の発する小口」を、瞬間的な動勢として掴み取る概念とも説明されている。

木村は、カントが用いるStimmungの語義が、「音声Stimme」を発すること、さらには「楽器の調子を整えること」である点に注目する。そして、Stimmungが本来はそのような意味で協和、調和に向けた整調の動向——微妙なズレ、外れ、不協和を孕む動的「おもむき」——であることを重視する。カントは悟性と構想力との均斉的調和の議論により、二つの認識能力が協和的に整調し、相互に活気付け調子を合わせ合う動向を捉えた。この点においては、木村はカントのStimmung論に共感的である。

ただ、カントはその際、語義的意味である音声の生起点や楽器の調整が、実のところは瞬間的なゆらぎであり、ほんのわずかな波動を示すだけなのに、それを一定の調子、気分、調律のとれた状態のように論じてしまう。カント美学はStimmungを、まるで指し示すことができるある有様のように、固定的に語ると木村は批判する。そうすると、調子を整えようとする趣き、ゆらぎでしかないStimmungは、どうしても主観に引き寄せて理解される。そしてStimmungは、あたかも「心弦」という言葉で示せるような、美を掴むための認識主観の内的機構のように映る。木村はこのように指摘し、情趣を主観を超えたゆれ動きとして理解し、あくまで内なる脱自作用、「心弦の奏でいづる調べ」の意味に留めて理解した。要するに、ここで情趣として再び光が当てられる「アガペの当為的性格」は、予め誰のうちにも備わる認識機構ではなく、個別具体的な行為や関係性の都度、「身体的存在」の内奥から惹起される、文脈依存的で歴史的社会的な作用なのである。

ところで、Stimmungについては、時代を遡りハイデガーがStimmung概念により提した「気分」「情状性」の議論を踏まえておく必要があるだろう。ハイデガーは『存在と時間』（一九二七年）において、人間が現事実的に世界に投げ込まれて在る「被投性」の契機と、そのような存在の可能性を先駆的に未来に投げかける「企投」の契機との相互連関――「被投的企投」の構造――として人間の存在構造を描いた。そこでStimmungとは、私たち「現存在Dasein」に被投的企投という自身の存在構造を根源的に開示する動き、つまりは現存在の思惟や行為を根本的に包む「規定Bestimmung」の働きとして語られる。ハイデガーのStimmung概念は、「規定された、一定のbestimmt」や「気分づけるstimmen」の語意を汲み、既在する仕方に当面させる傾斜と規定付けの動きを伴う用語として語られている。

このようにハイデガーがStimmung概念を存在開示の働きとしたのに対し、木村教育学はStimmung概念を情趣と解することで、根源的に定まらない脱自的未定性として示した。両思想の関連については、ハイデガー哲学の詳細や京都学派におけるハイデガー解釈、また学派のなかでも先駆けてハイデガー哲学を継承した三木哲学などを踏まえ、機会を改めて考える必要がある。(22)

差し当たりここでは、木村がStimmung概念を解釈し直して提起した情趣概念が、形式に関し未発展的な「何等かのリズム、何等かの姿」(23)を持つと述べられる点を押さえておきたい。具体的な形を未だ伴わず、しかし完全な虚無でもない「芸術的表現に於ける内」の動勢が情趣なのである。それは単なる個人的感情なのではなく、「人間的主体そのものを形作る心の弦の調べ」である。つまり、情趣は私たちのうちに働く個を超えた普遍性の作用と木村は考えている。

情趣の内容は人間のいのちであるのでなければならない。…中略…人間的体験としての普遍性を喪失した感情は如何なる意味に於ても芸術の内容となることはできないのである。[24]

このように、情趣は個人の感情や心情の移ろいではなく、知的概念的思考や目的的意欲的な意志の諸々の活動が、非概念性と無関心性を伴う純粋感情のうちに「内に否定」「浄化」「摂取」されて生じる、「人間のいのち」「人間的体験としての普遍性」の動勢である。それは、一人ひとりの認識や行為の能動的主体性の手前で、すでに気配はあるけれども未だ明確に現れ出ない定かならぬもの——「リズミカルなもの」「形あるらしきもの」——として洞察される。木村は芸術の営みを、こうした情趣の洞察だと考える。そしてその側面を、「内に定かならぬ有様」として生きられる「時間と空間との誕生の気配」として示し、そこから新しい人間理解が可能であることを示唆した。

木村がこのように「人間的世界」の成り立ちを論じたこの時期、世間は『教育勅語』渙発四〇周年に家族的国家観が広まってから、さらに一〇年が経過しようとていた。国家主義的な徳育注入が自明視されていた時代である。

そのような時代性の下、木村はゆれ動きつづける形式未発展的な情趣概念を提起し、美的人間形成論を人間理解の礎に据えた。そして、多様な可能性が渦巻く未完な「おもむき」から、個人間の関係性や、国家をはじめとする種的社会的な関係性が、影響を及ぼし合って変幻自在する事実を示した。

「情趣的主体」を端緒とする技術的身体

以上のように、情趣は、何かのかたちを生むらしきものが身体性の内側に感触される動勢、まさにそこから新しいかたちが求められて行こうとする内なる高まりを指し示す。情趣に着目すると、一々の行為が、一定の意味や価値性の下に展開されるなかにも、「非概念的無関心的立場に於ける情趣がその自覚に徹底しようとする必然性」がそこに表裏一体として伴われることがうかがえる。[25] 論文「形式と理想」は、このような流れで、情趣概念を技術的身体論に導入する。

木村は、かたちなく、かたちらしきものへの「おもむき」である情趣が、実際に具現化され外的形成に赴く原理は何かと問い、人間の「自覚性と身体性」に光を当てる。木村の身体論は早い時期から、身体が外的環境としての自然の一部に喰い込み、自然法則を媒介として働く側面に注目していた。それに加えて、ここでは身体が、物理的自然ではなく「歴史的自然」に根差すところで、自然律とはまた異なる意味での普遍性を情趣として宿すと考えられるのである。この意味で情趣は、歴史的社会的な環境へ何かを形成し出すことによって、自覚性が深まる動きと言える。

ここで西田哲学の「自覚 Selbstbewusstsein」概念について触れておきたい。「自覚」は、西洋哲学の概念である「自己意識 self-consciousness」の訳語であるとともに、西田においては同時に自己意識が解き放たれる仏教的覚りに相当する概念でもあり、この両義性を考慮して「self-awareness」と訳するのが適切と考えられている(26)。それは自分自身に深く目覚めることの実践的な覚知の仕方を指す。

私たちは、環境を作り変え、素材を使用し、他者と対立したり競合したりするなか、あらゆる事物や現象の絶え間ない流転と、相互依存的な関係性のなかを行為する。そのあゆみにおいて身体は、身体的行為の底で個人的立場を超えた情趣をつねに新たに宿しつつ自覚を深めていると木村は考えた。何事も実際にやってみるなかにおいて、感性的な自己認識とともに、超感性的な情趣の自覚的深まりをもたらすという議論である。このように、芸術の営みから導出された情趣概念は、身体を必然的な契機とする超感性的な探究、つまりは、実際的な行為によって把捉される、実体的には捉えられない世界の気配やかたちなきおもむきに光をあてる概念と言える。

芸術論としての情趣論は、以下のように展開される。

情趣としての内に見られたものは成る程全体には違いなかった。而もそれは尚具象的に見定められないものとして、芸術的にはどこまでも未完成の全体であるに止まっている。制作はそこから起ったのである。一つ一つの打刻はこのようにしてかくの如き全体へ向っての一つ一つの見定めであり、真の形はその一打一打に於て創造されて行くのである。予め出来上った形はいずこにも存在しない(27)。

論文「形式と理想」はここで論文「一打の鑿」に触れる。情趣は「具象的に見定められないもの」「未完成の全体」として身体の内にすでに捉えられているというのである。そしてそこから、それを完成させようとする「一打一打」が創造される。その際、「一打一打」の形成のイデアは、「素材と取り組んだ情趣の底」から自覚的に生まれてくる。イデアは、環境を物理的物質としてそこから素材を取り出して利用するだけでは表層的にしか捉えられない。素材と汝的に対話し傾聴すること、内なる情趣をもって素材と取り組むことが鍵である。木村はこのように考えていた。この意味で情趣のゆれ動きはイデア探索の源と言える。

このようにイデア論が深められるところで、技術的身体のうちに「情趣的主体」が示される。「情趣は知と意とをこめて人間性そのものの感情に於ける絶対的肯定であった(28)」。この絶対肯定は、個人的感情でも一般的抽象論の感情でもない。それは、自身の技術性と身の周りの素材が生じさせる固有な出来事を、行為の節々で「人間性の底に徹し入」りながら普遍的に捉える、純粋感情の作用である。「制作すると云うことはこのような形を、手を持った眼が、或は、一層一般的に云えば即ち技術的身体を持つ情趣的主体が、永遠に見て行くと云うことにほかならない(29)」。

ただ木村によれば、技術的身体に伴う情趣的主体性は、芸術的制作に限らず、自然科学や道徳の領域にも同様に見出される。これは、あらゆる技術的身体性が、合理的目的的な関わりの底に、価値無関心的で無動機的なアガペ的主体性を伴っていることを示唆する議論である。そして、諸々の技術性のうちでアガペがエロス的構造を取る動きとして、情趣の動勢が意味付けられてくる。美的人間形成論を身体論のベースとしながら、木村は以上のような議論を展開した。

第四節 「情趣」が拓く関係性の迂回路

「表現愛」思想の下、木村教育学は国民教育論に取り組み、その傍で「無我の愛と美の心」をテーマとする美的人間形成論を展開した。論文「形式と理想」で芸術における技術的身体に示された情趣的主体性は、知的概念的思考や目的的意欲的作用を包越し根本的に支える美的な純粋感情の主体性と言える。

情趣の美的人間形成論は、物事を美的に洗練して行く教養主義的な方向性ではなく、意味の多様さや価値多元性への方向性を示唆する。それは、意味の相反や価値性の対立が、それぞれの差異をそのままに、むしろ相反や対立を契機として向き合い得る、関係性の迂回路の探究だったように思う。

木村が「芸術的表現的な内」を情趣と呼び、その技術性を他の文化一般にも敷衍することで明らかにしたのは、個々人や種的社会的な共同体の間での異質なもの同士の関係性が、つねに純粋感情の美的な脱自作用を介する側面である。この側面は、個々の立場としてはどこまでも摩擦、折衝、葛藤、対立、否定を免れない関係性が、そのそれぞれの固有さと独自性を、人間としての生命の普遍的地平からともに肯定的に捉え直すことのできる地平を示す。

この木村の探究と関連すると思われるのは、西田の論文「歴史的世界に於ての個物の立場」(一九三八年)で示される「逆限定」の概念である。西田は論文「論理と生命」(一九三六年)の行為的直観の議論で、「身体を有つ」という道具的身体性と、「身体である」という場所的自己の身体性という、二重の身体論を展開した。それを受け、論文「歴史的世界に於ての個物の立場」ではさらに、両身体性が相互矛盾的に自己同一する動きを掘り下げ、身体が「物に於て自己を有つ」という身体性に光を当てた。「逆限定」とは、作られたものが作ったものから離れ、独立のものでありながら逆に作るものを作り返すということを意味する。要するに私たちが、自ら作り出したものにおいて身体性を持つという指摘である。

それは、人間の行為が、自身を取り囲む環境や自身が於いて在る世界に浸透し、その底から自己形成する作用と言える。[30] 木村の美的人間形成論は、西田哲学の逆限定を、意味や価値性への関心が極まる芸術や美の議論を通し語り直しているのではないか。

論文「歴史的世界に於ての個物の立場」は、個物の存在構造を論じる件で、「世界が矛盾的自己同一的に自己形成的であればある程、即ちイデヤ的であればある程、個物と個物とが相対立する」と述べる。[31] つまり、個々の立場が「歴史的世界」から固有の「イデヤ」を見出し多様に限定されるほどに、個物同士は激しく競合し、衝突し、相反や対立が激化するというのである。

ただ後期西田哲学はそこで、逆限定の作用を、「歴史的世界」が人間の身体において自己形成する働きとし、相互限定的個物の比較競合、衝突、対立のうちに歴史的制作の動きを見取る。この側面は論文「論理と生命」のなかの、「我々は身体を道具として有つと共に、我々は何処までも身体的存在である。世界に没入するということは、身体がなくなるということではない、単に一般的となることではない。却ってそれが深くなることである、寧ろ身体の底に徹底することである」という件と重なり合う。[32] 西田はこのように、道具的身体性と身体的存在としての固有性が深く連関して世界に没入するところに、意味や価値性が徹底的に極まりつつ普遍的な深みに摂取され、もはや対立や比較競合により新たな「イデヤ」が宿り続ける側面を示唆した。

「表現愛」の技術的身体論における情趣的主体性の議論もまた、西田と同様、不協和や他者との相容れなさにかかわらず、自在に関わり合う受容的な身振りに光を当てていると考えられる。木村はその特性を、情趣の定まらなさ、決して統一的に捉えられないゆらぎにおいて掴んでいる。情趣は協和、調和に向けた整調の動勢であった。そこには、微妙なズレ、外れ、不協和がつねに孕まれていた。「表現愛」思想は情趣概念を身体論に接続することにより、このようなゆれ動きをあらゆる関係性の迂回路として拓き、表現的交渉的に関わる個的立場がそこから真新しく深く対話し、相互に変化変容し続けて行く端緒として示した。

第五節　「表現愛」の人間学の図示化

ここで、本章が焦点化した情趣概念を「表現愛」の人間学の第三の原理に加え、第Ⅰ部を小括しておきたい。「表現愛」の人間学の要点は以下三点である。

①身体的行為一般の原理としての**「ポイエシス＝プラクシス」**（第二章）
身体的行為は、芸術的制作や創作活動に関わる創造性の原理ポイエシスと、社会的実践的な道徳性の原理プラクシスが、区別以前から区別を成しつつ生起する「ポイエシス＝プラクシス」を原理とする。

②身体における**「歴史的自然」**のイデア的先取（第三章）
身体は「歴史的自然」に根差し、その変転をイデア的に先取する。木村教育学における「歴史的自然」は、対象把握される外界としての環境ではなく、環境や他者性に対する私たちの相互作用、交互交渉を支え、またそれにより無限に変化変容して行く普遍的地平である。

③技術的身体性のうちに働く価値無関心的無動機的なゆれ動き**「情趣（的主体性）」**（第四章）
知的概念的思考の働きや目的的意欲的意志の作用は、つねに非概念性と無関心性を伴う純粋感情に包越されながら働く。この包越の動勢である「情趣」は、個別具体的な感情を普遍的に徹し深めた「人間性の底」からの、一切の生内容の絶対肯定である。情趣のゆれ動きは、情趣的主体として技術的身体性の端緒となる。

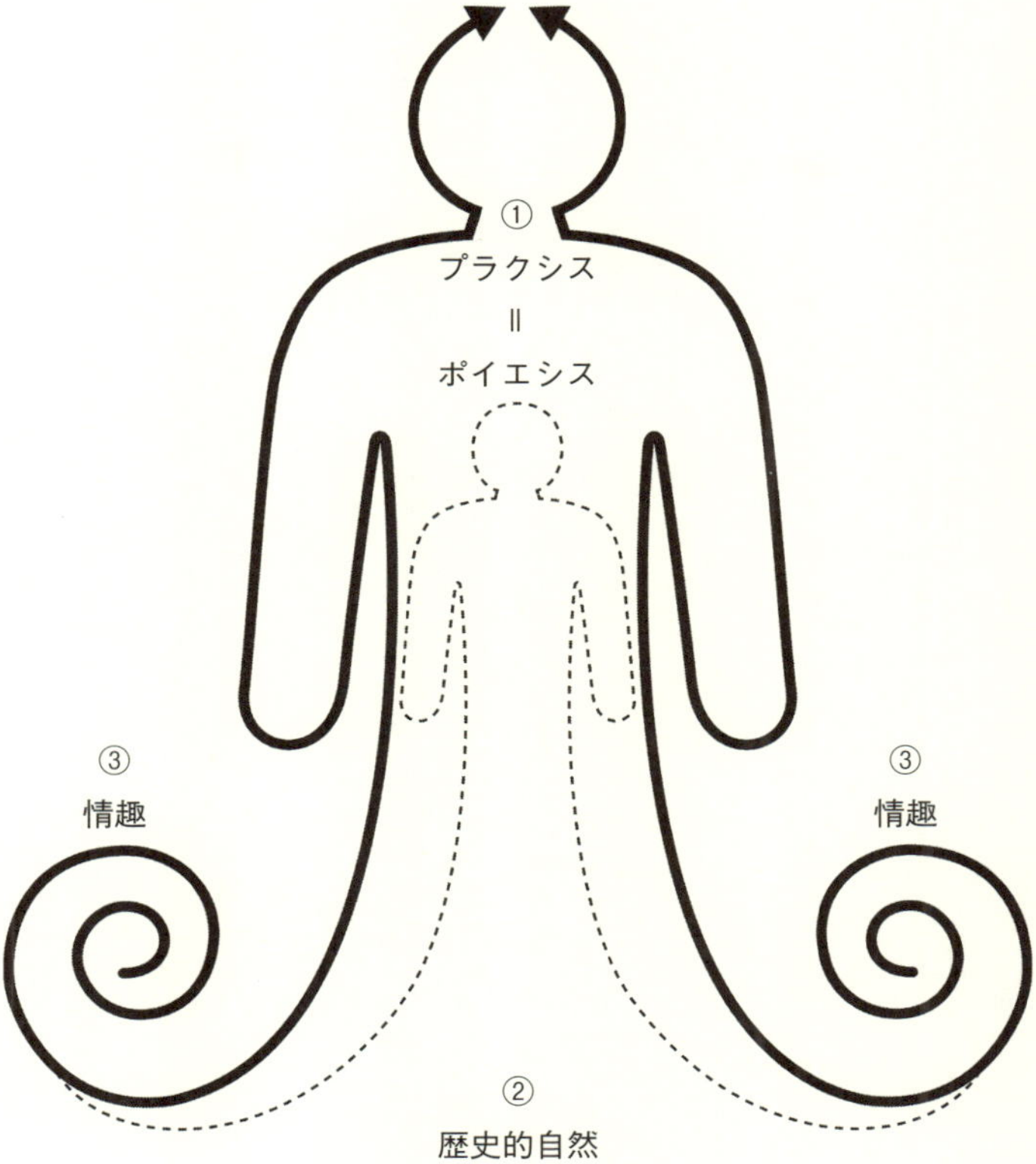

「表現愛」の人間学

以上三つの系譜を手繰り寄せ、試みとして図示すると、図1のようになるだろう。本書は「表現愛」の人間学を、相互連関的に一挙に働く①〜③として描出する。

「ポイエシス＝プラクシス」（①）に関しては、点線は物質や環境に対するポイエシス作用、矢印は対人格的社会的なプラクシス作用を示す。両作用は、行為や在り方を定める都度に刻々と、区別以前から区別を生じつつ生起する。区別以前というのは、ポイエシスとプラクシスが、生起する動きのなかで「＝」の具体的連関の仕方により「歴史的自然」を変転させ、その変転を介してまた弾力的にふくらみ、つねに相互に影響を与え合う動きを指す。

「歴史的自然」（②）は、「表現的環境」を超え包み、人間の生育から死に至るあらゆる文化的営みを包括的に支え成す普遍的地平である。それは、決して対峙されることがなく、「見究めることのできない悠久なる成るもの[33]」である。

身体性をこの地平から捉え、身体が「歴史的自然」をイデア的に先取する動きを説くことで、木村は、身体の現在〈今ここ〉において、将に来たりつつある未来〈定かでない未定性〉と、既存の過去〈環境の制約性〉が有機的に媒介し合う論理を示した。「歴史的自然」は、「ポイエシス＝プラクシス」的な行為の瞬間ごと根源的に真新しく、世界が「表現的形成的自覚」する側面を指す。

「情趣（的主体性）」③は、知的概念的思考や目的的意欲的意志の働きが、価値無関心的、価値無動機的な純粋感情と連関する動勢である。この動きは、身体性の内奥に、身体が根差す「歴史的自然」から未限定なまま贈り届けられるリズムと考えられる。技術的身体は情趣的主体性を端緒とする。情趣は、異質なもの同士の摩擦、折衝、葛藤、対立、否定を積極的な契機とする、協和や調和に向けた整調のゆらぎである。そして情趣的主体性は、微妙なズレ、外れ、不協和を介しながら自在に関わり合う、受容的な身振りと言える。

木村教育学は「身体的存在」を、①〜③が相互に影響を及ぼし合い刻々と生成する構造として捉えた。第Ⅱ部ではこのような人間理解の下、「表現」「形成」「作ること」を教育の営みにおいて活かすことの意義について改めて考察する。

註

（1）西村拓生「京都学派と美的人間形成論――木村素衞は如何にシラーを読んだのか」『奈良女子大学文学部 研究教育年報』第五号、奈良女子大学文学部、二〇〇八年、八三頁。

（2）熊野純彦編『日本哲学小史――近代一〇〇年の二〇篇』中央公論新社、二〇〇九年、九二頁。ちなみに「詩人哲学者」というのは、早過ぎる木村の死に際し、唐木順三（一九〇四〜一九八〇）が贈った言葉と言われている（竹田篤司『物語「京都学派」』中央公論新社、二〇〇一年、一九五頁）。

（3）木村素衞『魂の静かなる時に』（燈影撰書一八）燈影舎、一九八九年、二二三頁。

（4）たとえば竹田篤司は、教育学への木村の起用を師の西田幾多郎の「英断」と述べつつも、木村の死を「殉死」「玉砕」と表現しているし（竹田前掲書、一九〇～一九五頁）、熊野純彦は、感受性豊かな木村の素質に教育学はふさわしくなく、「西田の温情は、ひとりの詩人哲学者のいのちを削った」と述べている（熊野前掲書、九六頁）。

（5）木村は多くの講演会を行い、とりわけ信州には、約二〇年の間に一〇〇カ所以上訪問した。最初に木村が信州を訪れたのは、一九二五年一二月の下伊那郡千代村で、務台理作の代役として哲学を講じた際だった（大西正倫『表現的生命の教育哲学——木村素衞の教育思想』昭和堂、二〇一一年、三、一九頁）。

（6）木村素衞『美のかたち』岩波書店、一九四一年、二頁。

（7）木村素衞『魂の静かなる時に』（燈影選書一八）燈影舎、一九八九年、二〇一頁。

（8）前田博「木村素衞教授の生涯と業績」『京都大学教育学部紀要』第四号、京都大学教育学部、一九五八年、四七頁。

（9）国民文化論と国民教育論に関しては、京都哲学会での公開講演に基づくこの時期の代表論文「文化の本質と教育の本質」（一九三九年）と、文部省の日本諸学振興委員会教育学会での講演に基づく論文「国民教育の根本問題」（一九四〇年）のなかで表立って論究されはじめる。この二つの論文は『形成的自覚』（一九四一年）に所収された。

（10）木村素衞『形成的自覚』弘文堂書房、一九四一年、一頁。

（11）カントの「形式 Form」は、アリストテレスの芸術論などで伝統的に焦点化されてきた「形相 Form」とは異なり、対象として外界に認識されるものではなく、その認識の仕方、内的様式を指す。感性（感官）と悟性にはそれぞれに形式がある。感性の直観形式は外官による外的直観の形式「空間」と、内官による内的直観の形式「時間」であり、悟性の思惟形式は量、実体、原因などの純粋悟性概念（カテゴリー）である（有福孝岳・坂部恵他編『カント事典』弘文堂、一九九七年、一三〇頁）。

（12）木村素衞『美のかたち』岩波書店、一九四一年、一七頁。

（13）同上書、一九頁。

（14）このように、美や創造性、遊戯性を特性とする芸術の営みが、「世界の真剣さ」とどのように関わるのかという大きな問いは、カント美学の根本的問いであり、その後の哲学思想においても様々な立場や角度から脈々と受け継がれてきた（Jähnig,

D., *Der Weltbezug der Künste: Schelling, Nietzsche, Kant*, Freiburg: Verlag Karl Alber, 2011.＝神林恒道訳『芸術は世界といかに関わるか――シェリング、ニーチェ、カントの美学から』三元社、二〇一八年、六八頁)。「表現愛」思想の美的人間形成論は、近代日本思想においてこの問いを引き受けた思索と言える。

(15) ここでの「純粋感情」の着想は、西田哲学に由来すると考えられる。『芸術と道徳』(一九二三年)所収の論文「美の本質」(一九二〇年)で、西田は美を捉える働きが個人の心理や心情に拠るのではなく「超個人的」であること、感情が「意識成立の根本的条件」であることをすでに論じている(西田幾多郎『芸術と道徳』『西田幾多郎全集』第三巻、岩波書店、二〇〇三年、九、一五頁・藤田正勝『西田幾多郎の思索世界――純粋経験から世界認識へ』岩波書店、二〇一一年、六〇頁)。

(16) 木村前掲書、二六～二七頁。純粋感情の純粋性に「一切の生内容の絶対肯定」を見出す議論の背景には、シラーの『美的書簡』の「遊戯」や「美しい魂」の概念を、西田哲学の「絶対無」概念の下に語り直そうとする木村の意図があったと考えられる(西村前掲書、八九頁)。

(17) ここで木村は、カント美学を退けるのではなく、自身の立場から語り直している。

(18) 木村前掲書、三〇～三一頁。

(19) 同上書、三九頁。

(20) 同上書、四〇頁。

(21) Kant, I., *Kritik der praktischen Vernunft; Kritik der Urteilskraft*, Kant's gesammelte Schriften. Herausgegeben von der Königlich Preußischen Akademie der Wissenschaften, Bd. 5, Berlin: G. Reimer, 1913.＝宇都宮芳明訳『判断力批判』(上)、以文社、一九九四年、一二二～一二四頁。

(22) ハイデガーは『存在と時間』刊行以前から、田邊元や三木清など数少ない日本人留学生と交流していた。論文「形式と理想」にはハイデガー哲学は言及されていないが、木村の思索にとってハイデガー哲学は、比較的早い時期から参照軸となったと考えられる。たとえば、一九三一年一一月の日記には、「一打の鑿」の思索時期にハイデガーの『カントと形而上学の問題』(一九二九年)を読み終えた旨が記されている(木村素衞『紅い実と青い実』弘文堂、一九四九年、四〇、四七頁)。

(23) 木村前掲書、七〇頁。

(24) 同上書、四四頁。
(25) 同上書、四九頁。
(26) Heisig, J. W., The Religious Philosophy of the Kyoto School: An Overview in *The Religious Philosophy of Tanabe Hajime: the metanoetic imperative*, Berkeley, CA: Asian Humanities Pr., 1990. ＝高梨友宏訳「京都学派の宗教哲学――その一概観」『現代思想』第二一巻第一号、青土社、一九九三年、六九～七一頁。
(27) 木村前掲書、五三頁。
(28) 同上書、七四頁。
(29) 同上書、八一頁。
(30) 西田幾多郎「歴史的世界に於ての個物の立場」『西田幾多郎全集』第八巻、岩波書店、二〇〇三年、三三八～三三九頁。
(31) 同上書、三三一～三三三頁。
(32) 西田幾多郎「論理と生命」『西田幾多郎全集』第八巻、岩波書店、二〇〇三年、四七頁。
(33) 木村素衞『表現愛』こぶし書房、一九九七年、三一頁。

第Ⅱ部 「表現愛」の人間学が臨む〈文化‐教育〉の創造的連関

第五章　技術的身体を育む教育原理——教材論と教授法

本章では、第Ⅰ部で明らかとなった「表現愛」の人間学——「ポイエシス＝プラクシス」「歴史的自然」「情趣」の身体論の系譜——を踏まえつつ、木村教育学の教育原理について明らかにする。「表現愛」の人間学が示す身体性を育む際に軸となるのは、教材論とその教授法「追形成」の議論である。ここでの目的は、後期教育学の国民教育論のなかに教材論を読み通し、教材を介して文化が教育を支え教育が文化を耕すという創造的連関——本書では〈文化－教育〉と記す——を明らかにすることである。

第一節ではまず、教育学論考を手がかりとして、木村教育学の基本的枠組みを押さえる。ここでは、木村が教育の営みを、「何かの価値的目的」に関する「実現力」の差異から論じはじめる点に注目し、教育の四契機とその連関について整理する。また、教育学を「形成的自覚の徹底」の学問とする理解を踏まえ、「表現」と「形成」のニュアンスの違いについて考察する[1]。

次に第二節では、教材が〈文化－教育〉の創造的転換点に位置付けられる点に留意し、教材論を詳しく読み解く。続いて第三節では、教材を介する「形成的自覚の徹底」の内実を明らかにしながら、教材の教授法として示し出される「追形成」の議論を検討する。

そして第四節では、木村教育学の教材論とその教授法「追形成」が、後期教育学の国民教育論のなかにいかに継承されたかを見取り、そこで〈国民文化－国民教育〉の創造的連関を担う理想的な教師像が「芸術的名手」と呼ばれる意味を探る。

最後に第五節では、上記の教材論と「追形成」の教授法が想定していた教育内容について概観する。ここでは、四つの教科領域とそれを通底するある種の身体知への視座、そして教材論が「教育と政治」の望ましい循環性を射程に入れることの意義について考察する。

第一節　木村教育学の基本的枠組み

教育の四契機

まず、木村教育学の基本的な枠組みを押さえておこう。教育学を主題とした論考は、一九三七年に提出された学位論文の第七章「教育哲学に対する基礎と展望」(2)のほか、以下四つの区分で示される(3)。

①論文「教育の本質について」（一九三九年頃）(4)
②『形成的自覚』（一九四一年）所収の論文「文化の本質と教育の本質」（一九三九年）(5)第五章冒頭
③『教育学の根本問題』（一九七六年）(6)第二章
④『国家に於ける文化と教育』（一九四六年）(7)

これらは内容に大違なく、後年の著作ほど論理体系が精緻になっている。共通点としては、以下に展開される「Pedagogy」の語義解釈と、教育における関係性の四つの契機が注目される。論文「教育の本質について」の一節を参照したい。

> Pedagogy は如何にして出来た言葉かと云うとこれはギリシャ語の Pais（子供）と、agein（導く）の二語を成素として出来た語である。Pedagogy とはつまり子供を導く学問と云う事になる。ところで子供を導くと云うならばそこに子供と指導者とがなければならない事になる。のみならずまた導くと云う以上目標がなければならぬ。目標のない所へ導いて行くことは出来ない、目標がないならば唯引っ張って行くだけである。導くと云う以上別に又導く技術がなければならぬ。教育学と云う言葉を分析すると少くとも以上四つの契機が見出される。子供とその指導者と指導の目標（目的）とその技術がそれである。(8)

このように、木村は「教育学 Pedagogy」を「子供を導く学問」と理解し、その営みを、「子供（生徒、児童、教えられる者、パイダゴゥゴス）」「指導者（教師、導き手、教える者、パイース）」「目標（目的）」「技術」という四契機から理解する。そして、「教育とは児童を或る目標へ向って技術を介して導き手が導くこと」というシンプルな枠組みを示す。その枠組みをさらに詳しく語り直すと次のようになる。教育の営みは、「何らかの価値的目標へ向って、その生命の実現力がそこまで到達していない未熟者」を、「これに比し一層そこへ熟達している人」が、技術をもって計画的に導きその実現力を獲得させることである。(9) この枠組みでは、先の教育の四契機が、「何らかの価値的目標」へ向かおうとする「その生命の実現力」の差異から、自然発生するように捉えられている。「子供」と「指導者」を教育という関係性のうちに出会わせるのは、生命的次元における何らかの価値実現力の差異であり、その差異を介した関係性のなかで、目標（目的）とその技術が定められてくる。木村はこのように四契機を連関的に把握した。そして、教育の「技術性」の先に教授法の問題を、「目標（目的）」の方向に理念に関わる問いを設定した。(10)

第Ⅰ部で述べた通り、美学・哲学研究からはじまった木村の思索は、一人ひとりが「自覚的表現者」として現に生きている世界の先験的構造を「表現愛」として示し、そこから教育の営みを掘り下げた。第三章で見たように、木村教育学は西田哲学の教育論から『中庸』「賛㆓天地之化育㆒」（天地の化育《かいく》を賛《たす》く）の一節を継承し、さらに発展的に理解して、「自覚的個体を育成するところの教育は、天地の化育を賛けるものを賛け育成するものとして、形成的自覚の徹底にほかならないのである」と定義した。(11)

木村によれば教育の営みでは、「子供（児童）」と「指導者（導き手）」が「天地の化育を賛く」という大きな方向性で、「何らかの価値的目的」を共有する。そうでなければ、そもそも「未熟者」と「熟達している人」という立場的な差異は生じない。「教育は文化をその底から育成し、歴史をその底から形成するものといわなければならない」、「天地の化育を賛ける者それ自身を育成することによって天地の化育を賛ける業、それが教育の本質なのである」(12)。

このように木村教育学では、「天地の化育を賛ける」ための様々な「生命の実現力」の差異が、「未熟者」と「熟達している人」の関係性を生むと考えられている。その関係性において両者は、「教えられる者と教える者」としてともにそれぞれの「形成的自覚の徹底」を介して関わり合う。

「形成的自覚の徹底」という教育理解――「表現」と「形成」

「表現愛」思想の教育学研究では、「形成的実在」「形成的自覚」といった形成性に関する用語が表立って論じられるようになる。そこで、本書のこれまでの考察では特筆しなかった、「表現」と「形成」のニュアンスの違いに留意しておきたい。

すでに触れたように、先行研究では二つの用語は厳密に区別されていない。実際のところ、論文「表現愛」（一九三八年）などにおいても「表現的」と「形成的」はほぼ同列に併記されており、木村は自らの立場をたびたび「表現的形成」「形成的表現」と入れ替えて記す。また木村自身、自身の表現論が「言語的表出」に的を絞るものでなく、広義の「制作活動」を扱う旨を述べる件で、「我々が意味する表現は、その本質とその広さとに於て、一般に形成と呼ばれることが的確である」と明記していることも確かである。(13)「表現」と「形成」は、決定的な区別の指標や定義が示されないことから、区別を超越したという意味合いを込めて「〈形成＝表現〉」や「表現＝形成」と理解されている。[14]

ただ、第三章第二節で確認した「外（物質）」の三段階の捉え方――「自然科学的観察の対象」としての「外」、「素材」「素材的外界」としての「外」、「内なる表現的主体」性を唆す「表現的環境」としての「外」――では、「形成作用」は後二者に見出されるのに対し、「表現」については第三の立場にのみ働くとされた。「表現愛」思想は「外」をこの第三の立場で捉える。あるいはまた、第三章第五節の道具論の件で、道具の離身性、代用可能性、公共性と関わる身体の作業性は、「形成的加工」と呼ばれていた。これは身体が、「客観に投げ出されている意志」の纏まりである道具に触発されて、環境を合理的に作り上げようとする働きを指していた。そして何より、論文「一打の鑿」（一九三一～一九三三年）で身体論の萌芽がポイエシス身体論として把握された際、木村自身の立場として提起されたのは「表現の弁証法（表現的弁証法）」である。以上を鑑みるとき、「表現」と「形成」は物理的現象としては同時に生起するものの、用語が指し示す原理的な位相は異なるように見受けられるのである。[15] とりわけ、木村が一々の行為の決意性に関わる主体性とした「個的主体」の働きに関しては、「表現」と「形成」は、以下のようなニュアンスの違いを伴っている。

身体はその構造としてつねに環境へ露呈し、何らかのかたちで外界に影響を及ぼし、他を作り変えている。「個的主体」としての形成作用は、ここである種の対象的客観化の働きを指すと考えられる。木村の理解では、「身体的存在」は「歴史的自然」に根差し、「歴史的自然」が刻々と変転し続ける「表現的世界」の自覚点と位置付けられる。そこで形成とは、そのような身体が所与の世界を環境として対象化し、環境に向けて意志的意欲的に変化変容を及ぼして行く働きかけを捉えていると考えられる。ここで形成という言葉は、「表現的世界」における「表現的環境」との対話交渉、相互作用、交互作用の連続性を把握する。

対して表現作用は、そのように身体が世界の自覚点として現に在ることを包括的に捉え、歴史的社会的な変化の刻々の連続性を前後遮断し、非連続的、瞬間的に捉える用語と解される。「永遠の現在」（西田哲学では「永遠の今」）

と呼ばれるような、直線的時間軸や物理的空間には把握されない時空の充満が、そこには掴まれている。つまり表現は、「歴史的自然」としての身体性、「表現的世界」と身体の相互浸透性を指すと考えられるのである。

そこで教育学が、「教えられる者と教える者」の間主体的な関わり合いを通した「形成的自覚の徹底」の学問と定義されることの意味を改めて考えてみたい。

第二節　〈文化－教育〉の創造的連関点としての「教材」

「形成的自覚」のための教育原理

「表現愛」思想は、「形成的自覚」を教育学のキーワードとし、「人間そのものを作ること」の原理を探究した[16]。その基本的枠組みは、先述の教育の四契機――「子供（生徒、児童、教えられる者、パイダゴゥゴス）」、「指導者（教師、導き手、教える者、パイース）」、「目標（目的）」、「技術」――の連関として示される。ただ、学位論文第七章「教育哲学に対する基礎と展望」から後期教育学まで一貫されている、もう一つ重要な論点がある。

それは、人間形成論、「陶冶 Bildung」論が必ず教材論として展開される点である。木村教育学は、「形成的自覚の徹底」を他者にもたらす唯一の鍵として、ドイツ教育学における「陶冶 Bildung」と京都学派的な「形成 Bildung」を論じ合わせ、そのような Bildung 作用を引き出す不可欠な媒介として教材に着目した[17]。

木村によれば、教師が向かい合うのは、彫刻家が向かい合う大理石のような単なる「可塑性 Bildsamkeit」ではない。教育の対象は、「みずから自覚的である可塑性」として「陶冶性 Bildsamkeit」を持つ人間である。それゆえに、教育における形成作用は厳密に言えば、「彫刻家が大理石に向って形を与えると同一の意味に於て形成的であるのではなかった[18]」。教師は、彫刻家のように環境を形成するのではなく、環境を形成する他者の「形成的自覚」を陶冶するのである。教育学研究において、木村はこの違いを何より重視した。

「開発とか形成とかいうこともそれが自覚的存在において成立するかぎり、悉く自己開発であり自己形成であるのでなければならない」。このように、「形成的自覚の徹底」の学問としての教育学は、「形成＝陶冶 Bildung」の二重性を考慮し、最終的にはその「形成＝陶冶」の「自覚的開発性」「自覚的発展」を育むことをめざす。

　ここで例として足し算を挙げてみると、それは「数理の自覚的発展」なしには学ぶことはできないと木村は言う。教育の営みには、その素地として、新たに出会う事柄や文化的領域に関する生命的な自覚がなければならないというのである。この「自覚性[19]」は、個人の認識や意識の持ち方の問題ではなく、技術的身体的に事柄の理解を深め、またそうするなか自らのうちに新たな技術的展開が開けてくるような、行為的で実践的な把握を指す。

　ただ、こうした「自覚的開発性」「自覚的発展」の背景には、必ず他者としての「教える者」の存在が控えている。他者がはじめから教育者としての意図や意欲を持つ場合でも、共有される「何らかの価値的目的」が図らずも「教える者」の立場を生み出す場合であっても、教育の営みには他者からの働きかけが不可欠だと木村は考えた。「自己発展が他人の助力と相即するところ、かかる矛盾的対立の相即が即ち教育にほかならない。だから教育とはこの点において本来弁証法的概念にほかならないということができるであろう。[20]」

　以上の流れで木村は、「形成的自覚」の自己発展が他者の助力と相互矛盾的に連関する弁証法的存在として、教材を理解した。そして、教材とその教授法の議論によって教育原理を構想した。

　ただ、このような教育学構想については疑問もある。大西正倫は、木村教育学が教育の実践を「教材の運用」に還元してしまっていることを懸念し、対人格的な関係性を扱う「教育愛」の語りと比較する。そして、木村教育学は教育愛論に関しては、「教えられる者と教える者」との間に何ら媒介物を挟み込んではいなかったはずだと述べる[21]。

　この教材論に関する疑問は、身体性の原理「ポイエシス＝プラクシス」の解釈とも関係しているように思われる。木村教育学がこの原理により、社会的実践的プラクシスつまりは他者との関係性を必ずポイエシスを介在させて捉える点に関連して、木村教育学では子どもの姿が見えてこず、教育で最も重要な人格的個人同士の関係性を十分に捉え

られていないのではないかとの指摘がなされているのである。(22)

しかしながら本書はむしろ、「ポイエシス＝プラクシス」原理などが示す関係性の迂回路や、教材を介する他者の「自覚的開発性」「自覚的発展」という教育理解を、木村教育学の独自性と捉えたい。これらの視点によって私たちは、教育の営みを個人格同士の直接的な影響関係とする一般的な見方から離れて、「教えられる者」の存在を直接無媒介的に自明視しない新たな人間理解に立つことができるだろう。

「教えられる者と教える者」の「共同のイデー」

「教えられる者と教える者」の関係性は、先述の通り、両者が共有する「共同のイデー」実現の熟達度によりおのずと生じ、定められてくる。「両者の地位は共同のイデーの下においてそれを獲得しこれに熟達している程度の差異に基いて決定されて来る」(23)のである。そこで、この熟達度を示し教育の関係性を定めるものとして、木村は教材に注視した。

このような教育理解は確かに、高等教育機関での専門教育など、高度な専門性や分野の社会的課題性を共有する関係性に限られるような印象を抱かせる。学校教育では一般的に、教科指導に対置させるかたちで生徒指導が重要視される傾向があり、児童生徒理解が何より大事である。そこで、教育の関係性を教材論に集中させる木村の議論はどこか現実乖離のようにも映る。

しかしながら、木村の言う「共同のイデー」とは、決して特殊なものではない。ここで木村が示唆するのは、教育の目標（目的）を子どもたちの実態から考え教材を設定することの重要性である。先の足し算に求められる「数理の自覚的発展」のように、子どもたちの生きた関心が実際どのようなものかの共有がなければ、教育の関係性は生い立つことができない。ただ、木村教育学の要点はその実態の捉え方に関わる。

ここで、子どもの実態という言い方ではなくて、「教えられる者と教える者」の「共同のイデー」と述べられていることの意味は大きい。要は、「教えられる者」の側を客観視して対象的に捉えるのではなく、「教えられる者と教える者」の間柄に現にどのような事柄が「形成的自覚」されようとしているかという点から、教育を見つめ直そうというのである。「教えられる者」を支援し導く技術性には、「教える者」の側の技術的身体性が必ず反映される。そこで、子どもたちの実態を分析し対象把握するのとは異なる見方から、「教えられる者と教える者」が教育の営みを立ち上げる側面を再考するのが木村教育学の試みと言える。

「教えられる者と教える者」の関係性において、「形成的自覚の徹底」に赴きつつある「共同のイデー」はどのようなものか。あるいは、「教えられる者と教える者」の相互の「形成的自覚」は、教材を介してどのように関わり得るか。こうした視点から、「教えられる者と教える者」が教材となる事柄を歴史的社会的にともに検討し、その意味や価値性を問い直すことが鍵なのである。

ところで、木村教育学の語りの一つの特色は、以上のように「教えられる者」側の立場に立つ学習論ではなく、「教えられる者と教える者」の間主体的な教授論に議論を留める点に見出される。その背景には、大きく二つの意図があったように思われる。それは、「教えられる者と教える者」の立場を流動的に捉えつつもその差異を見失わない意図と、教育に従事する「教える者」の身体性にも光を当てておく意図である。

教育の目標（目的）の主語を「教えられる者」に統一する学習者目線の語りは、学習者の立場から学びを構想することに長けている。ただその反面、「教えられる者」を個別の学習主体として関係性のなかから分節的に取り出し、その体験や経験を予め計画しようとする節がある。また、教育では子ども中心の視点が必須だけれども、教育が営みとして活きるには、「教える者」の歴史的社会的な問題関心や自身が技術的身体的に培ってきた事柄、未来への展望なども また、学びの動機や面白みを生む契機となるのではないか。木村が「教えられる者と教える者」を分離せず、あえて動的連関のままに捉えた背景には、こうした見通しがあったように思う。木村にとって教育は、瞬間的で直観的な機転も含めて必ず、「何らかの価値的目的」「共同のイデー」への憧憬や志向性を通したつながりなのである。

たとえば、論文「知育と徳育とについて」(一九四〇年)を参照してみたい。木村はここで、明治期の「学制」発布以降、日本の公教育を大きく動かしてきた知育徳育論争を念頭に置き、「知育か徳育か」という問いの立て方自体が抽象的だと非難した。「知は進んで徳の世界を目醒めしめ、徳はまた知を守り育てることによってそこに具体的な全的生命を実現する」。このように知育と徳育が分かち難く結び付いているという立場から、木村は「一切のものはそれがその生ける具体性において教育的に取り扱われるとき、悉くおのずからにして徳育の世界へ進んで行く」と説いた。徳育は、知育を通してただそのように通路付けられたときにのみ、「真に人々の心底から自発的に」展開されて行くだろう。

日本の教育が国家主義的徳育路線に急傾斜するなか、木村は知育即徳育、徳育即知育の立場を強調した。知育と徳育はつねに同時に深化する。人間性や人格をめぐる教育は、知識の獲得や知的努力が良心的に尊重し合い、発展を促し合う関係性のなかでのみ可能となるという主張である(24)。このように木村教育学は、教育を「教えられる者と教える者」との歴史的社会的な共同作業と捉える。そのように捉えると、教育は、教材を通して世界(表現的世界)に技術的身体性を深めてみることにより、一人ひとりが自身の技術的身体の展開可能性を見渡す機会として理解されてくる。

教育における関係性で、対象把握的な見方でのみ児童生徒理解に当たっていると、「教える者」はときに「教えられる者」の観察者や測定者に終始しなければならなくなる。そうした傾向に陥らないため、木村教育学は以下のような教授法を提起した。

> 教育の具体的な方法は、教えられる者にとって、単に受動的である注入教育であることもできず、単に印象の新鮮さと具体性とを目ざす直観教育にのみ立脚することもできず、併しまた被教育者の内面的積極的な自己活動を主眼とする開発教育の専ら観念的活動の陶冶と鍛錬とにおのずから重心が定まって来るのに満足することもできず、まさに技術的表現的身体の契機を重視する形成表現的な広義の労作教育でなければならないのである。人は作ること

に於て生きるものであるが故に、作ることに於てのみ真に具体的に学ぶものである。(25)

ここで木村は、「注入教育」「直観教育」「開発教育」という三つの方法論に対置させて「広義の労作教育」を評価し、「作ることに於てのみ真に具体的に学ぶ」という教育原理を取り出している。(26) 大西によると、木村が折に触れて「労作教育」を評価する背景には、教育学教授法講座の前任者である小西重直の研究を参照する意図があるという。(27) ただ、指摘されるように、木村は「原理に於て労作教育が優れた立場であり、且つ人間的存在に取って正当に具体的な立場であることは、明瞭であろう」と評価しながらも、実際にはその内実を極めて京都学派的に解釈し直している。「技術的表現的身体はまた歴史的身体に包み取られ、かくして労作教育の内容はまた歴史的生命の表現に結びついていなければならない」。木村はこのように述べて、小西のように手工的労作の純粋な作業性を道徳的な人格陶冶へ帰着させるのではなくて、「作ること」の現実的動作の技術性が「歴史的身体に包み取られ」、生命的次元から文化とその歴史性が耕し返される側面に光を当てるのである。

ドイツ新教育運動から流れる労作教育は、西洋の文化理想主義を汲み、文化を究極的には人間の道徳的価値実現の営みとする。この下では、文化的営みは一つひとつ定点的に捉えられ、その目的性は人間にとっての世界体系に位置付けられる。これに対して木村は、例の「賛天地之化育」の教育論に倣うかたちで、人為ならざる人智を超えた働きとの狭間に文化の営みを投げかけて、「技術的表現的身体」の歴史的社会的な変転をオープンエンドに見据える。

ここでの議論に特徴的なのは、技術的身体性が「人間的世界」「人間的主体」に閉じられず、むしろそれらを契機として無限展開する「歴史的生命の表現」に結ばれている点である。そのため木村は労作教育を、社会の合理主義的な枠組みに留めていない。そして、教材に取り組む労作性のなかで、身体の技術的表現が様々に「形成的自覚」され、その先に社会的な価値性や道徳性の内実が根本から改められて行く可能性を見通した。

単に手工的な作業性を通して社会性や道徳性を陶冶する狭義の労作教育ではなく、「手近な労作的仕事」を生身の身体性の素朴な諸契機に還元し、それらを再び自覚的統一して、しなやかな自己変容とともに社会の諸側面を創造的に作り変えて行けるような広義の労作教育が求められている。木村はこのように考え、何事かを作り現してみる試行錯誤やその挫折や失敗により「真に具体的に学ぶ」なかで、将来の個人的、種的社会的、類的生命的な在り方が真新しくなって行くことを展望した(28)。

ここで教材は、一定の教育内容を伝播する道具ではなく、様々な「生命の実現力」がそこから「形成的自覚」される技術的表現探究の契機として捉え直される。そのような道具を考案するには、限りなく広い「文化的環境」から教材が教材として引き出されてくる糸口と過程が鍵となる。そこで木村は、「教える者」の教材探究を「歴史的価値批判による選択と組織化」と言い表し詳しく記述する。

「教材形成の素材」の探究

一般的に、教材の内容となる技術や技能は、予め効果や用途が定められており、科学的実証的に再現可能で、多くは測定可能なものとして想定される。しかしながら、木村の教材論では、教材を通して育まれる技術や技能はすべて、教材に対する身体的行為的応答としての技術的表現と考えられている。以下は、後期教育学の教材論の一節である。

> 教材とは、本来表現的自覚性を本性とする生命を教育的に高め上げるための客体的な媒介にほかならない。それ故それは加工さるべき単なる素材ではなく、却って主体に対して表現的に呼びかけて来る汝的存在としての客体的なものであるのでなければならない(29)。

ここで教材は、技術的身体的な主体性に表現的に呼びかけ、主体性を引き出す客体的な「汝的存在」と言われる。それは教育環境を構成しながら、「本来表現的自覚性を本性とする生命」を「教育的に高め上げる」よう呼びかけるのである。そこで、教材を構成し配置する際にも、既存の文化からこの教材の呼びかけを聴き取り、効果的にその呼びかけが響くよう「選択と構成とに依って教材を成立せしめる」ことが鍵となる。

ただ、木村によれば、教材の選択や構成、組織化がめざすのは、「未熟なる者」としての「教えられる者」を、既存の意味や価値性に「適応」させることではない。教材の選択、構成、組織化に関しては、「教育活動」についての以下の記述が手がかりとなる。

教育活動は、過去に無限の伝統を負い未来に無限の創造を望みつつ、前者を後者のうちに媒介的に止揚しながら、かくの如き伝統即創造、創造即伝統の動的現在の立場から文化の根柢を主体的に育成するところにその特有なる文化的使命を有するのである。(30)

ここで木村が「教育活動」の時間性を、「伝統即創造、創造即伝統の動的現在」と記す点は意味深い。この「動的現在」とは、教材を介して「伝統的文化的環境」「文化的所産」が批判的選択、再構成、再組織化される瞬間である。ここで、「主体と客体、内と外、創造と伝統との間に、無限に旋回し進展する相互の限定関係が成立」すると木村は言う。つまり、教材を介して「主体と客体、内と外、創造と伝統」が無限旋回的に進展するというのが、「教えられる者と教える者」の関係性なのである。教育活動は、「過去に無限の伝統を負い未来に無限の創造を望みつつ」成り立つ。教材への取り組み以前の過去の伝統性と、取り組み以後の未来の創造性は、ダイナミックに連関するというのである。

この教材論から明らかなように、木村は「伝統的文化的環境」を固定的には捉えておらず、「表現的生命の客体的形成」のひと時のかたちに過ぎないと考えていた。したがってそこから引き出される教材もまた、その背後に無限の過去と未来を控えており、そもそも、含蓄される意味や価値性が一つに定まり得るものではないのである。このように木村教育学は、教育の「特有なる文化的使命」を、教材によって「文化の根柢を主体的に育成するところ」に見出した。

以上のように木村教育学は、望ましい「人間教育」を、教材を介した「歴史的発展性」を軸に構想した。よく工夫された教材においては、文化と教育が深く相互自己否定的に検討され、創造的に改められて行く。たとえ一枚の木の葉であっても、教材として選択、構成、組織化されるなかには、いずれかの程度そのような側面での批判的検討が含まれると木村は考えていた。

こうした意味で、木村は教材形成を、文化の「教材的自己形成」と捉えていた。教材はまさに「文化の根柢」であり、文化は「表現されたもの、作られたものとしての教材」を介し生まれ変わるというのである。こうして、教材が文化と教育の相互に価値転換的な創造的連関点として位置付けられて、〈文化－教育〉の循環的な枠組みが示される。ちなみに、木村において「文化」の範疇は、文化財としての歴史的遺産や芸術作品、伝統芸能に留まらず、人間の生活を取り囲む自然物から慣習、法律、政治制度、交通網など公共物や産業基盤に至るまで、実生活に関わるあらゆる領域に押し広げられている点には留意しておきたい。

第三節　「追形成」という教授法

間主体的で非直接的な影響関係

木村教育学は、「教えられる者」の「自己発展」「自己開発」が、「教える者」による「他人の助力」と交わるところに、「文化の根柢」つまりは〈文化－教育〉の創造的連関点としての教材を介在させた。そして、教材への取り組みにより、教育が文化を根本的に培い耕し直す側面を重視した。この見方の下、教育の目標（目的）は、既存の意味や価値性に囚われず、教材一つからでも多様な文化形成の主体性を育み得る側面に主眼が置かれることになる。そこで今度は、その技術性について考察しておきたい。

ここでは教育の技術性もまた、教授法の問題として「教材の運用の一点」にかかってくる。「主体が主体に直接影響しうるとは考ええない。しかも主体は影響されえなければならないのである」[31]。この一節は、木村教育学の考え方を最もよく示している。「教えられる者と教える者」は、それぞれの「個的主体」としては、直接には他者に影響を及ぼすことがない。しかしまた、主体性は他の主体性からの影響関係なしには成り立ち得ない。何らかの意味や価値性を与えることでしか他者の自律的な主体性を育み得ないという、教育をめぐる他律と自律のパラドックスがここに浮き彫りとなる。

〈文化 - 教育〉の創造的転換点としての教材論は、教育の営みに付随するこの矛盾を積極的に原理化した。教育の関係性を、物質的なものに限らず些細な言動をも含めて、必ず何らかの広い意味での教材を介した関係性と捉えてみる。そして、その教材への取り組みを、多元的な伝統的過去と無限の未来可能性が旋回する、間主体的で非直接的な影響関係として捉え直してみるのである。

教材は、「教えられる者」に実際に取り組まれる寸前までは、教材を形成する「教える者」の側の「歴史的価値批判」が込められた、「教材への素材」「教材の材料」であると木村は言う。「教える者」の教材への関わりは、あくまで素材や材料の選択、構成、組織化に留め置かれているのである。

「教材への素材」「教材の材料」は、実際の取り組みで「教えられる者」が投げかけられた意味や価値性に対して新たな印象や解釈を生み、批判的検討し、再吟味を加えるなか、はじめて教材となる。その側面は、教材を介する世界の「否定的自己限定」と言い表される。それは、「文化は自己自身のうちに、自己をその底から養うものをもつ」ということでもある。「教える者」は、文化の価値転換の可能性や世界の変容可能性を最大限に見取り、それを「教材への素材」「教材の材料」に留めたままに「教えられる者」に引き渡す。そして、「教材への素材」「教材の材料」は、「教えられる者」の取り組みによって教材となり、そこで文化は根本から培い上げられるというのである。

そこで、このように「教材への素材」「教材の材料」を引き渡す技術のことを、木村が「追形成」と呼び、教授法として示し出している点に注目してみよう。

教材を介する「間主体的な互の生命内容の伝達」

木村教育学は以上のように、教材論の下に「教えられる者と教える者」の間主体的で非直接的な影響関係を示し出し、教育目標（目的）と教育の技術性に関し特有の見方を示した。そうした理解の下、「主体はおのずから創造性に富むものへと陶冶されなければならない」と木村は言う(32)。

そのうえで木村は、教材の教授法は、性別、年齢、個性、教材の特性などより多岐にわたることを断りつつも、以下の「追形成」という教授法を基本的には一貫させる。

教材が真に教育の媒介として運用されるということは、これを単に作られたものとしてのそれの意味の理解に資するということではなく、作ることとそのことの相においてこれを学ばしめるということであるのでなければならない。形成されたものが具体的であるのではなくて、かかるものを形成することそのことが真に具体的であり、そこに歴史的存在としての真に具体的な人間があるのである。人間を陶冶するということは、それが具体的であるべきかぎり、形成することにおいて陶冶するほかに道がないはずである、その時真にものごとが内奥から学び取られ、主体はこれによって、単に事柄の皮相を理解するのではなく、みずからの主体的な力を涵養することができるのである。体験に対して追体験という言葉が成立するように、今、形成に対して追形成という言葉を用いることが許されるとすれば、教授法の根本的に原理的な立場は恰もここに与えられるのでなければならない(33)。

ここで示されるように、「追形成」とは、教材をすでに「作られたもの」として客観的固定的に理解させるのではなく、「作ることそのことの相においてこれを学ばしめ」、「形成することにおいて陶冶する」教授法である。「追形成」は、決して教材の表層的理解に終らない。なぜならこの教授法は、ある事柄が「教材への素材」「教材の材料」として示し出されてくる過程を、「形成することそのこと」の作業性を通して追体験的に辿り直す方法論だからである。教材を追体験的に形成して作ることは、歴史的社会的に先人がその事柄や事物といかに関わってきたを体得することにつながる。

そこで、「教えられる者」の身体性は、最も身近な先人である「教える者」の考え方や所作、身構え、身振りを通して、教材の素材や材料に潜り込む。「ものごとが内奥から学び取られ」るとは、こうして「教えられる者」が、教材とされる事柄や事物の文化的背景と深く対話することを意味する。そのなかで「教えられる者」は、「教える者」が辿った教材への素材、材料の探究を、自身の身体性をもって探り直し、またさらに、一人ひとりのやり方でその感触から「みずからの主体的な力を涵養する」契機を紡ぎ出す。

ここで注目されるのは、「自己が自己を知るためには却って内ならぬ外へ出なければならない」という、私たちの「迂回的自覚者」としての存在構造である。「自己が自己にとって具体的に表現的となるということは同時に他の人々に対しても自己が表現的になるということにほかならない。公共の世界へ出るほかに我々は真に具体的に我々自身を知るすべはないのである」[34]。「追形成」という教授法の鍵は、教育の現場で数々の表現的な活動や試行錯誤が「公共の世界」を迂回するところに見出されるのである。

「作ること」「形成すること」を通して自己が「公共の世界」に露呈するところでは、必ず主体性同士の遭遇と交渉が起こる。ただその折衝面で、「間主体的な互の生命内容の伝達」が生じると木村は言う。教材を「追形成」して自らを「形成することにおいて陶冶する」というのは、「公共の世界」を経るところの間主体的な関わりのなかで、互いの「生命内容」を伝え合うなか、自分自身を知ることなのである。このように考えてみると、「生命内容」とはつまり、身体的行為的な取り組みのなか、自身が何を見究めようとしているのかということに深く関わると言える。とにかく何かを応答したり試してみたりしようとしてみることが、即座に他者に対しても「自己が表現的になる」ことにつながり、そこから自分自身が見えてくる。その意味では、学校や教室など限られた場所で、「作ること」「形成すること」の表現的な折衝面を交わらせ、それぞれが物事を内奥から学び取って行く有様を共有することは、それだけで深い「追形成」のきっかけとなり得る。

個別教授か一斉教授にかかわらず、「追形成」の教授法で重要なのは、次の三点にまとめられる。第一に「教える者」自身が教材の素材や材料を探る際の「作ること」「形成すること」の身体性や作業性を活かすこと。そして第二に、「追形成」が生じる教育現場の公共性で直面される、間主体的な「遭遇」「交渉」「伝達」に関心を注ぎ、活動を通した内と外、自己と他者、主体と客体の再発見を注意深く見据え共有すること。そして第三に、「追形成」の出来事性を多角的に捉え、一人ひとりがそこから何か「主体的な力を涵養する」余地を保ちながら「自覚的開発性」「自覚的発展」を引き出すこと。

以上、木村の教材論の要点を押さえたうえで、国民教育論における教材論の変質と、一貫して重視された事柄を確かめておきたい。

第四節　「芸術的名手」としての教師

国民教育論と教材論

教材論は次第に国民教育論に取り込まれ、国家論的な色合いを帯びてくる。最も顕著な変化は、文化的環境が、「客観的に表現され形成された文化的所産」として固定的に捉えられるようになり、それがすでに在るということの既存性、伝統性が強調されて「客観精神的存在」と呼ばれる点である。また、環境の「共通性、公共的所与性」が表立ち、「教えられる者と教える者」の教材を介した関わり合いも、この制約の下に回収されるようになる。そうして

「人間教育」は、文化的環境の「客観的実質的な表現面」や文化的所産の「客観精神」を尊重し、それを教え諭す営みとして描き直されて行く。

以下の引用に読み取れるのは、教材論が次第に「国定の教科書編纂や教科用書指定」との兼ね合いで、国家主義的な色合いを増す側面である。

…前略…教材を媒介として子弟が教育されると云うことは、国家的形成の具体的意志が、その本質的普遍的性格に於て、未熟な個々の自覚的個体に臨みそしてこれを自己のうちに摂取して行くことを意味する。ここに国家的形成の具体的意志と云うのは、単に国家的生命の実現としてのではなく、一層具体的に国家的生命の実現としての文化への意志を意味する。このような具体的意志の普遍性のうちに、その自覚的実現点として、今のところ尚不確実な未熟的個体を高め揚げ摂取することの客観的媒介となるものが即ち教材なのである。(35)

これは、『国家に於ける文化と教育』終盤に展開される教材論である。ここでは、それまでの論考では「表現的生命」と記されていた類的生命的な位相が「国家的生命」と語り直されて、教材論が国民教育論に集約されている。教材はここで、「今のところ尚不確実な未熟的個体を高め揚げ摂取することの客観的媒介」と定義される。ここには、「過去に無限の伝統を負い未来に無限の創造を望みつつ」という当初の開放的な教材論は見られない。

ただ、ここに至ってもやはり木村は、「国家的形成の具体的意志」について、「単に国家的生命の実現としてのではなく、一層具体的に国家的生命の実現としての文化への意志を意味する」と述べる。ここからは、木村がなお国家形成を、あくまで文化一般のための手段的な位置に置いていることが分かる。

また引用からは、木村の国民教育論が、「子弟」と「国家の教育的意志」との間になお教材を介在させることで、注意深く国家統制に対抗しようとしていたことがうかがえる。たとえば、「国家的形成の具体的意志」が「本質的普遍的性格」において個人の未熟性や不確実性を「摂取」するという件では、「教師はかくして国家の教育的意志の現実的自覚点をなす」という側面を強調する。ここに読み取れるのは、「国家的教育意志」が、最も具体的には、その「自覚的尖端」としての教師を通してのみ働く点を照らし出す意図である。そして続けて、教師にとっては「教材はまた単に教科書或はその他として与えられて来るのみならず、彼自身また不断に教材の形成者でなければならない」と述べ、先述の教材の素材や材料の探究、そしてその教授法「追形成」の重要性をここでも示唆する。

後期の国民教育論の下に展開された教材論は、元々の教材論が「伝統即創造、創造即伝統の動的現在の立場」に立ち、教材を軸に無限に旋回する過去と未来の広がりを重視していたのに比べ、伝統的過去の客観性に重きを置くようになった。ここで教材は一面として、文化的環境の「客観的実質的な表現面」を伝達するための道具となり、教育の関係性は、環境の「共通性や公共的所与性」に規定された。しかし木村はなお、子どもたちが無機質的で画一的な原理によって「国家的教育意志」に摂取されるのではなく、「教えられる者と教える者」という連関において「教材を媒介としてかかる人格につながること」により育まれて行く点を強調した。ここには、教育の営みに子どもたち自身による教材の「追形成」と、教材を形成的に追究し続ける教師という二重の形成作用を挟み、社会を強く規定する全体主義的な統制力に抗する意図がうかがえる。

「国家的生命」を育む教材

後期の国民教育論は、「よき教師の理念」「優れた教師の範例」を以下のように示し出す。

目的即手段である彼のこの本性は、内に深く国家的生命の本義に徹しそしてこの自覚の具体的展開のために無礙自在に教材を運用する教育的実践に於て、生々溌剌たる具体的な自己展開に現われる。このとき彼は単なる手段性をみずからの内面の底に止揚的に脱却した動的具体的な自己目的的存在として、一切の技術的手段的発動をその内面から創造的に発展せしめる一個の芸術的名手でなければならないであろう。よき教師の理念、優れた教師の範型がここに見られる。(36)

ここでは理想的な教師像が、「国家的教育意志」の「目的即手段」として、「無礙自在に教材を運用する」存在として示される。「国家的生命の本義」という言葉は、『国体の本義』(一九三七年)(37)を彷彿とさせるが、ここでも「本義」は絶対的普遍的概念として固定化されておらず、世界的に文化が流動する類的生命的な位相につなぎとめられている。このように国家論を生命論に重ねて展開する工夫は、木村教育学の体系が素描された論文「国民教育の根本問題」(一九四〇年)のなかですでに示されている。木村はここで「世界史的国民——それが真に絶対的存在なのである」と述べ、「世界史的活動」に拓かれた国民教育論を構想していた。(38)「国家的生命の本義」とはこのような意味で、未だかつて現れていない可能性の領域も含み入れ、世界史的国民が異文化交流を交わして行くための国家形成を示唆する言葉と解される。

つまり教師は、世界史的な文化交流に赴く「世界史的国民性」の種を一人ひとり異なる技術的身体から見出し、その芽生えを育むために教材への素材、材料を準備する。教師は、新しい意味や価値性の生成をつねに予感しながら「追形成」を仕掛ける「一個の芸術的名手」なのである。

このように木村の国民教育論は、教師を教材の不断の形成者と捉えた。教師は、「国家的教育意志」の単なる手段ではなく「目的即手段」であり、さらに言えば「自己目的的存在」である。というのも、教師は教材形成により国民文化の「世界史的個性」を与り、教材の「追形成」を通して文化の具体的展開を子どもたちに預け渡す役割を担うからだ。国民教育論に接続された教材論は、語り方のうえではそれまでの教材論よりもやや枯渇した印象を与える。しかし、基本的枠組みは変わらず、教材は〈国民文化 - 国民教育〉の相互自己否定的な転換点として重視されている。

第五節　教育内容とその課題性

四つの教科領域──〈主、客、技術、身体〉の重層的交錯

本章の最後に、教材論と「追形成」の教授法を軸とする木村の教育原理が、具体的な教育内容をいかに構想したのかを概観しておきたい。木村教育学は内容的には、素朴とも言える「科学的精神」への信頼に貫かれていた[39]。ただ、後述するように、木村は科学教育を重視する一方で、「野性的ともいうべきような原始的な力」と記される興味深い身体知にも言及している。

まず、木村が「形成的な表現的自覚者」としての「人間的存在」を、「主体と客体と身体と技術」という四契機で把握する点に注目しよう。そして、その四契機に相応させるかたちで、国民教育を四つの教科領域から構想するのである[40]。参照するのは、『国民教育の根本問題』（一九四一年）の後半部分である。

第一に、「主体」を育む教科は、修身、地理、歴史、国語から成る国民科である。これらは一言で言えば、「国土や風土」の自然と歴史性の結び付きを探る教科である。木村はとりわけ後三教科を重視する。そして、「国家的生命」「国民的生命」を育むには「歴史的生活」を耕す必要があると説いた。この領域の学びを深めるには、自身の立場と同様、「他の国々の言葉や地理や歴史に就いて学ぶ」ことを忘れてはならない。ここには、「国民そのものが本来単独絶対的な存在として成立するものでなく、その本質に於いて世界史的国民」であるという国民教育論が反映されている。「自国の文化全体の真実の理解」のためには、自国の国民文化を相対化し、多様な国民文化が並行して「世界史的性格」の下に営まれていることを、実生活のなかで感じ取ることが必須だ。このように木村は考えていた。

第二に、「客体」に応じる教科は理数科である。木村によると、理数科は生物学的に無力な人間が「一つの生物として生きる」ため不可欠な領域である。というのも、「表現的性格」を特性とする生き物としての人間が「自己を表

現し形成して行く」ためには、彼方もまた「表現面」として呼応してくる客体について、十分な認識が必要になるためである。日常的な経験を科学的に省察し観察し、自然法則を認識することで、自然を利用して「人間的生命」の発展可能性を高めることは重要である。さらに、経験の省察と観察を数学的思考と緊密に結ぶことは、より確実な自然の法則的認識を得ることにつながり、幅広い応用科学の道を開く。人間が生物として力強く発展するには、理数科が不可欠な基礎となる。

第三に、「技術」を育む教科は芸能科である。木村はまずこれらを広く、環境へ巧みに身を処して行くための教科と捉える。そして、技術一般のことを、先述の理数科的な自然研究に、目的概念が組織的に組み合わされた領域と捉えた。技術の領域は「日常の手先きの技術から一国を治める政治技術にまで」、非常に広範囲で想定されている。技術は、手工業から重工業及び精密工業の発展以降、産業の在り方に直結しており、実用的な技術が有用性を拡大する側面のみを重視して開発されてきた。そのため、この領域は自然環境の破壊や社会倫理の歪みなど、人間疎外を生み出してしまうおそれがある。木村はこの重大な問題点を実業科と絡めて示唆しながら、詳述を控えているように見える。そして芸能科について、「本来表現的存在」である人間にとって特別な意味を持つと述べる。手工・裁縫など実業科の技術が、社会生活に資する全体的有用性の一局面に向かうのに対し、音楽・絵画など芸能科の技術は、その営み自体が「表現的生命に不可欠」という意味での本質的な有用性と、ただ「技術そのものを楽しみその実現を愛する」という有用性を超えた自己充足的側面の二つの顔を持つ。芸能科の技術に関しては、後者の有用性を超えた領域が、「人間に特有なる生命の一領域」に関わるものとしてとりわけ重要であると木村は考える。

そして第四の教科領域は、「身体」を育む体錬科である。身体は、「形成的表現的存在としての人間にとって不可欠なる実在的原理」である。一切の「精神的要求」や「歴史的活動」、また広範な技術のすべては、身体がそれに適うことによりはじめて可能となる。そこで、身体を「強健」にする鍛錬が大切だと木村は言う(41)。しかし、この体錬科の具体的方法については詳細に述べられない。以上が、教育内容に関する主な議論である。なお、実業科については、

「世界史的国民の一員」としての自覚の下、「職命」「職分」に「徹入」するという方向性が簡潔に示される。

ただここでは、木村が「主体と客体と技術と身体」のための四つの教科領域を、最終的には「統一的な相互媒介的連関」の下に捉え、それぞれの領域が交錯する重層性のなかで、「科学を生み出す力」としての「科学的精神」の育成を論じる点に注目しておきたい。木村によれば科学的精神は、科学が何らかの目的を生み新しい技術を発明する過程で、「科学から技術へ」そして「技術から身体へ」という一連の流れのなか磨かれる。ここから、木村が重視する科学教育は、単なる「理数科」の延長ではなく、四領域を貫いて構想されていることが分かる。なかでも重視されるのは、技術性と身体性の往還的な結び付きである。科学は「文化的主体に於いてその底から力強くこれを支え養い、いわば文化的主体をして長命せしめる根源的なもの」に支えられてはじめて可能になるというのである。「それは生命の何か野性的ともいうべきような原始的な力ではないでしょうか。こういうものは併し身体的な力と深く本質的に結びついているもののように思われるのであります[42]。」

木村は四つの教科領域――「歴史的生活」を耕す国民科、「一つの生物として生きる」ための理数科、社会的環境への技術的な身の処し方に関する芸能科（と実業科）、他三領域の具体的実現に適う身体を鍛錬する体錬科――を相互媒介的に捉えた。そして、その連関を「生命の何か野性的ともいうべきような原始的な力」として掴んだのである。この力は「身体的な力」と深く結び付いているという。ただ、この野性的で原始的な身体性は、体錬科が鍛えるような、健康で丈夫な肉体としての身体性ではなく、それも含めてより包括的なものである。それは、「文化的主体をして長命せしめる根源的なもの」と言われるように、私たちの生活の歴史的側面、生物的側面、社会的側面、そして物的質料的な側面を通底する、各領域の相互浸透力とでも言うようなものと考えられる。このような身体力が、「科学的精神」を底から支えるというのである。

体錬科的な身体性は、体力訓練や各種運動によって育むことができる。では、「文化的主体をして長命せしめる」野性的原始的な身体力とはどのように培われるのだろうか。木村はここで明確には述べていない。ここでは、本書が

「表現愛」の人間学として描出する身体論の系譜と、〈文化－教育〉の相互自己否定的な創造的転換点に浮かび上がる教材論の枠組みが、この身体力に関連することを示唆するに留めたい。

ただ見通しを述べると、ここで木村が国民教育論の教科内容を総括するなかに示す野性的原始的な身体力は、四領域に区分される教育内容がもれなく傾斜しがちな、対環境的、対社会的な人間中心主義と目的集約的な姿勢を打開する力ではないかと思われる。木村はここで教科領域を四区分で捉えたが、領域ごとの固定的な意味や価値性に絡め取られがちな技術的身体性を、最後の野性的原始的な身体力への示唆により脱領域的に解放しているように読み取れる。この領域横断的な身体力は、一つの領域では明確な意味や価値性の下に把握される事柄が、他の領域からすると見通しのつかない成り行きにもつながり得ることを洞察する。あるいは、積極的な意味ではそれは、自身のうちに芽生えつつある領域未定の文化的な可能性を、よくわからない未定さのままに育んでおく土壌となり得る。木村が表向き重視した「科学的精神」というものが、「科学から技術へ」そして「技術から身体へ」という流れで考察されることから、この身体力に注がれていた関心の大きさがうかがえる。

「政治と教育」の連関——最も差し迫る教材探究の領域

木村教育学は、教育内容に関し、さらに「政治と教育」の問題圏にもかなり踏み込んで思索している。この点については、『国家に於ける文化と教育』第五章第六節と、論文「教材——教育と政治との連関に関する一断面」（一九四二年）[43]が手がかりとなる。

当時、木村教育学の制作論的側面は、哲学に立脚して社会的実践の原理を深く掘り下げる側面が、吉田熊次（一八七四～一九六四）らに高く評価されていた[44]。吉田は日本諸学振興委員会[45]の常任委員として教育学会を統括する立場にあり、規範的な制作論を元に国民道徳論を唱えていた。木村は一九四〇年から一九四三年にかけ教育学会の臨時委員に選出され、一九四四年には専門委員を務めた。このような流れのなか、木村は教育と政治の連関に着目し、その原理的な相違を活かして両者が積極的に関わり合う意義を指摘した。

木村によると、教育はあくまで「未来を準備」する営みである。その意味で、「教育に於てはその現在は未来に奪取されている」。教育の大枠の目的は、「未来に於て国家を担う者を育成すること」だと木村は言う。「たといその未来が一刻のさきに迫っているにしても、未来はやはり未来である。事教育に関する限り、それは将に来らんとする一刻のさきに備えているのである」。木村はこのように述べ、教育の営みの特性として「未限定性」「未知性」「遷延」「不急性」を挙げる。曖昧さのうちに留まる、引き延ばす、遅れる、急がない、これらの特性のために、教育にはどこまでも「融通の可能性」が伴う。[46]

一方、政治は「常に現在に関係」する。政治においては教育とは逆に、「現在が未来を奪取」している。政治は、国内外の世界史的現状に直接に発動する営みである。世界史的現状は、政治的主体性にとって回避を許さずつねに緊迫している。未来を慮り未来に備えない政治はあり得ない。しかしながら政治においては、未来はすでに何らかの意味において「不可回避的な現状のうちへ侵入」している。したがって、政治は「逼迫性」「回避」「遷延」のし得なさに特徴付けられる。[47] 教育に見出される諸特性は、政治には一切入り込む余地がない。以上のように、教育と政治はともに「国家的生命」を全体的に統一的発展させる営みでありながら、特性はまさに正反対なのである。

両者の原理的な相違を確認したところで、木村は「両者のこの区別は重大時局に於ては一層の鮮明さを以て感受されて来る」と述べ時局に言及する。非常時には、両者の原理的な連関が「調子を破って激化」され、唐突さを以て迫って来るというのである。そうして現実化してくるのは、教育の領域を政治原理が侵食する、「教育の政治化」という事態である。それは、政治と教育の連関において政治原理が膨張し、むしろ政治が教育のなかに自身を反映させ、教育を規定し指導する状態を指す。木村によればこの「教育の政治化」は、決して時局的なものではなく、いつの時代どこの社会にも起こり得る事柄である。

しかしまた他方、逆転的な事柄として「政治の教育化」ということも想定される。「よき政治の根柢にはそれ故よき教育が働いている」。「政治の教育化」とは、倫理性への確かな志向の下、政治の担い手としての政治的主体性が育まれることを意味する。

このように見通したうえで、木村は「教育と政治とはこのように、教育の政治化と政治の教育化との互に他の連関を基礎づけ合い媒介し合う永遠の循環性に於て、歴史的時間のうちを発展して行く」と述べる。要するに後期教育学は、教育と政治が互いに対抗馬として異原理を働きつつ、「永遠の循環性」を成すことを重視したのである。そして、その試金石として、両者がともに「旋回的発展性」を遂げられているか否かという、先述の教材論に通じる見解を示す。

そもそも教育と政治には、国民の活動が世界史的文脈で多様な方向へ実現され得るよう国家の「世界史的個性」を深めるという、共通の課題性があるはずだ。しかしながら、ともすれば政治は、思想言論ほか文化一般を統制的に画一化し、「世界史的内外の現実的連関」を分断する。そして、世界史的現実を対象分析的に切り取り、自明な限りの把握をもって自己拡張的に働きがちになる。そのようになると、「国家的生命の発展を、その主体性の底から護持し養う」という教育の役割は、政治の大局的で緊迫性の高い現実把握により覆い尽くされ、政治原理に呑み込まれてしまうだろう。木村はこのことを危惧し、政治と教育の連関が政治原理に傾斜している現状を鑑み、教育原理をあえて学校教育に限らず、社会全体に押し拡げるかたちで議論を展開した。

教育とは、曖昧さのうちに留まる、引き延ばす、遅れる、急がない、融通がきくといった特性の下、「現在にありながら常に未来に対して具体的な手をさしのべている」作用である。この作用が社会全体に広がり、「社会が人を教え、世の中が人を育てる」ということが生活の節々で見出され、もっと歓迎されもよいのではないか。職業的な教師のみならず、すべての人々が広い意味での教育作用を働き、「随時随処に教え教えられる関係に立つ」関係性がより一般的になると、社会は劇的に変わるだろう。そうすると社会全体に行き交う教育原理が拡張気味の政治原理を押し返し、「政治の教育化」の引き金となるという社会構想である。そのとき政治は、特定の「政治人」に限らず「国民の一切に依って分担」されると木村は言う。

政治は、教育をはじめ、芸術、学問、宗教、道徳など、他の一切の文化的営みに圧倒的な影響力を持つ。ただ木村は、だからと言って政治を「非文化的」として文化と対立的に捉えることは正当ではないと言う。特性や役割の違いはあるものの、政治の営みは「文化そのものに於ける質の相違」に過ぎないのであり、教育その他すべての文化と同等の意義を持つ(48)。そこで、「文化の根柢を培う」文化である教育は、積極的に政治に関わるべきだと木村は考えた。そうすることにより政治は、「国民的生命の自覚的自己形成的な全体的統一の仕事」、つまりは、国民一人ひとりの生活に関わり一人ひとりが作り上げる実地の活動として、軌道に乗ることができるだろう。木村はこのように述べ、政治と教育が相互に「抗争と緊張」を介して関わり、循環的に発展すべきだと指摘した。

教材を配する「分化」の原理

木村によれば、望ましい教材配分の規範、標準は、研ぎ澄まされた「歴史的現実の意識」「時代の文化的良心(49)」と言い表される。そうした時代の良心に関わる原理として、後年の著作ほど頻出するようになる用語が「分化」である。たとえば、「生命は分化を通して初めて内容に充実した統一を形成する」と木村は言う(50)。ここで生命内容の統一原理が「分化」というのは矛盾しているように聞こえるが、これは換言すれば政治原理で言うところの権力分立の議論を指す。ただ、国家運営に限らず、社会一般の「主体的組織的連関」を「分ち持つ」動きのことを木村は広く「分化」と呼んでいるのである。

『国家に於ける文化と教育』の国民教育論は、この「分化」に関する記述で閉じられている。終盤での「分化」の議論は、もはや政治の文脈には宛てられず、職業教育の原理として語られている。木村は、年齢が上がるにつれて、教育は「分化的発展」を促進し、「職分的組織」に応じて展開されることが大切だと述べる。つまり、政治に限らずすべての文化領域が、その時々の「歴史的現実の意識」「時代の文化的良心」に耳を澄まし、必要に応じて「分化」

しつつ後進を育てることで、社会的実践がより実情に合ったかたちに変化変容して行くだろうという見通しである。

木村の職業教育論はフィヒテ哲学の議論を継承しており、詳細については第七章で改めて述べる。ここでは、教材論に「分化」原理を添えることで、木村教育学における優れた教材が、そこから無数の分化的発展が可能な、様々な切り口と多くの襞を持つ教材と考えられていたことに留意しておきたい。

木村の教材論は、後期の国民教育論に至ってもなお、教育原理と政治原理を相互連関させ、政治を含む文化の絶えざる転換必要性を示唆した。というよりも、文化は本来そのように転換して行くものだと考えていた。「分化」原理により、教材の意味解釈や教材が育むものの多様性を積極的に論じ、職業生活や進路選択の細分化を示唆するなど、当時としてはかなり画期的な議論である。木村教育学は、迫り来る世界情勢が強く教材に反映されるようになるなか、その意味や価値性を画一的に教え込むのではなく、むしろ国家や国民性の「分化的発展的方向」を示唆する教育学であった。

註

(1)「形成的自覚」は木村教育学のキーワードである（矢野智司「近代日本教育学史における発達と自覚」『近代教育フォーラム』第二二号、教育思想史学会、二〇一三年、一〇六頁）。後期教育学は、教育の営みを「形成的自覚の徹底」と捉え、身体を「世界史的国家の技術的契機」として育むことを主な課題とした（木村素衞『国家に於ける文化と教育』岩波書店、一九四六年、一二四、三七一頁）。

(2) ここでは、『教育と人間』（一九四八年）に所収されている版を参照。高坂正顕の「あと書」によると、執筆時期は一九三六年から一九三七年の間頃とされる。

(3) 大西正倫『表現的生命の教育哲学——木村素衞の教育思想』昭和堂、二〇一一年、三〇七〜三〇八頁。

(4) 高坂による仮題を付け『教育と人間』に所収された遺稿。

(5)『形成的自覚』序文によると、この論文集は『表現愛』（一九三九年）以降「折にふれて作られたいわばトルソや部分的な小型試作の集り」である（木村素衛『形成的自覚』弘文堂書房、一九四一年、三頁）。論文「文化の本質と教育の本質」は、元は一九三九年一一月一日京都哲学会秋季大会講演の原稿である。

(6)　一九四二年度教育学教授法講座普通講義の小田武氏による記録で、没後出版のため本人の校閲は経ていない。

(7)　大西正倫によると、教育学論考としては第二章「人類文化の立場に於ける教育」第一節「〈教育学〉の分析」と第二節「教育学の成立の立場」がとりわけ重要である。所収論文の執筆時期については、序文に「昭和十六年の春から十九年の春」と記されている。

(8)　木村素衛『教育と人間』弘文堂、一九四八年、一五頁。

(9)　木村素衛『形成的自覚』弘文堂書房、一九四一年、四二、四四頁。

(10)　この大枠は、学位論文第七章の時点ですでに表されている。ここで木村は、フィヒテ哲学における「実践的自覚存在の原理的構造の闡明《せんめい》」により、教育哲学の基礎を探る（木村素衛『教育と人間』弘文堂、一九四八年、一一三頁）。

(11)　木村素衛『国家に於ける文化と教育』岩波書店、一九四六年、一二四頁。矢野智司は、論文「教育学について」は「西田自身の教育事象と教育学の理解の狭さ」ゆえに後期西田哲学の生命哲学を十分に反映できておらず、不十分な議論に留まっていると指摘する（矢野智司『幼児理解の現象学――メディアが開く子どもの生命世界』萌文書林、二〇一四年、六〇頁）。本章では、この不十分さへの木村教育学の応答を読み解いてみたい。

(12)　木村素衛『形成的自覚』弘文堂書房、一九四一年、五一頁。

(13)　木村素衛『表現愛』こぶし書房、一九九七年、一七頁。傍点は著者による。

(14)　大西前掲書、一〇七頁。西村拓生「京都学派における美と教育――木村素衛の表現論に即して」今井康雄編『美的なもの」の教育的影響に関する理論的・文化比較的研究』平成一四〜一六年度科学研究費補助金・基盤研究（B）（一）研究成果報告書、東京大学大学院教育学研究科、二〇〇五年、七六頁。

(15)　山田真由美は、木村教育学における「表現＝形成」という理解に対して疑問を呈し、とりわけ「形成」概念に着目する。それによると、「形成」概念は「伝統と創造」との弁証法的転換点に宛てられており、「歴史性」を理論化するための術語であるという。木村の前期思想では、「形成性」や「形成作用」は歴史性への視座とともに未だ明確にテーマ化されていない。山田の指摘によると、木村が「形成」概念を論じたのは論文「表現愛」第一部「身体と精神」においてであり、そこで思索は「伝統と創造」に関する歴史的時間性の視点を獲得した。その点で「表現の弁証法」は、過去と未来、伝統と創造との媒介点を「形成」概念によって導入し、深化されたと指摘される（山田真由美「木村素衞の教育思想における形成と歴史――形成概念の歴史性に着目して」『哲学』第一三六号、三田哲学会、二〇一六年、一〇二頁）。

(16) 木村素衞『形成的自覚』弘文堂書房、一九四一年、四五頁。

(17) 木村教育学は、日本の教育学にBildungの概念を導入し、人間の相互変容を視野に入れて人間形成論や陶冶論を提起した端緒として注目されている（山名淳・藤井佳世「現代において人間形成（ビルドゥング）に向き合うことは何を意味するか」L．ヴィガー・山名淳・藤井佳世編『人間形成と承認――教育哲学の新たな展開』北大路書房、二〇一四年、一〇頁）。ドイツ教育学のBildung概念は、フンボルト（Friedrich Wilhelm von Humboldt：一七六七～一八三五）の一般的人間陶冶論が典型とされてきたが、源流は一六世紀神秘主義における「神の似姿」としての自己完成論、あるいは言葉としてはエックハルト（Meister Eckhart：一二六〇頃～一三二八）にまで辿られる。一八世紀後半には、近代啓蒙主義の下で神学的意味が否定され、「教育Erziehung」の下位概念として直観など認識能力の形成や開発の意味を担い、自己活動による自己発達の概念として広く用いられるようになった（教育思想史学会編『教育思想事典』勁草書房、二〇〇〇年、五八四～五八五頁）。

(18) 木村素衞『教育と人間』弘文堂、一九四八年、一二五頁。

(19) 京都学派の「自覚」概念については、第三章註（3）及び第四章第三節も参照。

(20) 木村素衞『形成的自覚』弘文堂書房、一九四一年、四八頁。ただし、第一章第二節で述べたように、木村がここで弁証法と呼ぶものは、連続的な「合理主義的弁証法」ではなく、根本的な非連続性を介する「表現の弁証法（表現的弁証法）」である点には注意が必要である。

(21) ただし大西は、木村の教材論があらゆる教育的環境を「汝的外」として、そこに広義の「制作作用の弁証法」を読み取ることで、「ほかならぬ当人にとってこそ」の自己陶冶を掴む点については積極的に評価する（大西前掲書、三一一、三二三～三二九頁）。

(22) 大西前掲書、九頁。西村前掲書、八三頁。

(23) 木村前掲書、四八頁。
(24) 同上書、一七九～一八一頁。
(25) 木村素衞『教育と人間』弘文堂、一九四八年、一七五～一七六頁。
(26) 教育方法論として、「注入教育」「直観教育」「開発教育」を比較的に検討し、自身の立場に近いものとして「労作教育」の意義について述べ、「作ることに於て」学ぶ「追形成」の教授法を示し出す議論は、『国家に於ける文化と教育』まで一貫される（大西前掲書、三三三頁・木村素衞『国家に於ける文化と教育』岩波書店、一九四六年、一六二～一六五頁）。
(27) 労作教育とは、一九世紀末頃まで一般的であった書物を通した注入教育への反動として生じた、ドイツ新教育運動の一つの流れである。ケルシェンシュタイナー（Georg Kerschensteiner：一八五四～一九三二）の労作学校の実践が代表的であり、ケルシェンシュタイナーの教育思想と実践を紹介する論考は、明治三〇年代の半ば頃より日本の教育学界に頻出するようになった。なかでも小西重直の『労作教育』（一九三〇年）は、当時多くの教育関係者に読まれた。小西の労作教育論は、手工的労作を軸とした全身体的な作業性を尊重し、社会生活での実用性をある程度重視するかたちで、作業を通した道徳的人格形成に軸足を置くものであった（北野裕通「京都哲学と労作教育――片岡仁志・小西重直・西田幾多郎」『相愛大学研究論集』第二二巻、相愛大学、二〇〇六年、七四～七五頁）。また、小西は「労作教育は遊戯に初まり、作業に及び、次いで労作固有の領域に移るべきである」と述べ、労作が教育的意味を持つには、それが自発的活動であることが大切だと述べている（小西重直『労作教育』玉川学園出版部、一九三〇年、一四五～一四六頁）。
(28) 木村素衞『形成的自覚』弘文堂書房、一九四一年、五九頁。
(29) 木村素衞『国家に於ける文化と教育』岩波書店、一九四六年、一一五頁。
(30) 同上書、一一七頁。
(31) 木村素衞『形成的自覚』弘文堂書房、一九四一年、五三頁。
(32) 同上書、六〇頁。
(33) 同上書、五八～五九頁。
(34) 同上書、五四頁。

(35) 木村素衞『国家に於ける文化と教育』岩波書店、一九四六年、三八〇頁。
(36) 同上書、三八一頁。
(37) 二度にわたる「国体明徴に関する政府声明（国体明徴声明）」（一九三五年）で、天皇機関説が完全に退けられ、天皇主権の統治体制が「帝国臣民の絶対不動の信念」としての「国体の本義」と明記された。それを受け、文部省が当時の学識者とともに編纂し、全国の教育機関に配布したのが『国体の本義』である。米原謙によると、「国体」概念は一八五三年のペリー来航以降急速に広まった。元々は近世の儒学者や国学者が諸外国に向けて公文書に記した用語である。背景には、列強による開国強制やキリスト教文化圏からの政教一致体制の圧力に対抗する意図があった。日本文化の特色や独自性を打ち出し「万世一系の皇統」の下国家体制を守る必要のためである。その後、尊王攘夷的なナショナリズムと結び付いて定着し、一八八九年の大日本帝国憲法、一八九〇年の「教育勅語」以降は、実質的に日本の「政教一致体制」を象徴する言葉となった。社会に広く浸透したのは日清戦争後のことで、国家危機に際し「真性の政教一致」としての天皇親政を求める強力なイデオロギーとなって行った（米原謙『国体論はなぜ生まれたか——明治国家の知の地形図』ミネルヴァ書房、二〇一五年、六〇～六二、一八〇、二一三～二一五頁）。
(38) 木村素衞『形成的自覚』弘文堂書房、一九四一年、七二頁。
(39) 森田伸子「木村素衞における政治と教育——京都学派の身体論を問い直す」『人間研究』第五一号、日本女子大学、二〇一五年、四八頁。
(40) 木村素衞『国民教育の根本問題』目黒書店、一九四一年、六二～六三頁。なお、木村は同題目の講演を、一九四〇年度日本諸学振興委員会の教育学会で発表している。
(41) 同上書、六二～七一頁。
(42) 同上書、七七頁。
(43) 論文「教材」は、日本諸学振興委員会の機関誌『日本諸学』の創刊号に掲載された。
(44) 木村元「一九三〇年代の教育学の場と課題」駒込武・川村肇・奈須恵子編『戦時下学問の統制と動員——日本諸学振興委員会の研究』東京大学出版会、二〇一一年、二六七～二六八頁。

(45)　日本諸学振興委員会とは、「教学刷新」体制の下、日本の学術や教育の在り方を審議するために一九三六年に結成された文部省思想局の諮問機関である。

(46)　「表現愛」思想が示し出すこれらの教育の特性を、森田伸子はまとめて「宙づりにすることが可能であること」と言い表す。森田によれば、木村が把握する教育は、「現在の只中に、すべての判断が一時停止され、すべてが未限定で未知のままとどまっていられるような、一種の空隙（エポケー）を作り出す」。木村の国民教育論が、当時の教育言説のなかで「国家自身を内側から穿つような空隙」を教育原理にはめ込んでいた点は注目に値する（森田前掲書、四九頁）。

(47)　木村素衞『国家に於ける文化と教育』岩波書店、一九四六年、三八六～三八七頁。

(48)　同上書、三九一～三九二頁。

(49)　木村素衞「教材――教育と政治との連関に関する一断面」『日本諸学』創刊号、内閣印刷局、一九四二年、一〇一頁。

(50)　木村素衞『国家に於ける文化と教育』岩波書店、一九四六年、三九二～三九三頁。

第六章　技術的身体論の失跡——「教育愛」論の課題性

本章では、木村教育学における「教育愛」に関する記述において、技術的身体論が失跡する側面を指摘し、教育愛論に残された課題性について考察する。ここではまず、先行研究を手かがりに、教育愛論の難点を確認する。そして、問題の所以を教育愛論に身体論が活かされなかった点に見出し、試みとして身体論を接続することで新たな展開可能性を示す。

加えて、本章では「表現愛」思想の身体論の特色を際立たせるため、木村教育学と並んで身体論を展開した三木清の思想を参照する。[1] 三木は、一九二〇年代半ば以降、一時期マルクス（Karl Marx：一八一八～一八八三）思想に傾倒した。そして、一九三四年頃からは評論や時評に技術論を発表しはじめ、『技術哲学』（一九四二年）にまとめた。[2]『構想力の論理』（一九三九～一九四六年）序文での回想によると、唯物史観研究に携わっていた一時期、三木は西田哲学と対立したが、技術哲学の頃には「表現」や「制作」のテーマを通し再び接近し多大な影響を受けたという。[3] このような経緯を踏まえると、三木の身体論と技術哲学への参照は、「表現愛」の人間学の特色を照射することにつながると考えられる。筋書きは以下の通りである。

まず、第一節では木村の教育愛論を検証する。教育愛は、当時の教育学者が必然的に語ることになる、最も一般的なテーマだった。[4] ここでは、木村の教育愛論の難点を、「敬」の概念の語り方に関して指摘する。そして、「表現愛」

思想の下に展開し得たと思われる教育愛論の可能性を示唆する。

そして第二節では、木村の技術的身体論の特色を浮かび上がらせるため、三木の唯物史観研究、とりわけ「人間と自然の弁証法」を参照する。その後、三木は歴史哲学に移るが、基本的には唯物史観研究の視点が継承される。ここでは三木の身体論の特色を、「事実的時間」を生きる社会的身体論として把握する。

続いて第三節では、三木の技術哲学を検証する。ここでは技術哲学の大枠を「構想力の論理」「形の論理」に沿って辿るなか、三木の身体論が、「形の多様性」を発明的に創造する社会的身体論として深められている点を示す。そして、三木の社会的身体論と木村の身体論を比較検討し、それぞれの議論の背景にある問題関心を掴む。

そして第四節では、木村教育学が唯物史観批判を展開する論考を検討し、「表現愛」思想が教育学研究として表した主張とその意図について考察する。

最後に第五節では、三木の社会的身体論を参照軸として浮かび上がる木村の技術的身体論を活かし、改めて「表現愛」思想最大の問題点とされる教育愛論を語り直す。

第一節　教育愛論の難点

歪曲された「表現愛」概念

木村の教育愛論に関しては、「表現愛」が教師個人から子どもたちへの愛情と解される傾向がある。実際のところ木村自身、教育愛と「表現愛」を並べて論じることは多かった。ただ、それらは多くの場合著述ではなく、教師を対象とする講演会などでの口述においてだった。教育愛論は、「現場の教師たちを鼓舞し力づけるエール」として展開されたのである。(5)

ただし、第三章で確認した通り、美学・哲学・教育学を横断する木村の思索動機は、各人が自己を「自覚的表現性」の下に自覚し得るような「世界そのものの構造」の解明であった。[6] したがって、木村教育学にとって教師の感情や心持ちを指南することは本意ではなく、「表現愛」を教師自身の愛情としての教育愛と混同することは、誤解と言わざるを得ない。

ただ、木村自身の記述においても、そうした混同した議論が部分的に見出される。「表現愛」思想は教育愛論の側面で、それまで慎重に構築してきた論理を一部歪曲してしまったと考えられるのである。[7] また同様の問題点は、次章で触れる「愛国心」についても指摘される。世界構造の原理であったはずの「愛」が、論述の節々で個人や国民という個的立場に押し込められる問題は、木村教育学の語りのある種の限界点と言えるだろう。

では、人間の先験的世界構造を示すはずの「表現愛」が、教師自身の教育愛と同一視されるようになったのはなぜなのだろう。以下、教育愛論の変遷を詳しく検証してみたい。木村が教育愛を中心的に論じた機会はそれほど多くない。大西正倫による研究は、教育愛論を以下三つの著作・講演筆記に絞っている。

①雑誌『信濃教育』第六二三号に所収されている講演筆記「教育学に就いて――エロスとアガペ」（一九三八年）[8]
②『国家に於ける文化と教育』の第四章第三節（執筆時期は不明、大西によると一九四一年の秋以降）[9]
③雑誌『信濃教育』第七二二号に所収されている「教育愛について（表現愛補遺）」（一九四五年？）[10]

①は、教育愛論というよりも、当時確立されつつあった「表現愛」思想の全体的な講述と言える。[11] 木村はここで明らかに、すでに教育愛を「表現愛」の論理構造のなかに位置付けて厳密に関連させて論じている。他の教育学者の教育愛論が、教育愛を教育実践に関わる教師自身の愛情や心持ちと捉え、そのあるべき理想を説くのに対し、ここでの木村の記述は、「身体的存在」の先験的構造から「指導者（教師、導き手、教える者、パイース）」と「子供（生徒、児童、教えられる者、パイダゴゥゴス）」との関わりを原理的に問い直すことに徹底している。それは、たとえば以下のような

記述である。

常に児童が進歩して行くという方向の原理としての愛と、取り柄の有無に拘らず、児童が進歩したとか進歩しないとかに関係しないで、絶対に児童のいのちそのものが愛されるという愛《アガペ》との弁証法的自同性を成す場所が児童を教育的に包む真の愛でなくてはならない。(12)

ここでは「児童を教育的に包む真の愛」が、教師個人の愛情ではなく、「児童が進歩して行くという方向」のエロスと、「児童が進歩したかとか進歩しないとかに関係しない」アガペの弁証法的自同性の場所的作用として示されている。背景となっているのは、エロスとアガペという異質な愛の原理が相互に他の原理に依拠しつつ連関して成り立つ「表現愛」の世界構造である。このような場所的構造として示される「愛」は、一人ひとりが進歩的向上的に「未来へ進む事」と、一向に不変である「永遠の現在」の一切を等しく包む。そのような場所的愛においては、一々の進歩と不変、意味の生起と消滅、価値性と無価値性は連関的に捉えられ、すべてが何らかの新しい歴史的展開の端緒として迎え入れられている。

このような枠組みのことを、木村は「児童のいのちそのもの」の絶対肯定と言い表す。そして、「真の教育愛を具体的に動かす」ことが「教育活動の真の本質」だと記す。この記述からは、「愛」の働きが、教師自身の内面性ではなく、教師と子どもたちの関わり合いを支える原理と捉えられていることがうかがえる。何らかの進歩や取り柄に関するエロス的志向性が、そうした志向性に全く拘《こだわ》らないアガペに支えられ、またアガペ的作用の契機ともなっているという議論がここでは読み取れる。

しかし、②では、木村は教育愛の作用として、二者択一的にアガペを重視しエロスを排除している。(13) 教育愛が「表現愛の一つの限定」であることを断りながらも、木村は「真に具体的なる人格的個体」が「具体的アガペとしての表現愛」を働くことを明記しつつ、以下のように述べる。

従って教育がその本来の対象を全人性に於ける人格的個体としての人間に於てもつものとするならば、単なるエロス的愛はそれ自身教育愛の原理となることができないのでなければならない。却ってアガペが初めて教育愛の成立を本質的に可能ならしめるものと云わなければならない。教育愛はかくして表現愛と同じく、アガペをそれの本質的契機として初めて正当に成立するのである。このようにして、表現愛がその形成的対象を特にパイースに於て見出すとき、教育愛とは恰もそこに成立するところの特殊的形態に於ける表現愛にほかならないのである。(14)

この記述では、明らかに教育愛がアガペに集約されている。また、「表現愛」が児童生徒（パイース）を「形成的対象」として作用するという件からは、それが存在構造や関係性の原理ではなくて、教師の個的立場に限定されていることがうかがえる。つまりここで「表現愛」は、教師から児童生徒に対する愛情としての教育愛の意味に矮小化されかけているのである。

ただ、注目すべきは、引用箇所の最後には「教育愛とは恰もそこに成立するところの特殊的形態に於ける表現愛にほかならない」との一文があり、「表現愛」と教育愛が依然として慎重に語り分けられている。この段階では、いまだ木村は「表現愛」と教育愛を混同してはいない。

「表現愛が人格的個体そのものの形成的愛として発動するとき、かくの如き表現愛が即ち教育愛にほかならない」、「表現愛が、特にパイースの助成的形成として働くとき、それが即ち教育愛であるということができる」(15)。このように木村は注意深く語り、「表現愛」が教師個人の感情としての愛情、心持ちではないことを示している。しかしながら一方で、教育愛は教師個人から「人格的個体」としての子どもたちに対する「形成的愛」と記されており、この時点ですでに①のような場所的愛としての教育愛論は影を潜めている。

続いて③では、①や②とは決定的に異なる教育愛論が展開されている。ただ考慮すべきは、この記述は講演録を元にしており、木村自身による校閲が定かではない。ここではもはや「表現愛」が用語として語られず、もっぱら教育愛が完全にアガペの具体的展開として強調される。時期的に言えば、これは木村の教育愛論の最終形態だが、「表現愛」思想特有の論理を完全に逸脱した展開には厳しい批判もなされている[16]。たとえば以下の記述を参照してみたい。

たとい子供が出来ようが出来まいが一切の価値判別に係らず、その子供が一人の人間である以上そこに絶対無限の愛を繋ぐというところに教育愛に於けるアガペ的のものが働く。かかる愛を根底として、そこへ価値判別のエロスの原理が加わるところに具体的な教育愛の原理的構造が成立する。出来ようが出来まいが自分の目の前の児童を無条件な愛で包むところから、真の教育愛の無底の深さが生じて来る。この愛を欠いては真の教育愛ではない。如何なる子供であっても自分が托された子供に対しては、これに残るところなく自分の生命を与えるところに純粋な教育愛が成立する[17]。

この記述は読み易く伝わり易い。しかしながら、「自分の目の前の児童を無条件な愛で包む」ということや、「残るところなく自分の生命を与える」ということなどは、はたして教師個人に求められる業なのだろうか。またここでは、以前の記述では「表現愛」の特殊的形態とされていた教育愛が、完全に無条件的絶対肯定のアガペと同一視され、教師から直接的に「自分の目の前の児童」へ与えられる。これは、「表現愛」思想が慎重に語り保ってきた、教育における間主体的な関係性の迂回路を損なう議論と言える。

そのうえ、アガペはここで「自分の生命」として個に内在するかたちで捉えられており、その意味で、個人的感情論としての愛情や自らのエネルギーを子どもたちに惜しみなく注ぐ教育が推奨されている。明らかにこれは、「表現愛」という世界構造の特殊的形態であるはずの教育愛を、教師個人の感情や意欲、計らいに回収する議論である。

以上より、後期教育学に至って木村教育学は、教育愛論の文脈においては、前章で捉えた教材論とその「追形成」の教授法を見失っているようだ。では、このような教育愛論の歪曲はどこから生じたのだろうか。

教育愛論の難点――「アガペ的敬」の概念

議論の歪曲のきっかけについては、③の教育愛論が、〈愛一般の構造〉についての抽象的議論から開始される点が言及される。[18] それは以下のような展開である。

愛に於ては生命は二にして一であって二つが結びついて一層高次な統一的生命を形作って来るのである。それ故、愛に於ては孤立した意味の生命としての個人というものはない。そこでは個人は常に一個の高次的・統一的な生命の一項として自分を見出して来るのである。[19]

ここに引用したのは、木村の教育愛論がとくに矮小化したと指摘される③冒頭の一節である。ただ、この議論は確かに抽象的だが、「愛」の間主体的作用を捉える「表現愛」思想らしい議論のように読み取れる。ここで木村は、「愛」を個人の感情や心情ではなくて、生命現象として描く。教育愛を、このように「二にして一」という関係性の生命的リズムに乗せて理解する限り、それは教師から子どもに注がれる個人的感情と同一視されることはなかったはずだ。

③のなかで上記のように展開される「愛」の一般構造論は、『国家に於ける文化と教育』にも展開され、「二而一、一而二」と術語化される。[20] その意味するところは、「対立的な二つの自覚的個体」が弁証法的自己同一する作用、つまりは、相対する個々人同士が互いの立場を保ちつつ「二而一」と「一而二」という異質性を介した連関をそれぞれの立場から同時に往還する二重運動である。そこでは、「二」が「一」に同一融合し切ることなく、また「一」が「二」

に完全に分離することもない。この「愛」の原理が指し示すのは、自覚的個体同士が「一」という同一性にも「二」という互いの独立的把握にも偏らず、弁証法的自同性が分裂しそうになる「危機性」を介しつつ生きた関わりを続ける動きである。

さらに木村は、「二から一」へ「二而一に到達」しようとすること、つまりは「愛の完成へ向い往く方向」のことを「愛の道」と呼び、逆に「一からの二」つまりは「まさしく一なるものを形成する二」として「それぞれのつとめをつくす」ところに「愛の実現」を説く。木村によれば、この「愛の道」と「愛の実現」の二重性は、教育の関係性に限らず、親子、男女、師弟などあらゆる関係性に見出される。そうして「二而一、一而二」のリズムが保たれることが、それぞれが個性的に在ることにとって不可欠な原理なのである。

以上より、この「二而一、一而二」の「愛」の一般構造論は、抽象度の高い議論を通して「表現愛」思想のエッセンスを伝える議論であり、教育愛論が矮小化された原因ではないと考えられる。代わりに、ここで矮小化の要因として注視したいのは、③において「教育愛を形造る一つの本質的契機」として示される「敬」の概念である。(21)

木村は、「敬」なしには教育愛は成立しないと考えた。教師は、児童生徒よりも何かしらの意味で長けておりその意味で「尊敬」されなければならないし、児童生徒は未来に向けてこれから伸長して行く点で、教師から「尊敬」されなければならない。しかしながら、「敬」の概念は根本的には、そうした価値志向的なエロスの次元にはないというのが木村の論旨である。

いま我々が上に教育愛に於ける敬をいうとき、それはこのようなエロス的敬――結局は人間に対するよりも第一義的にはそこに実現され獲得されている価値に対する敬――を意味するのではなく、却ってこれを包越してその底から包み取っているアガペ的敬としての人格そのものに対する尊敬を意味するのである。(22)

このように、木村が重視したのは、「人格そのものに対する尊敬」としての「アガペ的敬」である。それは、あらゆる価値性に関わる「エロス的敬」を「包越してその底から包み取っている」作用である。エロスの「包越」とは、様々な意味や価値性をそのままにすべて肯定し、その絶対肯定の作用によって、かえって意味や価値性には全く拘《こだわ》らない別次元を打ち拓く作用を指す。それは、何らかの意味や価値性を伴っているか否か、あるいは実現しようとするかしないかにかかわらず、人格性そのものに向けた基本的尊敬と誠意の念である。「敬」自体はとても大切で望ましい事柄に違いないが、ここではこのような敬意を、それぞれの「一」としての教師や子どもたちの立場に説いている。これは、エロスとアガペの相互依拠的連関で語られていた「表現愛」の世界構造から逸脱した議論ではないだろうか。

そしてさらに注意すべきは、ここで人格性に対する「アガペ的敬」の議論が、「愛」の一般構造論で「二而一、一而二」と示されたリズムを分節化するようなかたちで、より具体的に「一」それぞれにとっての敬意の内実を示し出す点である。おそらく木村の意図は、人格的個人の関係性のうちに「アガペ的敬」が生起するダイナミズムを示すことにあったと考えられる。ただ、教師と子どもたちの個別的「一」の立場にそれぞれのアガペを固定的に差し込んでしまうと、もはや「表現愛」思想の面影はなくなってしまう。

「アガペ的敬」の内実は、教師の「慈愛」と子どもの「信頼」と示される。そして「慈愛と信頼」に包まれて生じる作用が、教師の「権威」と子どもの「心服或は敬服」だと言う。こうして次第に木村の教育愛論は、「敬」の概念の下に「慈愛と信頼」「権威と敬服」の連関を半ば理念的に示し出すようになる。(23)

「慈愛と信頼」と「権威と敬服」は、木村の構想のなかでは「二而一、一而二」の延長線上にあったと考えられる。しかしながら教育愛論は、②の時期にすでに「表現愛」という世界構造化原理にとって不可欠なエロスを捨象し、③の時期には決して対象把握し得ないはずの人格性を、それぞれの「一」の立場にとってのアガペ的な尊敬対象として掲げた。このように教育愛論がアガペに偏ったうえで、「一」の立場に「アガペ的敬」の内実を具体的に示すことは、結局のところ、アガペ的な絶対愛、絶対肯定を「自覚的個体」の所作として求めるという途轍もない論旨に陥ってしまうのではないだろうか。

教育愛論が歪曲された経緯は、以上のように辿られる。問題は、教育愛を論理化する過程で、「二而一、一而二」という「愛」の一般構造論を自ら解体し、「一」の立場に相応する「アガペ的敬」を具体的に示し出した点にあったと考えられる。「慈愛と信頼」「権威と敬服」は理念としては明快だが、そこでは子どもの側の「正当な態度」をも半ば教育愛の成立要件として求めてしまっているきらいがある。

こうして木村教育学は、教育愛論の側面では「表現愛」の論理を活かし切れなかった。そこにはそれゆえに、身体論の原理も見出すことはできない。そこで、教育愛論を再考する際、身体性の議論を参照するとどうなるだろうか。教育愛論に身体論を接続し、語り直すことを本章では試みる。ただその前に、木村が教育学者として時代に向けて主張した事柄や、教育における人間理解の要点を明らかにするため、概念やテーマを共有しつつ同じく身体論と技術哲学を展開した三木清の思想を参照しておきたい。

第二節　身体論の参照軸①——三木清の唯物史観研究

「歴史的自然」概念に通じる「人間と自然の弁証法」

三木哲学の展開は、以下の六つの時期で把握される。(24) ①新カント派的な思考様式に倣った学生時代、②留学後パスカル（Blaise Pascal：一六二三～一六六二）研究に携わった解釈学的存在論の時期、③マルクス主義に接近した時期、④独自の歴史的社会的存在論を展開し『歴史哲学』（一九三二年）をまとめた時期、⑤歴史的社会的存在論を元に技術哲学を展開した時期、⑥技術哲学を元に構想力と形の論理を追究する時期。ここでは、③以降の唯物史観、歴史哲学、技術哲学に絞り検証したい。

三木は、ヘーゲルの観念的弁証法にマルクスの唯物弁証法を対置させて検討するなかで、「自然と人間との弁証法」を自身の立場として示し、歴史性の問題を探る糸口とした。三木の立場は、唯物史観を信奉するのでも客観的に批評するのでもない。当初の思索の目的は、マルクス主義的イデオロギー論から人間学を導き出し、ハイデガー哲学に由来する「基礎経験」の人間学と対話的に結合して、新たな人間理解を示すことであったと言われる[25]。

唯物史観研究としての最初の論文「人間学のマルクス的形態」（一九二七年）で、三木は「基礎経験」を「ロゴスに指導されることなく、却てみずからロゴスを指導し、要求し、生産する経験」と定義する[26]。それは、言葉から完全に独立で、日常の出来事を語り解釈する言語活動からは全く自由で根源的な経験のことである。

三木はそのような基礎経験の立場から、「人間の自己解釈」としてのアントロポロギー（人間学）と、「人間の自己了解」としてのイデオロギーについて思索した。アントロポロギーとは、生の直接的な交渉において基礎経験が未だ客観化されず表現された「第一のロゴス」、イデオロギーとは、アントロポロギーによる自己解釈から規定されて生じ、基礎経験が「公共圏」を経て客観化された「第二のロゴス」のことだと言う[27]。「第一のロゴス」の構造は「第二のロゴス」の構造を規定する。

三木によると、マルクスのアントロポロギー（人間学）は「無産者的基礎経験」の立場から展開されている。そして、マルクスは人間の生の基本を、「実践的な、人間的‐感性的な活動」としての「労働」と捉えた。労働においては、自然は人間に働きかけられて変化させられ「人間化」する。しかしその一方で、人間もまた内に眠っている「身体に属する自然力」を呼び起こされて変化する。このように労働過程においては、自然と人間が「弁証法的統一」されるのである。

したがって唯物史観においては、人間にとってもはや単なる自然は存在しない。自然とはつねに歴史的に限定され、色付けられているのである。三木はこのように考え、「自然の歴史」と「人間の歴史」が労働において相互制約し、ある種の「同一性」に持ち来たされて同時発展する点に注目した。「唯物史観はそれ故に自然に絶対的に対立するものとしての歴史に関する理論ではなく、全世界の運動過程に就ての一の全体的なる世界観である。」[28]

このように、三木の唯物史観研究は、マルクスの人間学のうちに「全世界の運動過程」の原理として「自然と人間との弁証法」を見取り、すべてを生産の立場から規定する社会的労働の関係性を重視した。三木の「歴史的自然」概念は、こうしたマルクス主義的な基礎経験論の先に、自然史と人間史が弁証法的に統一する「物質」概念と重ねて論じられるようになる。

ところで、京都学派における「歴史的自然」概念の変遷について触れておきたい。学派に共有される「歴史的自然」概念は、西田幾多郎が『哲学論文集第一』（一九三五年）で、それ以前に使用していた「歴史的物質」という用語を深めるなかで術語化し、続いて論文「論理と生命」（一九三六年）で「行為的直観」の議論と密接に関連させたことで定着したと言われている[29]。

用語の成立には、西田哲学、田邊哲学の双方が、当時学生の間で流行した唯物史観研究に取りかかったことが背景となっている。ここには、マルクス主義的基礎経験の人間学を展開した三木や、唯物論研究会を創始し日本イデオロギー論を説いた戸坂潤、マルクスの思想を哲学として読み解き独自の経済哲学に結実させた梯明秀（一九〇二～一九九六）らの仕事が大きく関係している。

三木は、論文「マルクス主義と唯物論」（一九二七年）で、マルクス的な物質概念を検討した。そして、唯物史観における物質が、単なる物理的物質ではなくて、人間の自己解釈概念としての「解釈学的概念」として思索されていることを指摘した。「労働即ち感性的物質的なる実践に於て存在と交渉するところの者は、自己の存在の存在性あるいは存在の仕方を感性的物質的として理解せずにはいられないであろう」[30]。三木はこのように、労働に則した唯物史観の人間理解では、人間は概して労働者であり、それゆえに身の回りのあらゆる物質を、生産に関わる社会的自己解釈の下に扱う点を見取った。

三木によれば、「精神」や「意識」と言われる事柄などもすべて、基礎経験としては公共圏における「運動する空気の層、音」あるいは「言葉の形式に於て現われる物質」と結び付いている。そして、その物質性に徹底的に寄り添って行くところに、客観的歴史性に則した社会の「革命的」変革が可能となる。「歴史的自然」概念は、このような議論の延長に、技術哲学の文脈で示し出される。ただ、唯物史観研究から技術哲学に至る前に、三木は再び西田哲学に接近し、「労働」の立場から「表現」の立場へと回帰しながら歴史哲学を展開した。その議論について概観しておきたい。

唯物史観から歴史哲学へ――「事実としての歴史」

最初の体系的著作『歴史哲学』を見てみよう(31)。ここで三木はまず、ヘーゲル哲学に倣い歴史概念を三段階に整理する。第一は「出来事」そのものとして客観的な歴史である「存在としての歴史」、第二は「出来事の叙述」として主観的知識及び叙述である「ロゴスとしての歴史」、そして第三には両者の根底となる瞬間的現在における「事実としての歴史」である。

三木によるとこの第三の「事実としての歴史」がとりわけ重要である。なぜならそれは、瞬間的に未来を見据えつつ決意的に歴史を作り行く行為性を伴う歴史概念だからである。三木は「事実 Tatsache」を、「行為 Tat」と「物 Sache」との統一と理解した。そのうえで「事実としての歴史」に関し、「歴史」と「自然」の両概念を以下のように連関させて論じる。

事実としての歴史は自然から区別された歴史でない。この意味に於てはそれは寧ろ自然と歴史との統一であると云わるべきである。それは高次の自然であって高次の歴史である。事実としての歴史は、単なる歴史でもなく、単なる自然でもなく、却てもともと事実の歴史性のことである。原始的意味に於ける歴史的なものと自然的なものとの統一が単なる統一でなく、実に弁証法的統一であるところに、事実の歴史性があるのである(32)。

ここで、「事実としての歴史」「事実の歴史性」の議論が、歴史的なものと自然的なものとの弁証法的統一という論文「人間学のマルクス的形態」のマルクス主義的基礎経験論を、基本的に継承していることを確認しておく。その原理として示された「自然と人間との弁証法」は、ここでも「事実の歴史性」の原理と考えられているのである。

さらに三木は、こうした「事実の歴史性」は、「歴史的意識」によってはじめて顕現すると述べる。[33]『観念形態論』（一九三一年）所収の論文「歴史主義と歴史」（一九二九年）によると、「歴史的意識」とは、「客観主義的傾向」と「発展の概念」により特徴付けられる。「発展」とは単なる変化ではない。発展について三木は、絶対的保存の持続性を伴う「有機体説的発展」と、保存と破壊が両立する「弁証法的発展」の二つの見方を示したうえで、後者の弁証法的発展の立場をとり、なかでも唯物弁証法的な批判的革命性を重視する。[34]ここから三木の歴史哲学が、歴史性の概念を、客観主義的傾向と唯物弁証法的な発展性の下に捉えていることが明らかとなる。

ここで、『歴史哲学』で焦点化される「事実としての歴史」の時間性、つまりは歴史的意識が働く瞬間的現在が、「事実的時間」と言い換えられている点に注目しよう。それは、過去に遡るのでもなく未来を見据えるのでもなく、行為の瞬間に「根源的な未来から時来 sich zeitigen する」時間性と考えられている。ここで、唯物史観研究で取り出した「自然と人間との弁証法」では伝統的過去との対話に傾斜しがちであった議論が、歴史的事実性が行為的に作られる先の未来から論じ返されている点は興味深い。このような時間性が語られるようになるところで、三木の記述には、唯物史観研究では取り立てて論じなかった「芸術的実践」が散見されるようになる。

以上、三木は唯物史観研究を経て技術哲学の準備段階にある時期に、基本的には唯物史観研究から導き出した「自然と人間との弁証法」を携えつつ、その弁証法的統一を、「事実的時間」という未来から到来する時間性により捉え直した。この歴史哲学では、「作ることは作られたものよりも根源的であり、作ることがなければ作られたものもない」と考えられ、「作ること」に関わる「事実としての歴史」と「作られたもの」に関わる「存在としての歴史」は対立相剋的で、前者の方が後者に先行すると考えられている。[35]この議論では、「歴史的意識」との関連で「事実的時間」の歴史性に付随していた客観主義的傾向と唯物弁証法的な発展性の考え方は、やや薄れていると言える。この時期の歴史哲学は、歴史性のテーマに関してヘーゲル哲学を援用する点や、労働から芸術的制作へという議論の舞台の変化などにおいて、一見すると唯物史観から転向したように見える。

「事実的時間」を生きる社会的身体論

三木の歴史哲学は、ヘーゲル哲学や西田哲学との対話、制作論、身体論、技術論のテーマ面で、木村教育学と大きく重なり合っている。ただ、三木が唯物史観研究を経由している側面により、両者の身体論はかなり異なる趣を示す。とくに、三木の『歴史哲学』に登場する「原始歴史 Ur-Geschichte」の議論では、先の「事実としての歴史」の原始的意味に「種族 Gattung」概念が重ねられることで、それ以後の身体論がもっぱら「社会的身体」論として展開されるようになる。ここでは明確に、人間の基礎経験が、個をめぐる種的共同体の地平に求められており、そこにさらに種族の「運命 Schicksal」という概念が示されることで、社会的身体論は、種的社会的な位相から身体が静かに突き動かされる働きを捉える議論として展開されるようになる。またその背景に、唯物弁証法的な発展性が変わらず見通されている点も重要である。

三木における「運命」とは、ヘーゲル歴史哲学における「パトス Pathos」概念を再解釈したものである。三木によれば、ヘーゲルの言う「運命」とは、「もはや粗野な、不可抗的な、外的な力ではなく、却て深い、内的な必然性を意味する」[36]。よって、ヘーゲルのパトスはたびたび内的必然的運命に関わる「情熱 Leidenschaft」と解される。ただ、ここで三木が「運命」として再解釈するパトスは、「情熱」とは区別する必要がある。「我々の解釈によれば、ライデンシャフトは個人的身体に結合し、パトスは社会的身体に結合する」[37]。つまり、三木の社会的身体論は、単なる必然性や内なる個人的情熱とは異なり、種的社会的で客体的な必然性を、因果法則を超えた偶然さのうちで「運命」として担う身体性を論じているのである。

三木の社会的身体論は、唯物史観研究の視点を活かした身体論なのだが、当時の唯物史観研究者からすると、「種族」概念を含み入れた時点で物質的生産の問題から目を逸らすことになり、その不徹底さが批判された[38]。対して後述するように、木村教育学は一貫して唯物史観からは距離を取り、むしろ批判する傾向にあった。そこで、三木哲学と木村教育学の双方における身体論の主張の違いをさらに浮かび上がらせるため、三木の技術哲学を参照してみたい。

第三節　身体論の参照軸②――三木清の技術哲学

芸術的制作から導出される「構想力の論理」「形の論理」

続いて、『構想力の論理』と『技術哲学』のなかに三木の身体論を辿ってみたい。ここに所収されている諸論考は、木村教育学の「表現愛」思想と時期をほぼ同じく展開されたと考えられる[39]。この時期の三木の思索は、木村と同様に西田哲学に接近し、芸術的制作を静的観照ではなく動的行為的に論じることを課題の一つとした。以下は『構想力の論理』序文（一九三九年）の一節である。

> すべての行為は広い意味においてものを作るという、即ち制作の意味を有している。構想力の論理はそのような制作の論理である。一切の作られたものは形を具えている。行為するとはものに働き掛けてものの形を変じ（trans-form）て新しい形を作ることである[40]。

「構想力 Logik der Einbildungskraft」はバウムガルテンに由来し、またカント美学が、悟性と感性とを綜合する媒介的な認識能力としてとりわけ重視した働きである。ここでの三木の意図は、元来「美の論理或は芸術の論理」に限定的に語られてきた制作作用における構想力を、「道徳や理論、特に理論と実践との関係」という社会的実践一般の原理としても解き放つことであった。この立場は一見木村の議論と重なるように思えるが、木村が当初より芸術的制作のポイエシスと社会的実践のプラクシスを区別以前に捉え、両原理の創発性から思索しはじめた点を考えると、むしろ対照的である。

三木は、歴史哲学で論じた「歴史を作る行為そのもの」の実践性を何より大切にし、「事実的時間」の瞬間を行為する社会的身体論を原理として、構想力をテーマ化した。三木によれば構想力とは、人間の知的概念的「ロゴス」の合理性と、感情的直観的「パトス」の非合理性との統一作用である。そのうえで三木は、「芸術的実践」の創造性を、「ものに働き掛けてものの形を変じ（transform）て新しい形を作ること」という技術一般の作用に還元し、構想力の論理を「歴史的創造の論理」へ押し広げた。このように、三木の技術哲学では、歴史哲学に引き続き、社会的身体が公共圏に働きかけまた働き返される折衝面と、そこでの内的必然性と超個人的普遍性の統一作用に関心が寄せられているのである。

その作用のことを、三木は「作業的適応」と呼ぶ。「作業的適応」においては「歴史的な形が作られる」。「構想力の論理」は、「歴史的な形」を「歴史的行為の立場において捉える」論理であり、その意味で「形の論理 Logik der Form」と言い換えられる。[41]「構想力の論理」としての「形の論理」は、社会的身体の基礎経験に新たな「形」を見出し、種的共同体の在り方を作り変えて行く。

自然の歴史は形の変化 transformation の歴史であると云うことができる。生命的自然の有する形は主体と環境との適応の関係から作られるものである。人間の技術も根本において主体と環境との適応を意味している。技術によって人間は自己自身の、社会の、文化の形を作り、またその形を変じて新しい形を作ってゆく。文化はもとより人間的行為の諸形式も、社会の種々の制度も、すべて形である。人間の歴史も transformation（形の変化）の歴史である。自然史と人間史とは transformation の概念において統一される。その根柢に考えられるのは技術である。[42]

このように、主体と環境、人間史と自然史の弁証法的統一によって「形の変化」が生じる動きのことを、三木は広く「技術」と捉えている。それは、作業的適応を通した種的社会の発展的な変化である。三木の技術哲学で特徴的なのは、技術を「主体と環境」「自然史と人間史」という二項対立軸のせめぎ合いのなかに捉え、そこに生成する「形」を、個人にとってはどこまでも超越的外部から押し寄せる波のように客観的に捉える点である。この技術論は、先の唯物史観研究を最も反映する側面と言える。「あらゆる技術にとって一つの根本概念は形 Form の概念」である。技術によって作られたものの「形」、技術的な活動そのものの「形」、また引いては自然の側が技術的に有する「形」など、三木はあらゆる生命的な活動を技術の「形」を元に理解した[43]。

つまり三木においては、様々な文化の営み、行動様式、社会制度などの「形」を定め置く作用が技術と考えられる。またそこで、技術を生み出す構想力が、決して主観的作用の手中に収まらない働きと捉えられる点にも注意が必要である。「構想力は決して単に主観的なものではない、却って構想力の自由な作用において主観的なものは形となって主観から超出する」。三木はこのように、主観を超え出た人間の技術的行為、意識の内部現象に止まらない行為の実践性のうちにこそ、構想力が働くと考えた[44]。

「形の多様性」を生み出す「歴史的自然」

ここで『構想力の論理』「神話」の章に立ち返り、社会的身体論の展開を見通してみたい。三木において身体は、人間と環境、主体と客体、人間史と自然史の弁証法的統一において技術を編み出し作業的適応する身体である。そのような身体性に関して改めて三木は、「構想力は或る自然、主体的な意味における自然、従ってパトスと結び附いている」と述べ、この主体的な意味でのパトスとしての自然を、社会的身体の基礎とする。そのうえで、社会的身体が客体との間に技術的に生み出す「形」を「形の多様性」から捉え直し、その生成的な側面を「創造的自然」として描き出して行く[45]。

「形の多様性」に関しては、「形は一でなく、形は形に対し、形は多であることによって形である」、「個物は個物として自己を完全に表現することによって、他の同様に独立な個物と無限に連る」などと言い表される。[46]ここには、この時期の三木が、木村教育学と同様、後期西田哲学の表現論を取り込んでいることがうかがえる。それはたとえば、西田幾多郎の論文「教育学について」（一九三三年）で、「我々は主観によって客観を構成するのではない、与えられたものの内に自己自身を見出すのである」[47]と述べられていたような、個物的「一」の成り立ちを脱自的に捉え、「表現」を端的な自己表現ではなくて、内外、自他、主客相即的な作用と捉える見方である。

さらに、『構想力の論理』「技術」の章で、「技術的なものとして歴史的」な自然として「歴史的自然」概念が登場する件でも、「形の多様性」の原理が活かされている。また『技術哲学』でも同様に、「歴史的自然」が「形の多様性」とともに論じられる。その一節を参照しておきたい。

技術的な自然は歴史的自然であり、人間の歴史も固より技術的に作られてゆく。我々の技術は歴史的世界における形成作用としてその転形に参与するのである。我々の直観に与えられているのは形の多様性における自然である。[48]

このように、三木の「歴史的自然」概念の下では、「技術」の作用が、「歴史的世界」の「形」の「転形」に、人間が「形成作用」を通し「参与」する動きとして示される。この技術論は、西田哲学と木村教育学が共有する『中庸』の一節「賛二天地之化育一」に極めて近くなっている。

ただ、三木においてはその「参与」の仕方に特徴がある。ここでは、「人間の技術は自然の技術を継続する」と言われるように、自然において叶わなかった技術性を人間が引き継ぎ発展的に実現するという意味合いが表立つのである。そして、「歴史的自然」概念はこのとき、人間と環境、主体と客体、人間史と自然史の相互の技術的変容の複合態として示される。それは、人間が自然の技術を請け負うことで自然化され、自然が人間の社会的身体性によって人間化する過程的な動きに光を当てる概念である。この解釈は、木村教育学の「歴史的自然」概念が、環境や環境との相互作用を支え成す無の位相を示すのとは対照的と言える。

さらに三木は、人間が「歴史的自然」に探り入り、一般的法則を発見する営みのことを「科学」と捉え、また、そうした科学的認識に基づき具体的に「形」を作る作用のことを「技術」と捉える。そして、一旦自然から抽出された科学的一般的法則は、社会的身体が新たな「形」を生む技術を経由するなかで「歴史的自然の中に還る」と述べる。

このように辿ってみると、三木の社会的身体論には、人間と環境、主体と客体、人間史と自然史が拮抗的に弁証法的統一され、「歴史的自然」が多様に拡充されて行くという一本の筋書きが見通される。そして、「歴史的自然」に参与する社会的身体は、「形」を生み出す技術を合理的に発揮する側面において、「創造的自然」と呼ばれるのである。

「形の多様性」を発明的創造する社会的身体論

以上、三木の技術哲学は、「歴史的自然」概念を「形の多様性における自然」「創造的自然」と重ねて理解し、そこに根差す身体性を社会的身体論として論じた。そこで、三木の「歴史的自然」において、生産と再生産に基づく「発明と模倣」が繰り返しされ、技術の「形」が無数に生み出される件に注目したい。

三木は、「発見」と「発明」を区別した(49)。「発見というのは、従来誰も気附かなかったにしても、自然界においては既に存在していた種々の関係を知覚することである。発見されるものは我々の心から独立に存在しているもの、即ち全く客観的なものである。」これに対して「発明というのは未だ嘗て存在したことのない関係を樹立することである。それは既存の要素を構成的に同化して、行動の新しい綜合、新しい型或いは形態を形成することである。即ち発明はその本質において創造的である。」

この区分に沿い、三木は科学の分析的な仕事を「発見」、技術の総合的領域を「発明」と論じ分ける。科学的発見が扱う事柄が客観的であるのに対して、技術的発明には主観的な意欲や目的性が入り込む。したがって、未だかつて存在しなかった新たな形態として発明される技術の「形」には、主観的目的と客観的自然認識の合理的結合が生じていると三木は言う。

三木の社会的身体論を明瞭化するため、ここで田邊哲学の「種の論理」を参照してみたい[50]。「種の論理」は、人間の生を理解する枠組みとして〈普遍的生命的「類」――社会的共同体的「種」――個人的人格的「個」〉という、相互に否定的連関する三位相を示す。各位相は、具体的実践の動きのなか絶対否定的に媒介し合い、打ち消し合うことで創造的に生成すると考えられている。

この枠組みに沿えば、三木の「歴史的自然」概念はおよそ「種」の位相に相応すると考えられる。三木の「歴史的自然」は、人間と環境、主体と客体、人間史と自然史の無数の弁証法的統一の場所である。そして、自然の技術が人間の技術に引き継がれるところで、「歴史的自然」はより滑らかな合理性と未来発展性に向けて改革されるのである。また、このような「歴史的自然」に根差す身体は、社会的身体として捉えられる。ここに、三木の思想が歴史哲学の時点まで唯物史観研究を色濃く反映していた点を踏まえると、社会的身体論は、労働の社会的関係性に向けて構築されていることがうかがえる。ここから、三木において「歴史的自然」に根差す社会的身体論は、「種」に軸足を置き、その充実を見据えているように読み取れる。そして、ここでの技術性とは、「種」の位相を「類」と「個」の論理的紐帯のようにして、二つの位相間のバランスを取る作用のように見受けられる。

対して、木村教育学における「歴史的自然」概念は、「人間を内に包み、そこに於て生みそこに於て育てそこに於て営ましめ遂にそこに於て死なしめる歴史的自然」と定義されていた[51]。それは、客体としての環境を超え、「人間的世界」を包み支える「類」の位相に重ねられる。したがって、木村における「歴史的自然」は、人間と環境、主体と客体、人間史と自然史の弁証法的統一としては示し得ず、むしろその弁証法的な運動性そのものにより二項対立図式を打ち砕き練り直す動きとして示唆される。

ここで、木村自身が描いた図を参照したい。「A」は「類（人類）」、「N」は「種（国民）」、「E」は「個（個人）」を

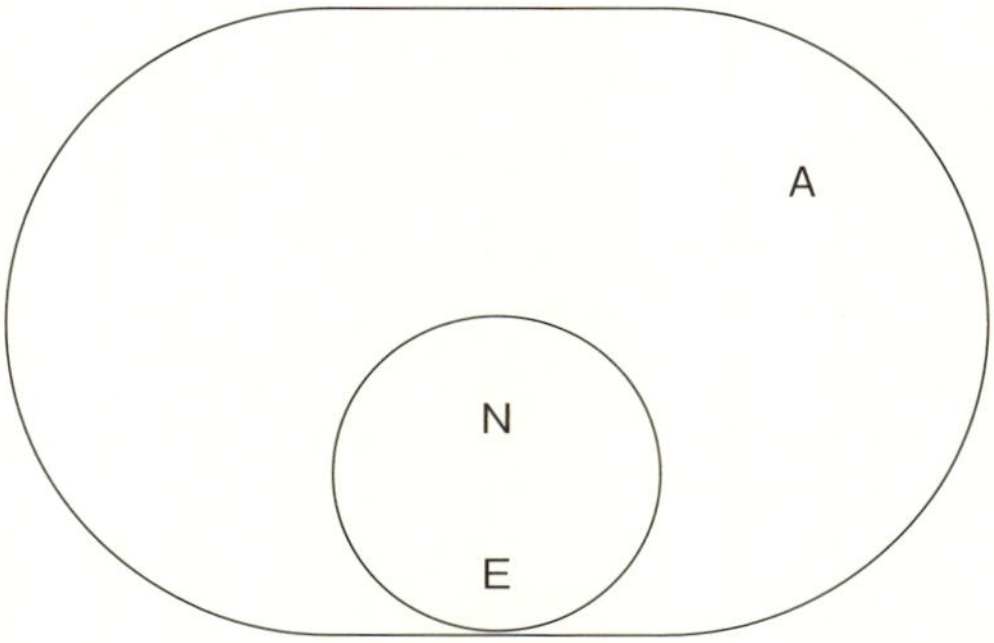

「類」「種」「個」の図
出典：『教育と人間』（弘文堂，1948年，80頁）より転載。

示す。それによると、「種（N）」と「類（A）」はつねに原理的に対立し、相互に否定的媒介しながら生成している。大枠のところ、「種（N）」は伝統性と保守性、「類（A）」は開放的な創造性の原理で動く。そして「個（E）」は、両位相の相互対立的な緊張運動のなか、身体性を伴って両位相の連関を決意的に行為する自覚点である。ここで、「類（A）」的な「歴史的自然」に根差す身体「個（E）」は、決意的であるがゆえにつねに迷わざるを得ない。つまり木村においては、「歴史的自然」に根差す身体は、色々な意味、レベルでの「種（N）」と「類（A）」の対立、矛盾、葛藤の非合理性を契機として、戸惑いのなかはじめて成り立つ「個（E）」なのである。このような意味で、木村における身体論は、つねに「類」と「種」が打ち消し合う相互矛盾的連関の渦中に在る「個（E）」の技術的身体性を照らし出す。それは原理的には自身の有極的な輪郭を伴わず、「類」「種」「個」のいずれの位相にも軸足を持たない。あるいは、類的生命性、種的社会性、個的人格性のすべてを含み持ち、それぞれが相互に絶対否定する脆さによって、生滅し続ける身体性なのである。

以上、三木哲学の社会的身体論を参照軸とすることで、木村教育学の身体論の特色が改めて明らかとなった。

木村教育学における唯物史観批判

木村教育学は唯物史観研究に関し、一定の距離感を保っていた。ここではその距離感の所以を、論文「教育と全体観」（一九三八年）の論述に辿ってみたい。この論考には、「表現愛」思想が教育原理研究の立場から、同時代の教育言説に向け主張した事柄が読み取れる。これは、広島高等師範学校附属小学校の学校教育研究会が編纂した雑誌『学校教育』九月号の特集「教育と全体観」に寄稿されたものである。

雑誌の巻頭言を記したのは、協同社会教育による国民教育論を展開した教育学者・守内喜一郎（一八八二〜一九五〇）である。それによると「全体観」とは、当時盛んに言及された「全体的教授 Ganzheitlicher Unterricht」を指す。これは、包括的な子ども理解に基づき、一方向的で画一的な知育偏重の教育を改革する立場である。めざされていたのは、子どもたちが意欲的な「自己活動」により教材と深く取り組み、社会的な生産性を早期に身につけることであった。では、実践的な学習活動を通し子どもたちの意欲形成を図る議論に対し、「表現」「形成」「作ること」を原理とする木村教育学は何を語ったのだろうか。

木村はここで、何かを表現的に作り現すことに伴う「否定性」に注目している。「存在は一般にそれ自身の内に否定性を有している」、「殊に人間的生命に於てはその否定性が自覚的となって居り、恰もそこに人間的存在の本質的性格が見出されるのである」[52]。つまり、何事かを表現すること、形成すること、作り現すことは、単なる自己表現ではあり得ないというのである。

表現には、「内が内を否定し内的自己を超えて外へ出る」という非連続的な飛躍が含まれる。つまり表現とは、「否定的他者」として対面される「物質の世界」へ「自己を刻み込む」飛躍を介し、自らを把握する営みである。そこには必ず、挫折、失敗、戸惑い、迷いなどが伴い「自己を超えたもの」つまりは他者性との遭遇がある。主体的な表現や形成による学びを考える際には、主体から環境への限定作用と、環境から主体への逆限定作用を、否定性の原理とともによく踏まえる必要がある。

そこで、環境との相互作用、相互限定作用に注意を払うばかりでは、本当の意味での主体性は見えて来ないと木村は主張する。この側面において唯物史観は、環境との相互限定作用に止まっているために不十分である。木村の唯物史観批判によると、内と外、自己と他者、主体と客体、精神と物質など、二項対立的な相互作用から議論を進める限り、広義の自然現象しか見出すことはできない。

主体が主体であるのは、然るに表現面からのこの逆限定を自己限定の媒介契機としてこれに即しつつ創造的にみずからを限定し新しき意志を生むところに在るのでなければならぬ。――身体とは、その具体的な意味に於ては、内から外への上の如き橋なき虚隙、――弁証法的無の媒介をレアールに担うものに他ならないのである。(53)

この記述から、木村の身体論が捉える主体的な創造性とは、人間と環境、主体と客体、人間史と自然史の折衝面、統合点ではなく、相互が自己矛盾的に変容するゼロポイントに宛てられていることが読み取れる。重要なのは、唯物史観の立場が重視する人間と環境、主体と客体、人間史と自然史の弁証法的統一作用ではなく、むしろ弁証法的統一に向かう動的変容が、まさにその動きによりすべてを瞬間ごと無に晒すという、否定的媒介作用である。その下で、木村の言う技術とは、「自然の世界へ喰い込んでいる意志の先端」である身体において、理性的な知と自然の両面が弁証法的無の媒介作用のうちで徹底的に無化されて生じる作用と考えられている。ここでも木村は、「手・心」「手並み」「手管」など、「身体に宿り身体に於て自然として作《はた》らく知」に光を当てる。

要するに、私たちの身体が創造的に表現的形成、形成的表現する原理とは、人間と環境、主体と客体、人間史と自然史の相互限定作用の水平軸のみからは見えて来ない。唯物史観の問題は、相互限定作用の節々を固定的に取り出し、各自の表現面や表現面同士の間に創造性を見出そうとするため、そこでの人間理解が対象分析的な把握と因果律に収まってしまう点だ。そのような状況では、目下断定的に定めることのできる科学的分析や合理的見通しのみに視野が局限される。この流れで展開される全体的教授の議論は、容易に時代の合理性や社会的要請に目の前の子どもの可能性を押し込めてしまうのではないか。

木村が論文「教育と全体観」で唯物史観を批判したのは、このような危惧を覚えていたためと考えられる。ここには直接的な三木批判は読み取れないが、唯物史観研究を経て展開された三木の歴史哲学や技術哲学との立場上の違いは明らかである。

第四節　教育愛論の展開可能性

最後に、これまでの考察から浮かび上がった木村教育学の主張を踏まえつつ、「表現愛」思想が展開可能であったと思われる教育愛論の新たなかたちを探ってみたい。木村の教育愛論は時期を追って確かに歪曲され矮小化されたが、その背景にある人間理解は終始一貫していた。『国家に於ける文化と教育』のなかで木村は、「今教育学が立つべき正当な立場」として「パイースとパイダゴゥゴスとを二つの焦点とする人間学」を提示する。それは、子どもと教育者の唯一無二の動的関係性を主軸とする、「真に人間を人間として把握する人間学」であるという。これは、「何等かの客観化された人間を対象とする人間学であってはならない」[54]。この考え方は、人間理解を自然科学的な分析や観察では不十分とする点で、先の唯物史観批判と通じている。

では、「表現愛」思想の下、教育愛論はどのように展開可能だったのだろうか。ここでは、先ほどの三木哲学の社会的身体論との対比、論文「教育と全体観」での唯物史観批判を参照しながら、教育愛論を再考してみたい。

木村が教育学者として時代に向けた主張と立場は、以下二点にまとめられる。

第一は、技術性を合理的目的性に直結させず、一人ひとりにおける技術的表現として見守り、教育活動のなかでの挫折、失敗、戸惑い、迷い、他との対立、折衝に注視しながら、そこからの様々な発展可能性を見出そうとする立場である。

三木において、種族的な運命を負った社会的身体論では、技術性は未来の合目的性へ伸び出し、むしろ未来から現在を規定するかたちで「作ること」の積極性を説いた。一方、木村の技術的身体論では、「類」「種」「個」がすべて未限定的な軋轢を伴い一挙に生滅する冒険的作用として技術性を捉えている。そして教育においては、第五章で述べた教材論と「追形成」の教授法により、この技術的身体の冒険性がとにかく様々に試みられるべきだと考えていた。

ここから、木村の教育愛論は、この技術的身体性の未定性、定まらなさ、あやふやさ、危うさに接続することができると考えられる。教育愛とはここで、技術的身体の可能性を幅広く想像し、最大限に見守り、変化変容を迎え入れる側面に見出されるように思われる。また、技術性の未限定さは、必ず何らかのかたちで一人の人間のうちの「類」「種」「個」各位相間に関わる固有な対立、矛盾、葛藤を引き起こす。そこで「表現愛」の特殊的展開としての教育愛は、一人ひとりの技術的身体が直面する様々な対立、矛盾、葛藤へ傾聴し、またときには、むしろそうした困難さを逆転させて新たな展開の契機とし得るような機知として示されるだろう。

第二に、木村教育学に顕著なのは、人間理解において科学的合理主義的な客観性に一定の距離を置く考え方である。木村によれば唯物史観は、主体と環境との相互作用への着目に止まるため、間主体的な関わりのなかに結局は広い意味での自然現象しか見出すことができない。そこでの問題は、内と外、自己と他者、主体と客体、精神と物質といった分節的なものの見方と、それとともに両者の弁証法的統一可能性をどこかで暗黙裡に前提とする考え方に指摘される。

木村教育学は、身体性のうちに弁証法的無の否定的媒介作用を見取る。それは、身体的行為的な動きのなかで、内と外、自己と他者、主体と客体、精神と物質が一挙に創発し生まれ変わる虚隙を指す。ここでは技術的身体同士の関係性に、直線的な物理的時間軸や因果律では汲み切れない働きが介在している。

身体的行為に伴う虚隙は、二項対立的な相互の限定作用として水平的に捉えられる他との相対的な関係性に、非連続的な切り込みを入れる。対立拮抗する関係性にそのような側面があるからこそ、個的立場は多種多様な関係性を継続し交錯させながらも、創造的な新たな志向性を失わないでいることができる。このことは、個々人同士の間主体性に限らず、様々な水準の種的位相――家族、郷土、社会、時代、国家、その他諸々の組織、制度、社会的枠組みなど――の間主体性にも同様に指摘される(55)。

ここから、木村の教育愛論は、環境を物質的環境として教材化し、効果的学びを仕掛ける工夫をすることとは違った角度から、教育における関係性を捉え直すことになる。木村は教師を「芸術的名手」「生命の造形芸術家」と呼び、限られた教材から、多種多様な技術的身体性の試みが多層的に並行展開されることを重視した[56]。そこで教育愛は、大らかな見方で目の前の子どもたちの変化変容を受け入れ、驚きや発見を共有しともに面白味を見つける関わりとして示唆される。複眼的な見方で多くの可能性を拾いつつ、子どもたちによる教材の「追形成」を見届ける視点である。それは、第五章で参照した引用文のように、「過去に無限の伝統を負い未来に無限の創造を望みつつ」という、教材を介する新しい発想の無限旋回の議論に通じる。教材を物理的物質と見なしてそれを効果的に配置しながらも、その意図や恣意性を一面に離れ、一つひとつの事柄や事物が教材となることの意味や、その在り様から何が引き出されどのような展開が広がるかなど、教材と子どもたちの出会いの歴史性に想像をめぐらせることも一つの教育愛のように思われる。以上本章では、「表現愛」思想が示し得た教育愛論の可能性を、身体論との接続の下に語り直すことを試みた。

註

（1）三木清は学生時代、京都帝国大学文学部哲学科で木村素衞の三年上に在籍していた。卒業後は一九二二年から三年間ドイツへ留学し、マールブルク大学では『存在と時間』（一九二七年）の執筆準備段階にあるハイデガーに師事した。研究に取り組み、帰国後に最初の著作『パスカルに於ける人間学の研究』（一九二六年）を刊行した。

（2）赤松常弘『三木清——哲学的思索の軌跡』ミネルヴァ書房、一九九四年、二〇四頁。また、岩崎稔によれば、日本における技術論の第一の隆盛は、一九三二年からはじまった唯物論研究会——メンバーは、相川春喜（一九〇九〜一九五三）、岡邦雄（一八九〇〜一九七一）、戸坂潤、永田廣志（一九〇四〜一九四七）ら——に見られる。この時期の議論は教義論争の色合いが強く、ソビエト社会主義共和国連邦の正統マルクス主義における概念規定についての議論に終始し、実際の労働の立場から技術性を原理的に検討することは志されていなかった。しかし、一九三七年の「支那事変」以後、技術論争は唯物論研究会を離れ、「戦時動員体制」という現実問題に駆り立てられるかたちで急激に盛んになった（岩崎稔「ポイエーシス的メタ主体の欲望――三木清の技術哲学」山之内靖・J．ヴィクター・コシュマン・成田龍一編『総力戦と現代化』柏書房、一九九五年、一八九～一九〇頁）。

（3）三木がマルクス主義に興味を持ったきっかけには諸説あるが、西田幾多郎の仲介を得た経済学者・河上肇（一八七九～一九四六）からの依頼が直接的なものと言われる（菅原潤『京都学派』講談社、二〇一八年、一〇一～一〇二頁）。

（4）大西正倫によると、教育事典の「教育愛」という項目は、増訂改版『教育大辞書』（同文館、一九一八年）には見られず、『教育学辞典』（岩波書店、一九三六年）以降登場する。その項目の執筆者は木村の前任者である小西重直であった（大西正倫『表現的生命の教育哲学――木村素衞の教育思想』昭和堂、二〇一一年、二五七頁）。

（5）同上書、二七五頁。

（6）木村素衞『表現愛』こぶし書房、一九九七年、六二頁。

（7）森田伸子は、木村教育学において自己犠牲的絶対的愛の「アガペ」が「教育愛」と重ねて理解される側面について、「教育愛」の言説は「木村教育学の躓きの石」であると指摘する（森田伸子「木村素衞における『教育愛』の構造」『人間研究』第五二号、日本女子大学、二〇一六年、一〇〇頁）。

（8）『木村素衞先生と信州』（一九九六年）所収の版を参照。これは、松本女子師範学校附属小学校における一九三八年七月一一日の講演筆記。本人校閲済みの原稿である。

（9）執筆時期については、この節の草稿となった論文「文化の哲学と教育の哲学」（下）の脱稿日が一九四一年八月三一日であること、その内容に改訂の手が加えられていないことから推察される（大西前掲書、二四一頁）。

（10）「教育愛」と改題され『教育学の根本問題』（一九七六年）に所収された版を参照。『信濃教育』第七二二号「編集後記」には「先生の本県に於ける最後のご講演」とあり、『木村素衞先生と信州』所収の「木村素衞先生略年譜・信州での足跡」によれば「昭和二〇年一〇月二八日、木曽北部職員会での講演」と推察される（同上書、二五二頁）。

（11）同上書、二三八頁。

（12）木村素衞先生五〇回忌記念刊行会編『木村素衞先生と信州』信濃教育会出版部、一九九六年、六一頁。

（13）大西前掲書、二四四頁。

(14) 木村素衛『国家に於ける文化と教育』岩波書店、一九四六年、一九六頁。
(15) 同上書、一九八頁。
(16) 大西前掲書、二五八頁。
(17) 木村素衛《ママ》先生著書刊行会発行『教育学の根本問題』信濃教育会出版部、一九七六年、一一八〜一一九頁。
(18) 大西前掲書、二五二頁。
(19) 木村前掲書、一〇六頁。
(20) 木村素衛『国家に於ける文化と教育』岩波書店、一九四六年、一九六〜一九八頁。
(21) 同上書、一九九頁。木村素衛《ママ》先生著書刊行会発行『教育学の根本問題』信濃教育会出版部、一九七六年、一一二頁。
(22) 木村素衛『国家に於ける文化と教育』岩波書店、一九四六年、一九九頁。
(23) 同上書、二〇一頁。
(24) 赤松前掲書、三〜一三頁。
(25) 「基礎経験」概念は、すでに最初の著作『パスカルに於ける人間の研究』にも登場する（丸山高司「構想力の論理——三木清」常俊宗三郎編『日本の哲学を学ぶ人のために』世界思想社、一九九八年、一七五頁）。
(26) 三木清「人間学のマルクス的形態」『三木清全集』第三巻、岩波書店、一九六六年、五頁。
(27) 同上書、九〜一三頁。
(28) 同上書、三四頁。
(29) 服部健二『西田哲学と左派の人たち』こぶし書房、二〇〇〇年、二〇〇〜二〇三頁。
(30) 三木清「マルクス主義と唯物論」『三木清全集』第三巻、岩波書店、一九六六年、四九頁。
(31) この著作は、一九三〇年に三木が日本共産党への資金提供容疑のため検挙拘留され公職を退いた後、精神的生活的な逆境の下で書かれ、岩波『続哲学叢書』の第一編として出版された。
(32) 三木清『歴史哲学』『三木清全集』第六巻、岩波書店、一九六七年、二六頁。
(33) 同上書、五〇頁。

(34) 三木清「歴史主義と歴史」『三木清全集』第三巻、岩波書店、一九六六年、四〇五～四〇九頁。
(35) 三木清『歴史哲学』『三木清全集』第六巻、岩波書店、一九六七年、二六～二七頁。
(36) 同上書、三九頁。
(37) 同上書、四一頁。
(38) たとえば梯明秀は、三木の身体論が個人的身体のみならず社会的身体としての「種族」概念にまで広げられたことで、物質的生産の問題を見落としたと批判する。なぜなら、唯物史観においては人間の歴史的行為は、社会的行為一般ではなく物に関わる生産行為だからである。梯はこの点で三木のファシズム傾向を断罪した。ただ、服部健二はこの梯の三木批判には飛躍があると言う。人間を自然史に寄せる梯の立場からすれば三木の議論は人間中心主義的に映るが、ファシズムに直結させるのは極端な議論と言える（服部健二『歴史における自然の論理――フォイエルバッハ・マルクス・梯明秀を中心に』新泉社、一九九〇年、二八七頁）。
(39) 『構想力の論理』は、一九三七年五月から一年の間に、前半の「神話」「制度」「技術」が九回にわたって雑誌『思想』に連載され、一九三九年七月に単行本として岩波書店より出版された。後半の「経験」はその続編として、一九三九年九月から一九四三年七月まで同じく『思想』に一二回にわたり連載されたものが、死後一九四六年に『構想力の論理 第二』として出版された（久野収「後記」『三木清全集』第八巻、岩波書店、一九六七年、五一一頁）。『技術哲学』は、岩波講座『倫理学』のために書かれ、一九四一年一〇月に発表された後、一九四二年九月に附録二編を追加して単行本として出版された（桝田啓三郎「後記」『三木清全集』第七巻、岩波書店、一九六七年、四九〇頁）。
(40) 三木清『構想力の論理』『三木清全集』第八巻、岩波書店、一九六七年、七頁。
(41) 同上書、一七頁。
(42) 同上書、二三七頁。
(43) 同上書、二二七頁。
(44) 同上書、二二九頁。
(45) 同上書、九四～九五頁。

(46) 同上書、四三〜四四頁。
(47) 西田幾多郎「教育学について」『西田幾多郎全集』第七巻、岩波書店、二〇〇三年、二八三頁。
(48) 三木清『技術哲学』『三木清全集』第七巻、岩波書店、一九六七年、二五四頁。
(49) 同上書、二二四〜二二五頁。
(50) 田邊元の「種の論理」については、第七章で詳しく検討する。
(51) 木村素衞『表現愛』こぶし書房、一九九七年、五九〜六〇頁。
(52) 木村素衞「教育と全体観」『学校教育』第三一一号、一九三八年、三四頁。傍点は著者による。
(53) 同上書、三五〜三六頁。
(54) 木村素衞『国家に於ける文化と教育』岩波書店、一九四六年、五三〜五五頁。
(55) 論文「国民教育の根本問題」（一九四〇年）で、木村は人間が端的に「人類の一員」であるのではなく、必ず特定の家庭、郷土、社会、時代に属しており、「個と類との中間に位して種として特殊を形成する」側面に注目する（木村素衞『形成的自覚』弘文堂書房、一九四一年、六六頁）。
(56) 木村素衞『国家に於ける文化と教育』岩波書店、一九四六年、三八一頁。

第七章　技術的身体論の転調——「世界史的表現愛」論の課題性

本章の目的は、木村素衞の後期教育学で展開される「世界史的表現愛」[1]の議論において、技術的身体論が国民国家論の文脈に転調された点に注目し、そこに示される課題性を捉えることである。

序章で述べたように、木村は終戦後にアメリカ教育使節団に応じる日本側教育家委員会の一人として活躍が期待されていたが、その後急逝したために叶うことがなかった。しかしながら木村教育学は、戦後日本教育の再建とその後の展開に向けて確かな展望を示していた。ここでは以下の道筋に沿って、その足跡を辿ってみたい。

第一節では、国民国家論の理論的土台として、一連のフィヒテ研究を参照する。ここでは、フィヒテ哲学における「国民 Nation」「国家 Staat」概念とフィヒテの教育論を手がかりとする。また、木村が後年まで批判を交えつつ参照した「文化教育学」[2]への言及にも着目する。

続いて第二節では、国民国家論のもう一つの理論的土台として、田邊元の国家論、文化論を参照する。田邊哲学は、一九三〇年頃の京都学派への身体論の導入、西田哲学との弁証法論争、そして一九三〇年代半ば以降構築された「種の論理」などにおいて、木村教育学に大きな影響を及ぼした。ここでは、とくに両者が対照的な立場を示す文化論を中心に検討する。

さらに第三節では、後期教育学が「表現愛」を、間国民文化、間国民主体の議論として展開し、「世界史的表現愛」

として語り直す点に光を当てる。ここでは、異文化交流の原理として示される「媒介的創造性」に注目する。そして第四節では、技術的身体論の消息を、「世界史的表現愛」論のなかに尋ねる。ここでは、異文化間に「離身的延長」される「道」概念の下に身体論が展開されていることに注目したい。ここでの身体論は、半ば国民国家論に傾斜し、文化政策的な意味を伴うことが確認される。そして、技術的身体論がそのように転調されることによって浮かび上がる議論と、そこから見えてくる今日的な課題性について考察する。

第一節 国民国家論の理論的土台①——フィヒテ知識学と国民教育論

過程性と開放性を伴う自我と非我の「戦況的綜合」

木村の国民国家論は、「国民」「国家」の概念をフィヒテ哲学から導き出した。学位論文の一部「教育哲学に対する基礎と展望」(一九三七年頃)で、木村はすべての文化が世界史的国民文化へ成長拡大する動きを必然的に孕むことを指摘し、文化の営みを国家論の下に掴んでおく必要性を説いた(3)。

学位論文で木村は、主にイェーナ期フィヒテの『全知識学の基礎』(一七九四～一七九五年)を中心に、初期フィヒテ研究に取り組んだ(4)。木村によればフィヒテ哲学は、カント哲学の流れを汲みながらも、もはや認識論ではなく「自覚的存在性」を本質とする人間存在論となっている。そのことは、フィヒテ自身によってもすでに知識学体系初の著作『知識学又は所謂哲学の概念に就て』(一七九四年)で示し出されているという(5)。

フィヒテはイェーナを去った後、一八一〇年のベルリン大学の開校により哲学教授職に就くまでの間、「ドイツ国民に告ぐ」の連続講演(一八〇七年一二月～一八〇八年三月)に代表される、重要な短期間講義を行なった。木村の学位論文は、第七章でこの辺りのフィヒテの国民教育論を視野に「国民」「国家」概念を解釈し、自身の思索言語に取り込んだ。そこで、木村の国民国家論を理解するには、初期フィヒテの知識学解釈と、それ以降のフィヒテの国民教育論を踏まえる必要がある。

木村は、「知識学」の三つの根本命題――自我の自己定立、非我の反対定立、自我と非我の対立的契機――を立てた初期フィヒテの立場を、先述の通り、主観的認識の先験性を探る観念論ではなく、自我と非我の実践的な交互作用を掘り下げる存在構造論として読み解いた。そして、自我が自らの存在を定立すること、非我がそれに対立する存在として定立されること、自我と非我がそうして相対的に関わることの三命題が連立する鍵として、自我と非我の「非合理性の承認」に注目した。「非合理性の承認」とは、自我と非我が相互の非合理さを認識として承認することではない。それは、自我と非我が現に「如何に wie」対面しているかという存在の仕方に関わる考え方で、相互が他にとって非合理的にしかあり得ないという根源的構造を意味する。

自我と非我がそもそも「非合理性の承認」を介し関わり合う側面を、木村は「戦況的綜合」という言葉で言い表した(6)。そこで木村が注目していたのは、個々の立場としては対立的で相容れず、相互廃棄を結果せざるを得ない両者が、自己破綻の瀬戸際を与り保つことでかえって鮮明に出現することの凄さである。木村は、後期フィヒテがナポレオンのロシア遠征失敗と退却、それを機とする対仏解放戦争（諸国民戦争）という時代の出来事性を、そうした現象学的な弁証法の立場から見据えていたのではないかと考える。

ここで、木村が注目するフィヒテ的弁証法の一つ目の特色は、戦況的綜合を媒介とする自我と非我の無限の「過程性」である。それは、ひと時として定まり得ない両者「攻守」の只中で、非我が自我の能動性を阻止する作用と、それに対する自我の抵抗が、同時に拮抗的に生じている側面を指す。この理解では、弁証法的綜合を統一的定点としては捉えておらず、どこまでも自我と非我の相互攻守の有極的交流性に光が当たる点が特徴的である。

また、フィヒテ的弁証法の二つ目の特色は、自我と非我の相互攻守の過程性が永遠の「努力」を要することによる、論理体系の「開放性」である。ヘーゲル弁証法は、相対するものの綜合を「宥和」として語り、すべての事象を止揚的な契機として、さらなる高次への発展的段階へ保存しながら活かす。これは木村によれば「閉塞体系」である。対してフィヒテの議論では、自我と非我とが非合理性を介し努力的に関わり合う実践性こそが重視され、止揚的綜合やその延長における最終到達点は注目されるところではないというのである。

ただ、このようなフィヒテ理解に対しては疑問も呈されている。なぜなら、自我と非我の相互攻守における戦況的綜合を、その過程性や開放性の面で重視するのであれば、フィヒテの第三根本命題の理解はもはや、ヘーゲル弁証法からは決定的に区別されなければならない。したがって、木村の理解に従えば、フィヒテに弁証法を読み解くこと自体が、かえってその特色を覆い隠すことになるのではないか(7)。この辺り、木村のフィヒテ解釈の妥当性に関しては、紙面を改めて検討する必要がある。ただここでは、木村が初期フィヒテ哲学の醍醐味を、自我と非我の戦況的綜合の過程性と開放性に見出した点を確認しておきたい。

ドイツ観念論に流れる文化理想主義への懐疑

ただし、木村はフィヒテ哲学をあくまで批判的に継承する。自我と非我の戦況的綜合の過程性と開放性は確かに核心的だが、そこで捉えられるのは「理想主義的な実践性」に他ならないというのである(8)。この理想主義的限界は、フィヒテのみならず、カント哲学から流れるドイツ観念論、引いてはギリシャ哲学以来の西洋哲学の「文化 Kultur」概念に広く指摘されるものである。

一方で木村は、フィヒテを単なるカントの継承者やヘーゲルの先駆者には収まらない、独自な思想家と捉えていた。たとえば、カント哲学の実践性は、もっぱら理性の「自律性 Autonomie」による自己立法に規定されており、その意味で人間の自然的な傾向性に対する無上命令の認識能力に重みを置くのに対し、フィヒテ哲学が捉える実践性は、自己立法の枠組みでは捉え切れない非我の非合理性や、非我からの「強制」感情が実は「憧憬」のうちに成り立つ相反性の側面を掴んでおり、よりアクチュアルである。木村はこのように考え、フィヒテ哲学においては、カントが語り分けた「理論的自我」と「実践的自我」の実際的な関連が把握されている可能性を示唆し、以下のように述べる。

吾吾は、本来絶対的実在性を要求する自我が非我に遭遇する一点を媒介として、この遭遇に遮られて還り行く方向に現実的認識能力としての理論的自我が成立し、この遭遇点を乗り超えつつ現実的認識を媒介として自己限定的に理想を自覚しこれに依て非我を形成的に限定して行く方向に実践的自我が成立することを明らかにすることができたのである。[9]

ここで木村は、フィヒテにおける自我の成り立ちが、非我との遭遇を不可欠な契機とする点に光を当てる。自我は、非我による遮りによって、現実の認識能力としての「理論的自我」を自省し、自らの理想や方向性を定める。そして、その理想を携えて非我の遮りを乗り越え、非我を形成的に限定するなかに「実践的自我」を見出す。この非我との遭遇とそこからの遮りの議論により、フィヒテは、カントが峻別した「自然的なるものと意志的なるもの」「感性的なるものと理性的なるもの」「感性的世界と超感性的世界」の境目を思索に織り込んでいるのではないか。木村はこのようにフィヒテの実践哲学を評価するのである。

しかしながら、フィヒテにもいまだ不十分な点が散見されるという。それは第一に、自我の個我性の究明が不徹底であること、第二は第三命題が扱う自我と非我の対立的契機としての「絶対我」「絶対知」が理念的位置に限られること、そして第三は、非我の具現としての「自然」概念を「障碍」「質料」に留め、自然を、実践的自我による意味や価値性が刻印され投影される対象と理解する側面である。[10] このうち、前二点は思想展開に沿って改められて行く。しかし、三つ目の自然概念に関しては、フィヒテ哲学の決定的な難点だと木村は言う。ただ、本書の第三章第二節で「外（物質）」の三層構造として確認した通り、このような自然概念はフィヒテに限らず、西洋の文化理想主義的な文化概念に共通する。

ドイツ観念論は文化理想主義の流れのなかで、人間の「任意なるbeliebig」目的を何と限らず「一般的」に立て実現するため、自然を手段として有効に利用する「堪能性」とその形式的制約である「練達性」の獲得を「文化」の第一義とした。(11)カントの実践理性もまた、自然を素材として手段化する人間の堪能性を重視し、その能力を、自然自体が自身の究極目的である人間に与えた作用と解した。そのためカント以降ドイツ観念論の文化論は、人間中心主義的な傾向が非常に強い。この点を木村は問題視して、フィヒテ哲学が、非我との遭遇における実践性を深く洞察しながらも、結局のところ堪能性獲得の議論を揺るがすことなく、人間至上主義的な自然概念に留まっていると指摘する。

この枠組みでは、人間は自然を利用して高みに向かう「道徳的文化的人間」としてのみ一般的に想定されて、自然を操作すること、有効に活用することに対する楽観的な見通ししか生じない。自然はいつの間にか、人間にとって自己内在的な目的の「形成的表現面」として自己目的の反響版のようになり、文化は、人間による自然の合理的加工の営みとしか省みられなくなる。このように、人間の文化的営みが何の疑いもなく肯定されて、あらゆる目的性がいつかは実現するはずで、またそうあるべきだと信じ込まれていることに対し、木村は注意深く立ち止まる。そして、初期フィヒテの知識学が、理論的自我と実践的自我の双方を非我との遭遇における戦況的綜合のなかにのみ見出した点に立ち返り、文化的価値の問題を、つねに様々な意味での我ならぬ立場、異質なもの同士の関係性、あるいは自然の他者性を深く考慮して問い直して行く必要性を指摘した。

「文化教育学」に流れる人類文化批判

木村は、フィヒテの文化理想主義的傾向を批判する際、フィヒテの立場に「文化教育学」の立場との類似性を見取る。木村が折に触れ批判する「文化教育学」とは、本来はそれぞれに違った展開を見せるはずの諸文化の特殊性を、人類文化という大きな枠組みに一括させ、「如何なる人間も実現するものでなければならぬ人類文化的究極的価値」を説く立場を指す。

そこに成立してくる社会は従って人類文化社会であり、そこに成立する歴史は人類文化史である。而してそこに成立する教育学は文化教育学と云われるものである。その教育学の立場から云えば、教育の目的は人類文化価値を実現出来るように人間を教育してゆくと云うことである。(12)

人類文化の立場では、いつ誰がその価値性をなぜ実現するべきなのか、などという価値の個別性や、それがいったいどのようにして可能となるのかという歴史的社会的な固有性の視点が、一切省かれてしまう。そして、あたかもすべての人間が実現すべき究極的な価値が特定し得るかのように語り、そうした事柄を実現できるように他者を導くことを、時空を超えた人間社会全体の目標かのように共有しようとする。しかしながらこのような見方では、主体性は一律的で画一的な方向にしか育まれないのではないか。

木村自身は、文化教育学という枠組みがどの言説を指すのか明記はしていない。ただ、論考の節々から、文化教育学への言及の背景には、ディルタイ解釈学と、その系列を引くシュプランガー（Eduard Spranger：一八八二～一九六三）の教育学が想定されていたことがうかがえる。木村によれば、そもそもディルタイの思想には弁証法的な視点が見られず、そのために議論は、歴史的実在や事実の絶対性を顧みない歴史的相対主義を脱却できない傾向にある。(13)また、木村はたびたびシュプランガーを参照し、文化の有極的交流性や文化的価値性への着眼点を共有しているが、背景となる考え方は異なっている。(14)また、この議論の背景には、京都帝国大学での助教授時代に教育学講座をともに担当した長田新（一八八七～一九六一）が、ディルタイ派の精神科学的教育学に精髄し、なかでもリット研究の旗手であったことも無関係ではないように思われる。(15)

では、木村教育学は、文化教育学を支える人類文化の立場に、どのような違和感を覚えたのだろうか。ここでは大きく以下二点に注目したい。第一は、講演筆記「教育愛について――エロスとアガペ」（一九三八年）に示されている。それは、人類文化の立場では、人間関係が全体的に共有される一定のエロス的価値実現に傾斜しがちになり、価値あるものを特に愛する傾向となるために、価値無関心的なアガペ的作用が関係性から削ぎ落とされる側面である。(16)大枠で想定される人類文化的な価値性へすべてが駆り立てられる関係性では、結局のところ、理想的価値実現に向けた段階的な精査や比較、競合のみが表立ってしまうのではないか。木村はこのように危惧した。

第二は、何か汎用的な「人類文化価値」を断定的に語り得ることを信じ、立場や状況の個別性や特殊性を省みない側面である。ここでは、人間の類的普遍性が一般的で絶対的な枠組みとして固定され、その下に個々の在り方が直に統括される。そのため、本来なら「類」と「個」の間に介在しているはずの様々な「種」的社会的な特殊性が、議論の俎上に載せられ辛くなるのである。こうした関係性では、個的な主体性を独自に独創的に育むことはできない。

このように、個の独自性や固有性、種的社会的な特殊性が考慮されないところでは、「四海同胞主義《コスモポリタニズム》」が表面化する。コスモポリタニズムは、個々人を人類の一員として同質的に総括する。友好的で平等、平和な関係性をともに築くことをめざす優れた面もあるが、木村の理解としては、存在論的な差異を省みない抽象的な思想と言わざるを得ない。木村教育学、とりわけ国民教育論は、様々な「種」――「国家」「国民」「民族」「郷土」「家庭」「時代」など歴史的社会的な特殊性――が入り込む余地のない、人類文化的なコスモポリタリズムに慎重な見方を示した。

コスモポリタニズム批判は、今日の多文化共生社会においては時代錯誤にも映る。しかしながら、グローバリゼーションが急速に進む今だからこそ、かえってコスモポリタニズムの現実的な困難さを見つめ直し、数々の、容易に想像もつかないような種的社会的な軋轢が身近に生じ易くなっていることに自覚的になることが必要ではないか。一つひとつの個別の事情に、丁寧に耳を傾けて行かなくてはならない。学校教育をはじめ社会全体で、個人や共同体の履歴や地域性、土着性に再帰する傾向が広まるなか、完全な人類文化的コスモポリタニズムの不可能性とそれを暗にめざすなかに生じる困難や苦悩を直視し、少しでもより善い関係性を築くための努力が求められている。

では、木村教育学は、異質な立場が相互攻守的に交渉し得る地平をどのように見出したのだろうか。引き続き、フィヒテ哲学との対話を読み解いて行こう。

フィヒテ教育思想の継承

木村は、初期フィヒテ哲学を文化教育学の人類文化の立場と重ね、双方の文化理想主義的側面を批判した。しかしながら、学位論文第七章の終盤や『形成的自覚』（一九四一年）所収論文「フィヒテの回想」（一九四一年）などでは、フィヒテがフランス軍との時局の攻防を見据え展開した国民教育論を高く評価する。「人類から国民へ、――これは著しい一つの転回であった[17]」。

木村教育学がフィヒテの文化理想主義的側面として抵抗したのは、「人間一般」の道徳的文化的な価値形成を示唆し、すべての人間を一様に価値実現へ向かわせようとする議論であった。そこでは、論文「一打の鑿」（一九三二〜一九三三年）での身体論の萌芽以降木村が重視し続けた、行為のなかでの暫定的な過程性や技術的身体の未定性が見過ごされてしまう。つまり、初期フィヒテの議論では、「人間教育に関する指導概念」が、予め明瞭な「道徳的素質」の開発という一般的な大枠として定められていることが問題だというのである[18]。

ただ、木村はフィヒテ教育思想の指導概念に留意する。木村がフィヒテから引き出す指導概念は、「意志教育」「知的教育」「職業教育」「個性教育」の四点である[19]。

意志教育とは、「意志の覚醒と鍛錬」により不断に「自然の障碍の克服」しようとする努力的志向性の涵養のことである。また、知的教育は、「人間性一般の理念」に向けた周到な知的工夫と知的刺激の開発である。ただ、この二点は、抽象的な素材としての自然把握と、道徳的文化的人間育成に向かう主意主義的な傾向に基づく点で、やはり文化理想主義的な色合いが強い。これらに比べ、職業教育と個性教育は、木村が重視する「人間の歴史的社会的使命」と響き合う指導概念である。

フィヒテの職業教育論で重視されるのは、一人ひとりが「自然が与えた個性的有限性」を介した自由な選択によって自身を形成し、「歴史的社会的存在」としての「身分 Stand」を得ることである。それは言い換えると、歴史的社会的営みから「召喚 Beruf」されるかたちで、何かしら具体的な「職業 Beruf」を選び、その社会に参与して行くことを指す。ここで職業を選ぶことは、自らの素質の自己開発というよりも、社会のうちから召喚された使命的な有限性に応じ、それを自らの問題として引き受けることを意味する。

これは受動的な職業選択のすすめに映るが、一見されるような、すでにある社会的役割のなかから可能性の高い職業を選び取って行く議論ではない。木村の理解ではフィヒテの職業教育論は、召喚された有限性を深く自覚し社会に「無限に参与する」こと、つまり将来に向け積極的に、身分的専門的職業的領域と自身がともに作り変えられて発展して行けるような領域に注視する。大切なのは、やりたいことやできることに一つひとつ当たるなか、職分的な身分をまとって行くという、個人と社会の有機的つながりである。

また、フィヒテの個性教育は、職業教育の議論と結び付いている。フィヒテは、独立自足的な「個性的個体」が部分的に集合して社会が成り立つとは考えていなかった。ここで個人の個性は、社会から資格付けられる身分的職分と重ねて理解されている。社会的身分としての職業は、先述の通り個人の恣意的自由によるのではなくて、社会における道徳的文化的実践に基づく召喚と選択によって決定される。そこでフィヒテは、ペスタロッチ（Johann Heinrich Pestalozzi：一七四六～一八二七）の自由主義的な個性教育への時代の熱に対して疑問を呈したゲーテ（Johann Wolfgang von Goethe：一七四九～一八三二）同様、単なる単独的個性の尊重ではなく、一人の人間が様々な対立、矛盾、葛藤を経ながら歴史的社会的に生きる存在の仕方に個性を見出した。個性教育とは、社会からの召喚と照らし合わせて、一人ひとりがそこから自分自身の道徳的文化的実践の自由を押し広げ、そのうちで耕すことのできる技術的身体性を模索することを意味する。

木村教育学は、初期フィヒテのなかに、以上のような人類文化の立場から歴史性と社会性の重視へという理論的な振れ幅を読み取り、自身の教育学構想に積極的に取り込んだ。そして、後期フィヒテに関しては「国民」「国家」の立場への理論的転回を評価し、自身の国民教育論の支柱とした。

「祖国愛」論から導出される「国民」「国家」概念

木村教育学は学位論文を通し、イェーナ期フィヒテの知識学を丹念に読み解き、その文化理想主義的な傾向を指摘した。また、教育思想としては、フィヒテを人類文化の立場における文化教育学と重ね、批判的に継承する傾向が強かった。しかし、『学徒の本質』（一八〇五年、公開講義）や『浄福なる生への指数』（一八〇六年）などの宗教哲学的な思索や、その後の講演「ドイツ国民に告ぐ」、そして後期フィヒテの国民教育論については高く評価した。

転回後のフィヒテから木村がとくに影響を受けたのが、種的社会的共同体のうち最も個性が際立つものとして示された「国民」概念である。「ドイツ国民に告ぐ」には、「国民」という個性的存在が、単に人類の一部分ではない「独特なる実在」として頻出するようになる。木村はここで、後期フィヒテの国民概念を支える原理として、「祖国愛」に象徴される「愛」の概念に注目する。[20]

国民概念は、初期フィヒテでは表立っていなかったが、後期に至り「民族 Volk」とほぼ同義として語られるようになる。ナポレオンによりベルリンが占拠された一八〇六年頃以降の情勢を受け、「ドイツ国民に告ぐ」には二つの動機が伴ったと木村は言う。それは、これまで暮らしてきた地域性や土地柄への誇りと愛着の鼓舞、そしてもう一方には、異質な他者との遭遇により生が変質することへの喫緊の対応必要性である。そのようななか謳われた「祖国愛」論は、「全人類の改善と改造」[21]や「人類全体の正しき発展」[22]というコスモポリタニズム的視座を遥かに見据える。ただ、それを直にめざすのではなくて、どこまでも歴史的社会的な諸々の「種」の特殊性と独自性を介した分化を重視しながら、「類」的に拓かれ合おうとする論旨なのである。

「愛」の原理はここで、国民（民族）における「種」的葛藤が「類」的地平を力強く拓いて行く動的な働きと考えられている。[23]後期フィヒテの国民教育論では、祖国愛を通したコスモポリタニズムがめざされた。木村はこの要点を以下二点にまとめる。第一に国民（民族）概念が価値の絶対的尊厳を伴う相対的な種的社会的特殊性として捉えられる点、第二に、国民（民族）の一員としての個々人は、その価値性を「民族愛」へ昇華する活動を通し、他の国民

〈民族〉にもそれぞれに特殊で独自な同様の活動を承認する点。

一方、「国家」概念については、フィヒテは意外にも極めて消極的である。『学者の使命』(一七九四年)のなかで、フィヒテは、国家形成や政治的組織を、国民の道徳的文化的生活のため、あるいは広く社会建設のための一つの手段に過ぎないと述べる。この議論は「ドイツ国民に告ぐ」にも一貫される。つまり、フィヒテの国民教育論は、国家を国民の道徳的文化的生活のための手段的道具として、世界史的な文化交流のなかで永遠に作り変えられて行くものと見なした。この見方は、木村の国民教育論と国民文化論に概ね継承されている。

さらに、「表現愛」思想を「世界史的表現愛」として描き直す後期教育学の議論は、「国民」「国家」の概念をフィヒテから導出する側面に加えて、同時代の「世界史の哲学」の議論とつながり合っている。京都学派における世界史の哲学とは、雑誌『中央公論』誌上の三度の企画座談会「世界史的立場と日本」における高坂正顕、鈴木成高(一九〇七～一九八八)、西谷啓治、高山岩男(一九〇五～一九九三)の議論を指す(24)。

大島康正によるとこの座談会は、戦争追随、戦争礼讃の立場には立たず、時局の世界的情勢に対する強い関心と責任を以って、歴史哲学の立場から応答を試みることを意図していた。木村もまた、一九四一年頃から、公認で海軍省嘱託となった高山に協力するかたちで、高坂、鈴木、西谷とともに、京都学派の立場から戦争回避と戦争抑止に向け働きかける研究会を組織した(25)。しかしながら、森哲郎が指摘するように、京都学派の世界史的立場や「近代の超克」論(26)は、戦後、哲学的探究の実質を不問にしたまま戦争責任の下に断罪されてきた傾向にある(27)。そこで本章は、木村の後期教育学における「世界史的表現愛」論を改めて検討するため、京都学派の歴史哲学の支柱として世界史的立場の言説に大きな影響を与えた田邊哲学の主軸「種の論理」を確認しておきたい。

第二節　国民国家論の理論的土台②——田邊哲学「種の論理」の展開

「絶対媒介の立場」から木村教育学への影響

「世界史的表現愛」が主題化された国民国家論を理解するには、後期フィヒテ哲学の転回でも鍵となる「種」の概念を、田邊哲学の「種の論理」を通して押さえておくことが不可欠だ。「種の論理」は、論文「社会存在の論理——哲学的社会学試論」（一九三四年）から論文「種の論理の意味を明にす」（一九三七年）にかけた一連の論考により展開され、田邊哲学を代表する議論となった。田邊が生前に諸論考をまとめて明示化することはなく、「種の論理」は各論考を通して随時深められ、内容的にも推移して行った。論文「種の論理の意味を明にす」における一応の総決算は、時期的に言えば、木村が初期フィヒテに文化理想主義的傾向を指摘し、文化教育学批判の立場を表した頃と重なる。「種の論理」は、『田邊元全集』第六巻に、その萌芽からひとまずの完成に至るまでの諸論考が所収されている。また、第七巻には、論理の完成以後さらに議論が発展した軌跡がまとめられている。以下はまず、前者を対象として「種の論理」形成の道筋を辿り、木村教育学との関係性を読み取ってみたい。

論文「社会存在の論理」では、「種の論理」という「類」「種」「個」の論理は、生物学的な視点から人間の生の構造を系統分類する議論ではなく、社会学的な視点から日常的な生の閉塞感や行き詰まりを打開する論理であると記されている。つまり、「種の論理」が扱う「種」とは、生物学的な意味合いでの類と個の中間項ではない。「種」の位相は、「社会存在」としての人間にとって最も切実で具体的な原理として構想されていた。そして田邊は「種の論理」によって、「類」「種」「個」が相互否定的媒介的に連関し変容するダイナミズムを浮き彫りにし、常識的に自明視される事柄や通念として固定的に捉えられる事柄を穿ち、時流のなかで問い直すことをめざした。(28)

田邊によると、「国家」「民族」「階級」などは、「何れも人類の全と個人の個とに対し、種の位置に立つもの」であり、「類」と「個」の位相をその「媒介契機として含むもの」である。したがって、「種」の立場を無視する論理は社会存在の論理ではあり得ない。田邊はこのように考え、「特殊の個人」の集まりによる統合形態をそのまま「普遍的国家」「人類国家」と見る国家論、つまりは「人民の総意」から直接的に「統治の主体」を導き出す、自然法に基づく社会契約的国家論を厳しく批判した。そして、「類」の普遍性と「個」の特殊性を相互自己矛盾的に取りつなぐ「種」の媒介作用をつぶさに記述し、国家契約的な議論を根本的に問い質そうとした。

「種の論理」は、論文「種の論理と世界図式――絶対媒介の哲学への途」（一九三五年）によって、身体論でも鍵となった「絶対媒介の立場」から再考されて行く。

哲学に於ける論理は何等直接態を前提せざる絶対の媒介であり、前提をも更に媒介する絶対媒介でなければならない。そこに厳密なる意味に於ける論理が、例えば感情の如き直接的なるものに由る媒介でなくして、其自身媒介せられたものたる概念の媒介に由る絶対媒介でなければならぬ所以が存する。論理とは約言すれば絶対媒介の謂である。論理の立場に於ては凡てが媒介せられて居なければならない。[29]

ここで田邊が論理に必須とする「絶対媒介の立場」とは、直接的に依拠することができる何らかの具体的解釈や前提に依拠することなく、だからといって感情の直接無媒介的な作用に身を任せることもない立場である。「論理の立場に於ては凡てが媒介せられて居なければならない」。つまり、概念や思考の枠組みを、すべて自己完結させずつねに相互媒介的に捉え、意味の制約や限定性を綿密に精査しながら推論的に議論を組み立てなければならないというのである。この「絶対媒介の立場」は、一九三〇年代初頭に田邊の身体論のなかで提起された内（内在）と外（超越）の「絶対弁証法」が、社会存在論として発展された議論と言えるだろう。

さらに、「種の論理」の第三論文「論理の社会存在論的構造」（一九三六年）では、また議論が深化されている。というのも、「種」は当初、単に個々の主体性に対立する否定的契機として「基体的直接統一」と考えられていたが、突き詰めてみるとそうではなく、むしろ基体としての統一し得なさ、有的な固有性としてのまとまらなさを指すことが強く示唆されるようになる。「種」の位相は、「個」の諸相の集合的加算では決してない。

そして、論文「種の論理の意味を明にす」（一九三七年）では、「種の概念」は「今や絶対媒介の否定契機として自己疎外の原理とならなければならなくなった」と明記される。[30] つまり、「類」「種」「個」すべての位相は、「種」を自己否定の契機として連関し合っており、それ自体としては端的に成り立たず指し示すことさえできないというのである。このように、「類」「種」「個」の三つの媒介項がそれぞれに「絶対媒介」する「種の論理」においてはまた、そのいずれかが他の前提となることは決してない。どの媒介項も単独的には語り得ず、決して有的な何ものかではない。

以上のように、「種の論理」の萌芽からその展開の時期には、田邊哲学は、「普遍的国家」や「人類的国家」の立場を机上の空論と考えていた。この時期の田邊は、国家を絶対的な普遍性の下に捉えることに慎重な姿勢をとる。木村教育学はこの時期の「種の論理」を消化して国民教育論、国民文化論を形成した。

しかし田邊は、論文「種の論理の意味を明にす」のなかで、「種の論理」の展開途上に位置付けられる論文「社会存在の論理」について、そこでの議論が社会存在である「個」の否定契機としての「種」の立場に集中していたことを反省的にふり返る。そして、「此論理の絶対弁証法的普遍の根柢を同時に一般的に自覚するに至らなかった」と述べ、「絶対弁証法的普遍の根柢」について再考する意欲を見せている。[31]

この反省により田邊哲学は、「種の論理」をさらに徹底させて行く。そして、そのなかで次第に、「個」の位相と「種」の位相との絶対否定的媒介に焦点を当て、両位相の対立葛藤に「類」的位相を創造的に深化させ変革させる可能性を見取り、そこに国家形成の作用を宛てるようになる。田邊は、国家を「種」の相対性に留め置くのではなく、「個」から「類」への媒介的通路として特別視するようになったのである。ここから、「種の論理」は国家論に傾斜するように読み取れる。そして、田邊哲学と木村教育学のあゆみは好対照を成し、「種の論理」の完成以後、とくに文化論に関しては極めて対局的な見解を示すことになる。

「種の論理」は、論文「種の論理の意味を明にす」で完成された後、論文「国家的存在の論理」（一九三九年）で国家論に集約される。木村教育学の立場は、この頃を境として田邊哲学と乖離することになる。以下、その過程を追ってみたい。

「種の論理」の転換と木村教育学との乖離

田邊は、すでに論文「社会存在の論理」の時点で、あらゆる種的共同体や社会的組織のなかで、国家に「宗教的一面」を見出し特別視していた(32)。国家の宗教性とは、「神政政治（テオクラシー）」のように、他の社会的共同体や組織を統制する神意を指すのではない。田邊が国家に見出す宗教的一面は、神政の原理とは全く異なるものだった。

国家の宗教性は田邊において、「死即生」の絶対否定性として示し出される。神政の宗教性では、共同体の構成員が共有する一様さや安定性が浮き彫りとなるが、田邊の国家論では、国家がその他の共同体や組織の特殊さを突き抜けて、ほとんど類的立場から相対する個に平等に媒介する圧倒的な側面に光が当たる。田邊の言葉で言えば、「人類的国家の絶対否定態」において、国家は宗教の「救済」に通じる「不捨摂取」の作用を働くというのである。

その意味で国家は、「死即生に転回せられたる人類的個人」による「特殊即普遍なる類化せられた種」に相当する(33)。類的な普遍性の立場は、先述の通り、民族的な特殊性のように固有の枠組みで捉えられるものではなく、そもそもは指し示し得ず語り得ない不可能性、統括し切れない取り留めのなさとしてしか把握することができない。ただそこのところで、国家を「特殊即普遍なる類化せられた種」と捉えてみると、個人的生と種的生との対立葛藤が国家的生に等しく介入される側面が浮かび上がる。それが事実上、究極的な類的生に当たるのではないかと田邊は考え、ここに国家の宗教性を見出した。この国家論は、論文「国家的存在の論理」に結実される。そこでの田邊の主張は、以下の通りである。

私の関心はもとより初めから歴史哲学の問題にあったのであるが、併し私は歴史を単に表現とか形成とかいう生の直接的作用に基ける人文主義的観方に根本から不満を感じ、斯かる見地からは到底今日我々の生死を賭すべき国家存亡の危機を孕む歴史の意義を捉えることは出来ぬ、歴史は必ずその主体たる国家から理解せられなければならない、それには先ず国家の社会的成立、その基体即主体としての綜合的構造を闡明《せんめい》しなければならぬ、と考えて、社会存在の論理を種の論理として確立しようと試みたのである。(34)

ここで田邊は、「種の論理」が真に社会存在の論理であり得るには、「直接的作用に基ける人文主義的観方」に支えられた個々の「表現」「形成」の立場を離れ、国家そのものを「基体即主体」として直に議論するべきだと主張する。この主張の背景には、『哲学論文集第三』（一九三九年）にまとめられた西田幾多郎の歴史哲学や、『表現愛』（一九三九年）での木村教育学の表現論、形成論が想定されているようにも読み取れる。

引用で主題化される「我々の生死を賭すべき国家存亡の危機」に関する歴史哲学について、戦後の田邊は『種の論理の弁証法』（一九四六年）のなかで「私は昭和九年から同十五年に至る間、自ら種の論理と呼んだ弁証法の論理の研究に従い、之をもって国家社会の具体的構造を論理的に究明しようと志した」と回顧している。「種の論理」構想の動機は、それまでの社会で支配的だった個人主義や自由主義、またその反面で新たに興りつつあった民族主義とそれに立脚する全体主義をも、批判的に検証することであった。その思索の目的は、前者の個的特殊性と後者の社会的全体性を相互否定的に媒介する「基体即主体、主体即基体」なる「絶対媒介の立場」から、国家の理論的根拠を導き出すことにあったという。

しかしながら結果的に、田邊の国家論は、「類」「種」「個」の三項相互の絶対媒介を論じ改めるなか、個人主義的自由主義的立場と民族的全体主義的立場を相互対立的に批判し、最終的には類的普遍性に止揚し切ってしまうかたちで、弁証法的道筋を踏み固めたように読み取れる。そして、「類化せられた種」としての国家を、「個」と「種」の弁証法的止揚の位置に置いたのである。この見方は、国家形成を文化的営みの一つとして相対化し、国家をどこまでも相対的に「種」の一位相に留めた木村の国家論と大きく異なっている。

さらに、木村教育学と田邊哲学の主張が食い違うのは、文化論においてである。田邊の講演録「文化の限界」（一九四四年）を参照してみよう。(35)太平洋戦争の戦況悪化を受け、一九四三年一〇月、二〇歳以上の文系学生に限り、徴兵猶予の特権が解かれた。講演は、田邊が戦地に送り出す学生に向け語った言葉である。(36)

この講演で田邊は、文化の価値を真に自覚するためには、逆説的に、文化の「限界」、文化の「否定性」をよく踏まえなければならないと主張した。その意図は、文学、哲学、歴史学などあらゆる文化や学術が、それぞれに固有な教養的立場に固着し「文化主義の立場」に自閉する傾向に対し、歴史的社会的実情との乖離を指摘することであった。文化が、自らの営みを根本的に可能にしている絶対的立場――「政治」と「国家」の領域――を省みず、関係性を見失ったままでは、文化はいつの間にか吹き飛ばされ、打ち消されてしまうだろう。(37) 田邊はここで、国家や政治の問題が文化に対し絶対否定的な威力を持つに至り、文化の立場がそれに対して空回りの抵抗や批判を繰り返すのみで、実際的にはなす術なく始末をつけることができなくなっている事態に警鐘を鳴らしている。以下は講演録の一節である。

文化の立場というものは簡単にいって、死ぬということが問題になっていない立場だと思う。文化というものは死ということを、我々の死ということを問題にしない立場だと思う。文化の立場というものはどこまでも、生きている生の立場である。直接に生を肯定する立場である。よく文化というものは生の表現であるというふうにいわれる。生の表現というものは死というものを考えない、生が自分自らの内容を客観化するということが表現ということでありますからして、文化というものは表現の立場である、即ち生の立場である、どこまでも生きてゆくという生の立場で文化というものは成り立つのである。(38)

文化的営みのなかでも確かに個人は死を迎える。しかし、田邊によれば、文化的価値が「普遍的な客観的なもの」として個人の死生を超えて存続するため、文化の立場は、楽観的で連続的な見方を脱し得ない。文化は、世代を超えて人間の「生」がつねに新しく発展する可能性のみを見ようとする。しかしこれではかえって、文化は自らの根本を痛めつけ、果ては滅び行くことになるのではないか。

　田邊によれば、様々な仕方で「死」という不可能性を原理的に突きつけてくる国家、政治の情勢は、文化の立場に拘《こだわ》る限り実際には見えて来ない。しかしながら着実に、「死」の不可能性は「生」の可能性を決定付けている。そこで、文化の限界を考え抜き、「生に対する限界」としての「死の問題」を徹底的に見据えることが重要ではないか。田邊の主張はこのように続く。田邊の講演は、「死」を問い抜くことでその必然性に身を捧げ受苦を愛するという、時局に追随するような危うさを孕む。しかしここでは、その点で田邊哲学を非難するというよりも、当時の時代性のなかで主張された問題意識——文化的立場が陥り易い楽観性と、文化自体に埋め込まれた覆い隠されがちな脅威——に注視することに留めたい。

　対して木村教育学は、最期まで「表現」「形成」の立場から、文化の積極的意義を示し続けた。田邊同様に西洋理想主義的な人類文化の立場を批判しつつも、重点を置いたのは、個人や社会的共同体の特殊的立場が文化的交流圏を充実させることの可能性の方だった。第五章で検討した、教育原理に政治原理を取り込む後期教育学の教材論や、その先に示唆された文化一般を巻き込む大きな社会教育構想は、〈文化 - 教育〉の創造的連関を踏まえた国民国家論を下地として展開された。

　ただ木村の死後、森昭（一九一五〜一九七六）は、『国家に於ける文化と教育』（一九四六年）に書評を寄せて、木村教育学では人格的主体間における公共倫理性への視点や、教育を個的社会的人格の倫理的交渉を扱う営みと見る把握が不十分だったことを指摘する。そしてその最も大きな問題点を、「表現愛」思想が、文化の営みにおける包括的な「人間的生命の次元」に内閉し、これをも否定的に超越する政治的実践的次元での人格性を捉えられていない点に見出す。[39]つまり、木村教育学では、政治的制度的側面に規定された個的社会的人格性への配慮が足りず、改めて一連の議論を、田邊の「種の論理」的な切り口から吟味し直す必要性があることが示唆されているのである。

以上、「表現愛」思想は、一九三〇年代に田邊の身体論と「種の論理」の展開を立て続けに取り込み、その下でフィヒテ哲学と対話しながら形作られた。木村教育学の最終的立場は「表現」「形成」と「文化の立場」であり、田邊哲学とはかけ離れている。しかしながらここで、『国家に於ける文化と教育』のなかで、それまでの「表現愛」が「世界史的表現愛」と言い換えられる側面に、木村が田邊哲学と似通った「種」的な切り口から、改めて「表現愛」思想を歴史哲学的に語り直そうとした痕跡を読み取ってみたい。

第三節　「世界史的表現愛」の立場

文化の「世界史的個性」の無限発展原理「空」

後期教育学は、フィヒテの国民国家論を継承し、国民（民族）性を、内閉的な固有の内発的特性ではなくて、他の国民性との攻守、つまりは戦況的綜合の過程性と開放性によって特徴付けた。そして、この議論を一貫して文化の立場から展開し、国民教育論を、「世界史的国家の技術的契機」として次世代の身体性を育み、世界史的交流圏を拡充させる方向性で構想した。[40]

ここで重要なのは、木村教育学が、フィヒテ哲学や文化教育学の理想主義のように、文化的領域や文化的な意味や価値性を、有極的統一点として掲げないことである。この背景には、展開途上にあった田邊の「種の論理」からの影響が読み取れる。つまり、木村は「類」「種」「個」が相互絶対否定的に媒介し合う「絶対媒介の立場」から異文化交流を捉えているために、文化とは有極的交流でありながらどこまでも間主体的、間文化的な差異に他ならず、質的違いを伴う営みの濃淡なのであって、確固とした輪郭で括られた有的な文化圏が想定されているわけではないのである。

このような文化理解は「空」概念として示される。それは、異文化間の世界史的個性の戦況的綜合を、攻守や戦況的な水平的力学のみではなく、一切の攻守や戦況における個々に特殊な関係性をつねに抜本的に無化しながら、そこに垂直的な普遍的運動をも宛行って捉える概念である。つまり国民文化は、独自な固有性と社会的共同体としての同質性を伴いつつも、世界史的文脈から見ると根本的に、その意味や価値性を空け放ちつつ流動し、混在している。「世界史は絶対空によって国民を存在せしめるのである」と木村は言う。(41)ここでは、そうした「絶対空」によるあらゆる意味や価値性の廃棄を経るなかで生じ、新たな文化交流の糧となる側面が、生成する国民文化の世界史的個性と考えられているのである。

このように、一切の意味と価値性を弁証法的無の否定的媒介から見返す議論により、木村の国民教育論は、個人的身体の個性のみならず、国家の技術的契機としての種的社会的身体の個性をも、内と外、自己と他者、主体と客体の同時相即から捉えることになる。「空」の議論を身体論に接続すると、そこには、個的位相、種的位相の両身体性の相互媒介において、内と外、自己と他者、主体と客体が相剋しつつ新たに立ち上がり未定の創造が伸び出すところで、類的生命的な身体性の原理に光が当たる。

木村によれば、「世界史的文化的主体としての国民的存在」はすべて、他のいかなる文化的立場からも一概に裁定することのできない「無限定的な発展可能者」「対象的に把握することを許さない個性」である。これは、容易に独断的な国粋主義へ転じ易い素朴な国民文化論に歯止めをかけ、自民族中心主義を打開し続けるための論理である。木村教育学は、個々人の間柄においても、国民文化を介する国民主体間の関係性においても、自他ともに把握し切ることのできない可能性の充満を何より大切にする。

したがって、ここでの議論に沿えば、「国民的存在」の「表現力」や「形成的能力」は、個々の要素の「単なる加算的総和」から成り立つのではない。様々な力量は極めて表層的な切り取り方でしか、価値的比較することはできない。そこで、そうした対象比較は、一々の「表現」「形成」を成り立たせている歴史的社会的な特殊性と、将来の未定で無限な発展性をできるだけ見据え、慎重に検討されなければならないのである。

以上のように、「世界史的表現愛」概念は、「身体的存在」の存在構造論であった「表現愛」思想を世界史的立場で再展開し、「空」の絶対媒介作用が間国民主体的、間国民文化的に世界史に介在する動きを掴んだ。それは、文化が刻一刻と変化変容しながら関わり合って多様性を増し、「世界史的現実」が多角的に見定められて行く世界構造化の原理と言える。では、このような枠組みの下、「世界史的表現愛」における技術的身体論が、文化政策論的な議論へ転調されて行く側面に注目したい。

文化発展の原理「媒介的創造性」

間国民主体、間国民文化の媒介原理として「空」概念が示され、それぞれの国民文化が異文化交流により「世界史的個性」を無限に発展し得ることに光が当たるようになると、「表現愛」は「世界史的文化的絶対無としての表現愛」という意味で、「世界史的表現愛」と言い換えられるようになる。以下、その詳しい記述を引用してみたい。

> 一切のものは唯ここに於てのみ個性的に完き存在として完結性を得ることができる。一つの国民主体のさまざまな実現がそれぞれ一つの仕事として完了的な意味を担い得るのもこの愛の原理に基礎づけられて初めて可能なのである。限りなく進展してやまない世界史的時間に於て、それにも拘《かかわ》らず一つの区切られた完結性として時代が成立し得るのも、エロス的次元をアガペ的に包越する世界史的表現愛の表現的原理として世界史的時間が成立するからにほかならない[42]。

この記述がまず示すのは、「世界史的表現愛」という異文化交流の原理では、国民主体がそれぞれに完結した「世界史的時間」を体現するということである。つまり、各々の国民主体は、文化を通しそれぞれに進展し続ける「イデア追究的存在」でありながら、「世界史的表現愛」においては「一つの仕事として完了的な意味」を担う。この議論からすると、異文化交流のうちに自覚される国民性とは、現に表し出されるエロス的価値性をひとまず媒介とし、アガペ的に他を迎え入れる側面に捉えられることになる。

そして引用からはまた、異文化交流の在り方自体が、〈国民文化‐国民教育〉の「世界史的現実」の映し鏡としての意味を持つことが示される。木村は基本的に、「世界は自己拡大の衝動をもつ国民の不断の闘争である」という緊張感のある見通しを携えていた(43)。ただ、だからこそ、「世界史的表現愛」の議論を提起し、異文化交流が決して自文化の闘争的な拡張拡大に留まらない方向性を示そうとしたと言える。「世界史的表現愛」の思想は、絶対空に支えられた世界史的な文化交流圏の成り立ちを、「世界史的文化的絶対無」の具現とする。この見方により、それぞれの国家が自らの世界史的時間に映る世界史的現実を引き受け、そこからあらゆる展開可能性に向けて技術的契機の尖端として技術的身体性を育むことが、課題として浮かび上がる。このように、後期教育学の「世界史的表現愛」論は、国民教育論と技術的身体論の接合点で、文化交流圏の充実と拡大に向かう種的社会的身体性を多元的に育もうとする、当時としては実に革新的な議論を展開していた。

ただ一面において、「世界史的表現愛」の議論は、国民国家論に傾斜するなか、後期フィヒテ的な「(祖国)愛」の議論を、国民の間に与り保たれる作用ではなくて、国民の一員としての個人、つまりは「臣民」一人ひとりの心情として説いた節もある。それは、第六章で教師個人の教育愛論に指摘したような歪曲した議論を、種としての日本国民の愛国心論として再生したことを意味する。いずれにしてもこうした議論の大きな問題点は、本来なら単独的には語り得ないはずの「類」「種」「個」の連関を分断し、その構成員の一々に直接「愛」の原理を宛て、それをめざすべき理念として掲揚する語りだったのではないか。

ただし「世界史的表現愛」論には、愛国心論の議論の矮小化を自ら回避し得る工夫も示し出されていた。それは、異文化交流の只中で、国民文化の内在的な過去の蓄積も、超越的な将来の展望も、すべてがともに無に帰されつつ文化が発展するという原理「媒介的創造的発展（媒介的創造性）」である。[44]「媒介的創造性」は、唯一の戦後の著作『日本文化発展のかたちについて』（一九四五年）にも一貫されており、その意味で木村教育学が提起した最後の要点と言える。木村はこの原理により、古来日本文化の発展が、大和民族の内在的蓄積的発展ではなく「異文化と接触してこれを媒介契機とすることに依って」のみ発展してきた点を強調する。[45]それによると、日本文化の発展形態については、大きく分けて以下三つの考え方がある。

第一は、古代日本に顕著であった「原始的日本」の「日本的生命」が自己開放的に展開してきたという発展の見方である。この発展形態は、単一的な原始性が複雑化し、「豊富性」を増して行くという枠組みで捉えられる。

第二は、第一の「向外的開放性」を「否定媒介」として発展する、「向内的沈潜」という発展の見方である。それは、国民主体性が外縁と折衝して「自己内反省」されることによる発展形態である。

そして第三は、上記二つの発展形態を両方向から綜合的に統一させた見方である。「媒介的創造性」の原理はこの立場に当たる。ここでは、国民主体の個性や原始性を、先述のように不可算的で質的なものとして捉える。興味深いのは、ここからうかがえる文化発展は、未熟さから完全性に至る直線的で漸次的なあゆみ、合理的発展的な方向性、有極的な連続性などを一切削ぎ落としている点だ。そうした合理性への志向を根本的に超脱し、かえって異質性との接触や遭遇に浸透して、相互自己否定的な媒介運動に晒されるなかで醸し出されてくる妙位が、日本文化の発展の原理としての媒介的創造性なのだと木村は言う。[46]

木村は「媒介的創造性」を具現化するものとして、儒教と仏教を綜合した「鎌倉武士道」や「室町芸術」を例示する。「それは世界史的存在としての日本的生命の深さへの徹底であると同時に広さへの拡大なのである」。木村はこのように、国民文化が世界史的存在となるには、内への垂直的な沈潜とともに同時に外への水平的な投機が必要だと考えた。そして、その二重の媒介作用を経て、一般的に想定されがちな、文化の固有性や純粋性の有的内核を徹底的に溶かし込んでいなければならないとした。媒介的創造性の原理は、当時の国粋主義的な日本精神の高揚により、国民文化が枯渇し硬化することに抵抗する議論だったのである。

ところで、媒介的創造性は近世以前の日本文化には見出されないのだろうか。飛鳥時代以前に朝鮮半島百済から伝来した『千字文』等による漢字リテラシーの成立、八二八年頃に空海（七七四〜八三五）が設立したと言われる綜芸種智院での民衆教育など、遣隋使や遣唐使が活躍していた古代の律令国家形成期にも、媒介的創造性の原理は見渡されるように思う。中世の年少の子どもたちの手習い文化が、興福寺多聞院をはじめ各地の寺社仏閣に担われていたことや、室町時代の足利学校所蔵の儒学書には、宋代や京都五山の新注版ではなく、漢・唐代の古注版が多いことなども、日本文化発展のかたちを考えるうえで示唆深い(47)。媒介的創造性との関連で、古来の日本文化や近世近代の文化発展を語り直すことは課題のまま残された。ただ、木村教育学が当時、日本文化の発展や今後の創造性を、文化の純粋固有の輪郭や有的な統一核を抜きにして、相容れない異質性との対立や拮抗矛盾の媒介運動を元に見通していたことの意味は大きい。

第四節　「離身的延長」される「道」としての技術的身体

媒介的創造性の下に異文化交流を捉え直す際、問われてくるのは国民文化のオリジナリティーの問題だろう。しかし木村は、たびたび危惧されるような文化の「平均性（文化的個性の接近）」や「一様性（圧倒的な優勢に依る他の征服や廃滅）」は、つねにその可能性が切に迫りながらも、文化の本質からすると杞憂であると考えていたようだ(48)。「世界史的表現愛」において、技術的身体が「世界史的国家の技術的契機」として陶冶される限り、国民文化の「世界史的文化的個性」が喪失されたり均質化されたりすることはないと木村は言う。

そこで鍵となるのが、「世界史的表現愛」における技術的身体の具体的働きとして示される、「道」という枠組みである。

「道」の概念は、互いに絶対的に異なる他者性を伴って「客観的表現」される文化が、そもそも接触と交流に入り得るのはなぜかと問うなかで示し出される。異文化の接触と交流は、「それ自身媒介的技術的な存在」であり、「相反する方向を交流的に綜合し得るような客観的な弁証法的存在」である「道」により、はじめて可能になる[49]。それは「往還」という言葉で示されるように、完全対立し相互に否定し合う方向性を、対立のまま客観的物理的につなぐ動きを指す。したがって「道」は、方向的な動勢以外は何も有さず、決して実体的には把握されない。木村はそのことを、「本来間主体的な往来の方向を止揚契機とする客観存在的な媒介的無」とも言い換えている。

木村は以上のような考察を踏まえ、「道」を具体的には「交通運輸」「通信」「伝播報道」の三側面で示し出す。つまり「道」とは、何らかの意味での技術性を必ず伴い、その技術性が文化的な異質さを取り持ち往還することで、「世界史的空間」が客観的に「表現的限定」されるような作用と捉えられるだろう。「世界史はかくして間国民文化的な技術的媒介者である道の開発に依って具体的現実的な成立と発展とを遂げるのである[50]」。そこで重要なのは、このような「道」が、間国民主体における技術的身体性の「離身的延長」として、以下のように捉え直される件である。

> …前略…道は一般に脚としての技術的身体の一つの離身的延長として、他の主体との接触と交渉とを求める世界史的意志の対自的客観的な展開であり、この意味に於て一つの客観精神であるにほかならない[51]。

木村はこのように、技術的身体が「道」として世界を取りめぐる発展過程を、「世界史的意志」の客観的展開と捉えていた。「世界史的意志」とはここで、大陸、山脈、河川、大海原、砂漠といった自然条件や、そこに暮らす生物等の生態系を、すべて「道の可能態」として発掘し、「連絡網的」につなげ合い、ともに高度に発展発達しようとする種的社会的な意志意欲を指す。国民教育論の文脈では、それはとりわけ国家の公的な意欲、文化政策的な問題として論じられている。

ただこの議論は、「道」の網の目が産業として飛躍的に発達し緊密する今日、また違った角度から再考しなければならなくなっていると思われる。木村が〈国民文化－国民教育〉の連関点に見出した一人ひとりの技術的身体性は、増幅し加速し続ける「道」とともに変質し、離身的な滑らかさに磨きをかけている。それは、生活の利便性や物質的な素材の有効活用を飛躍に向上させるけれども、注意しなければならない側面も多分にある。木村教育学が見出した「道」が、全く異質な種的社会的立場のかたちなき間の往還であり、そうしてつながれる客観的状況をすべて空化し変容させる無の媒介作用以外の何ものでもないと考えられていたのに対し、今日の「道」はそれ自体がもはや実体化し、その下の「世界史的意志」は、作用の及ぶところすべてを同質化しているように見える。

たとえば、近年のシンギュラリティ（技術的特異点）の議論が示唆するように、人間の映し身でありながら、「身体的存在」の構造としては全くの異原理で動くＡＩ（Artificial Intelligence）が、今後は「表現」「形成」「作ること」の実践を担って行くだろう。その傾向性が今日のように有的実体的に「世界史的意志」化した場合、技術的身体の道的離身性は、一人ひとりの身体が習慣と反復により相互変容する仕組みのところでＡＩに介在されて、生の質的な転換が起こるかもしれない。またこのような状況では、一々の技術への親和度や離身性の度合いによって、一人ひとりの生活の実情は千差万別になりそうだ。

木村の後期教育学は、「世界史的表現愛」概念の下、国民国家論と国民教育論を軸として、「道」の技術的発展や「道」の実際の「通り方」を多元的に育むことを旨とした。方向性としては、「道」における離身的身体性を介して文化が一層多様性と豊富性を増し、そこから私たちの相互理解における思考や反省が深まることを重視したのである(52)。そうすることで、技術的身体性の差異を超え、自らの身体性を自覚し善さを活かし合うかたちで、個々人や国民主体間での協力が可能と考えたのだった。

道的に離身的延長する「世界史的表現愛」の技術的身体論は、身体の技術性と道具性が、個人の意志や意欲以前のところで、世界規模の種的社会的な事情や関係性、その傾向性により決定的に制約されることを明らかにした。ただ、木村の見方では、文化の平均性と一様性を回避する砦として、国民文化の媒介的創造性を活かした国民教育論が想定されていた。しかし今日の技術的身体は、国家論や国民教育論の範疇を超え、産業や日常生活を共有している。しかも、異文化交流の離身性の原理は、もはや文化発展の連絡網的側面としての道的離身的な身体性には収まらず、「身体的存在」の構造そのものに置き代わりつつある。それは、大局的に言えば、技術的身体的な日々の関わり合いの都度に、意味や価値性の抜本的な無的空化と新たな生成が生じ続けていることを示唆する。そこでこれからの教育は、技術的身体性にどのように関わることができるだろうか。

今日では、先述の人類文化の立場に通じるような統括的で汎用的な括りから、グローバル人材教育がめざされる。主流な時代の思考行動様式をいち早く読み取り分析し、個人や社会的共同体、組織の方向性を合理的に調整することは、社会生活で不可欠である。しかしそのような合理的で分析的な見方のみでは、木村教育学が「世界史的表現愛」論で示唆した技術的身体の種的社会的な道的離身性は柔軟性を失い、どこまでも有的に固定化され、すべての文化的な営みを覆い尽くしてしまうのではないか。

技術には、それによって新たに可能となる側面と、不可能になって行く側面が伴う。上記のような傾向の下では、その境目は際立てられるばかりで、前者に傾斜がかけられ、後者は簡単に切り捨てられて行くだろう。あるいは、「客観精神」の判断基準が、いつの間にか一般的に望ましい事柄や願わしい側面のみに偏り、新たな展開にあり得る不都合な見通しや不安を掻き立てる側面は、技術的身体的に察知さえされなくなる可能性もある。

後期教育学の「世界史的表現愛」論は、以上のように技術的身体論の種的社会的転調を浮かび上がらせ、一面に見られるその滑らかな同質性の議論により、個々の具体的な身体性に寄り添う視点が薄らいで行く危うさを示した。これからの教育の課題性については、ここでは問題の在り処を素描することしかできない。しかし、様々なメディアにより身体の離身的延長の流動性が高まる今日、「表現愛」の人間学が示唆するような「身体的存在」の構造を改めて踏まえ、その変化変容を見守ることがますます大切となるように思う。

註

（1）木村素衞『国家に於ける文化と教育』岩波書店、一九四六年、二六五頁。
（2）「文化教育学 Kulturpädagogik」とは主に、文化と教育の関係を本格的に主題化した二〇世紀前半ドイツでの流れを指す。代表的論者としては、ノール（Herman Nohl：一八七九〜一九六〇）、リット（Theodor Litt：一八八〇〜一九六二）、シュプランガー、フリットナー（Wilhelm Flitner：一八八九〜一九九〇）らが挙げられる。大枠としては、文化を人間の精神活動が外化された客観的精神と規定し、教育を文化活動の一貫と捉える。そこで、個人は文化的価値の世界へ導き入れられてその担い手となり、時に新たな文化を創り出すことで、客観的精神を豊穣化して行くと考えられている（教育思想史学会編『教育思想事典』勁草書房、二〇〇〇年、六八六頁）。木村教育学は、文化と教育の連関を説く側面では文化教育学と似通っているが、脱人間中心的な文化概念や単なる外界には留まらない自然把握の面で、最終的な主張は異なっている。
（3）木村素衞『教育と人間』弘文堂、一九四八年、一七〇頁。
（4）ここで初期フィヒテとは、フィヒテが一七九四年にイェーナ大学に赴き、一七九八年に哲学雑誌上の表記により無神論を咎められてイェーナを去るまでの間を指す。木村の学位論文の目的は、第一にフィヒテの「自覚的存在論の体系的基礎構造を初期の諸論文から鮮明に刻出すること」、第二に「カント哲学との連関を探索してこれを突きとめること」であった（木村素衞『フィヒテ』弘文堂書房、一九三七年、序文二頁）。なお、フィヒテ哲学の変遷は、以下三区分で捉えられる。第一期はカント哲学を受けつつ「自我の立場」が焦点化される一七九三年から一八〇〇年、第二期は「絶対者」「絶対知」を追究する一八〇〇年から一八一〇年、第三期は絶対者と自我の関連、自我と現象の関連を明らかにする一八一〇年から一八一四年である（隈元忠敬「知識学の変遷」長澤邦彦・入江幸男編『フィヒテ知識学の全容』晃洋書房、二〇一四年、二〇〜二二頁）。
（5）木村前掲書、二五、四七頁。
（6）同上書、六四〜六六頁。
（7）藤田正勝「木村素衞とフィヒテ」日本フィヒテ協会編『フィヒテ研究』第二号、晃洋書房、一九九四年、一四五頁。
（8）木村前掲書、六七頁。
（9）同上書、一五六頁。

(10) 同上書、序文三～四頁。
(11) 同上書、一六八頁。
(12) 木村素衞「教育の本質について」『教育と人間』弘文堂、一九四八年、四四～四五頁。
(13) 同上書、六五頁。
(14) シュプランガーは一九三六年から翌年にかけて来日し、京都での歓迎会において木村は面識を持っていた（高山岩男『京都哲学の回想――旧師旧友の追憶とわが思索の軌跡』燈影舎、一九九五年、五一頁）。『生の形式』（一九二一年）や『青年期の心理学』（一九二四年）で展開した、人間を重視する文化的価値と生活感情により類型化する議論は、当時かなりの影響力があった。
(15) 長田新は、大正デモクラシーから第二次世界大戦を経て戦後民主主義に至る日本の変動期に、教育界のリーダーとして活躍した。ペスタロッチ研究の第一人者として知られ、広島での被爆体験者として『原爆の子』（一九五一年）を編纂。戦後は進歩的知識人として、平和運動と民主主義教育運動に身を捧げた（小笠原道雄「長田新の教育学――教育学形成の荒野のなかで」小笠原道雄・田中毎実・森田尚人・矢野智司『日本教育学の系譜――吉田熊次・篠原助市・長田新・森昭』勁草書房、二〇一四年、二一五頁）。
(16) 木村素衛《ママ》先生五〇回忌記念刊行会編「教育愛について――エロスとアガペ」『木村素衞先生と信州』信濃教育会出版部、一九九六年、五一～五四頁。
(17) 木村素衞『国家に於ける文化と教育』岩波書店、一九四六年、二六八頁。
(18) 木村素衞「教育哲学に対する基礎と展望」『教育と人間』弘文堂、一九四八年、一五六～一五七頁。
(19) 同上書、一五六～一六六頁。
(20) 木村素衞『国民と教養』弘文堂書房、一九三九年、一四六～一七九頁。
(21) 木村素衞『形成的自覚』弘文堂書房、一九四一年、一九六頁。
(22) 木村素衞『国民と教養』弘文堂書房、一九三九年、一四八頁。
(23) 後期フィヒテの思想では、『祖国愛とその反対』（一八〇六～一八〇七年）の時点から、世界市民主義（コスモポリタニズム）と祖国愛の連関が議論される。世界市民主義とは、すべての人間の目的が、人類としてという一つの枠組みの下で達成がめざされる立場であり、祖国愛とは、目的性がまずは祖国の構成員としての国民のなかで達成され、その結果が国民を通し人類全体へと広がって行くと考える立場である（杉田孝夫「後期フィヒテの社会哲学　一八〇〇―一八一四年」長澤邦彦・入江幸男編『フィヒテ知識学の全容』晃洋書房、二〇一四年、二一一頁）。

(24)　第一回座談会は一九四二年一月号、第二回座談会は四月号、第三回座談会は翌年一月号に掲載された。一連の座談会記録は、中央公論社より『世界史的立場と日本』（一九四三年）として刊行された。

(25)　大島康正「大東亜戦争と京都学派――知識人の政治参加について」森哲郎編『世界史の理論　京都学派の歴史哲学論攷』燈影舎、二〇〇〇年、二八一頁。この研究会は非公式のものだったが、田邊元の働きかけで、湯川秀樹（一九〇七～一九八一）、柳田謙十郎（一八九三～一九八三）、谷川徹三（一八九五～一九八九）、大熊信行（一八九三～一九七七）らを招き、広域な学問的立場から提言の方向性を探っていたという。

(26)　雑誌『文学界』（一九四二年一〇月号）掲載の企画座談会「文化綜合会議シンポジウム――近代の超克」は、文芸評論家・河上徹太郎（一九〇二～一九八〇）の司会の下、小林秀雄（一九〇二～一九八三）ら一三名の論者を迎えて開催された。京都学派からは西谷、鈴木、下村寅太郎が参加した。鈴木が事前に提出した論稿「『近代の超克』覚書」によると、めざす方向性は「政治においてはデモクラシーの超克であり、経済においては資本主義の超克であり、思想においては自由主義の超克を意味する」と示されていたが、時局の問題と課題性を抽象的図式的に共有するに留まり、既存の体制の代理案を具体的に説くには至らなかった。廣松渉の指摘では、当時の議論は日本政府や軍部の動向への批判的修正の構えを示しつつも、総じて言えば、日本帝国主義の東亜政策、世界政策を追認し合理化する論旨を払拭できなかった（廣松渉『〈近代の超克〉論――昭和思想史への一視角』講談社、一九八九年、一八～二九、五一頁）。

(27)　森哲郎「解説」森哲郎編『世界史の理論　京都学派の歴史哲学論攷』燈影舎、二〇〇〇年、三九八頁。

(28)　田邊元「社会存在の論理――哲学的社会学試論」『田邊元全集』第六巻、筑摩書房、一九六三年、六〇頁。

(29)　田邊元「種の論理と世界図式――絶対媒介の哲学への途」『田邊元全集』第六巻、筑摩書房、一九六三年、一七二頁。

(30)　田邊元「種の論理の意味を明にす」『田邊元全集』第六巻、筑摩書房、一九六三年、四七八頁。

(31) 同上カ所。
(32) 田邊元「社会存在の論理――哲学的社会学試論」『田邊元全集』第六巻、筑摩書房、一九六三年、一四九頁。
(33) 論文「種の論理と世界図式」(一九三五年)では、「種」から「類」への移行について以下のように述べられる。「人は普通に民族の如き種を考えるのと同様の仕方で、人類という全体も捉えられる如くに思惟して居る。併しながらこれは独断に過ぎない。批判的に考えると、人類の一般的全体は特殊の民族が思惟せられる如くには思惟せられないことが容易に知られるであろう」(田邊元「種の論理と世界図式――絶対媒介の哲学への途」『田邊元全集』第六巻、筑摩書房、一九六三年、一九八頁)。
(34) 田邊元「国家的存在の論理」『田邊元全集』第七巻、筑摩書房、一九六三年、二七頁。
(35) 一九四四年二月二日、母校である第一高等学校の文化祭で、田邊は「文化の限界」と題する講演を行った。田邊には『実存概念の発展』(一九四一年)以降終戦まで、五年に近い執筆の空白期間があるが、講演はその期間中に当たる。ここで参照する講演録「文化の限界」は、当時の速記原稿を元に大島康正がまとめ直したものである(大島康正「解説」『田邊元全集』第八巻、筑摩書房、一九六四年、四七四頁)。
(36) 戦後、プラグマティズム、とりわけパース(Charles Sanders Peirce : 一八三九～一九一四)研究を元に、数学・考古学・歴史学にわたる学際的研究を展開した上山春平(一九二一～二〇一二)は、この時期出陣した学生の一人である。上山は人間魚雷「回天」に乗り込み、訓練中の遭難や敗戦直前の二回の出撃を経て九死に一生を得た。京都帝国大学在学中は田邊の指導を受け、カント哲学、ヘーゲル哲学の研究に取り組んだ(菅原潤『京都学派』講談社、二〇一八年、二〇〇～二〇一頁)。
(37) 田邊元「文化の限界」『田邊元全集』第八巻、筑摩書房、一九六四年、二七三～二七四頁。
(38) 同上書、二七九頁。
(39) 森昭「歴史的生命の教育哲学――故木村素衞博士著『国家に於ける文化と教育』」『教育学研究』第一五巻第一号、日本教育学会、一九四七年、六七頁。
(40) 木村素衞『国家に於ける文化と教育』岩波書店、一九四六年、三七一頁。
(41) 木村素衞『国民学校の基礎問題』諏訪郡永明国民学校購読会、一九四一年、二〇頁。これは、一九四一年三月四～五日の講演録である。講演の目的は、新しく設立されることになった国民学校の原理的理解であった。

(42) 木村素衞『国家に於ける文化と教育』岩波書店、一九四六年、二六五頁。
(43) 同上書、二九四頁。
(44) 同上書、二三七頁。
(45) この文化理解には、シュプランガーの原著『文化形態学の諸問題』（一九三六年）が参照されている。木村は、文化同士が接触し浸透し合って発展するというシュプランガーの議論を借り、その要点を「並存する文化の多数性」として捉える。しかしながら、シュプランガーの文化形態学は、文化の本質的在り方を数的可算的に捉える。対して木村教育学は、本文に述べるような「媒介的創造性」を原理とする（同上書、二六五～二六八頁）。
(46) 木村素衞『日本文化発展のかたちについて』生活社、一九四五年、二九頁。
(47) 菅原正子『日本中世の学問と教育』同成社、二〇一四年、二〇、八四頁。
(48) 木村素衞『国家に於ける文化と教育』岩波書店、一九四六年、二八八～二九九頁。
(49) 同上書、二七七～二七八頁。
(50) 同上書、二七九頁。
(51) 同上書、二八二～二八三頁。
(52) 同上書、二八七頁。

終章 「表現愛」の人間学からの展望

本章では、「表現愛」の人間学における身体論の系譜を踏まえ、「表現」「形成」「作ること」を通した実践的表現型の学びの課題性と、その一貫として注目される文化芸術と学校教育の接続の意義について考察する。

今日の学校教育における実践的表現を重視する学びでは、教育の中立性、成果の効率性、評価の客観性などを重視するために、「表現」を何らかの所産や形式に固定化して捉える必要がある[1]。そこでは、明示化され物証的に共有される事柄のみが意味を持ち、重要視される傾向が高まる。

しかし、このような見方の下で身体知や非認知的能力を扱うことは、偏った人間理解に陥るおそれがあるのではないか。というのも、「表現愛」思想が示す通り、私たちは一人ひとり、自分自身でさえ把握し切れないような変化変容を帯びながら関わり合っている。それなのに、身体性に関わる表現の営みを客観的な成果や意味に固着させるのでは、極めて均質的で画一的な側面しか捉えられないだろう。

「表現愛」思想が一連の身体論を、「鑿に於ける眼」や「刷毛の眼」など、芸術的制作や創作活動の躍動に関わる言葉を用いて展開したのは、身体の固有性が生み出す表現の奥行きをできるだけすくい取るためだったと言える[2]。ただし、木村は自身の立場が、生活全体の基礎を芸術に置く「芸術至上主義」や「汎美主義」ではないと明記する。以下は、木村の芸術観を示す一節である。

独り芸術家のみならず一般の人々も亦常に具体的直接的には一切の概念を何等かの程度に於て感性的に生き抜いているのであり、かくてまた、特に優れて云わば概念を感性的にしか生きない芸術家の心の動き方とのこの原理的同一に依ってこそ、卓越した作品に対する一般の人々の共感と了解との道も可能となるのである。(3)

このように木村は、芸術家のみならずすべての人間が、日常の節々を「感性的に生きられる概念」とともに送っていると考えた。優れた芸術作品への「共感と了解」は、そのような感性的概念を作品として結実させた、芸術家のわざの心との原理的な共鳴から生じるというのである。

木村によれば、芸術的制作や創作活動は、「我々の生の内に織り込まれて来る」感性的な諸概念を、様々な素材――芸術家の「表現的意志」に語りかけ唆す「表現的環境」としての素材――とともに現し出す営みである。また、概念が感性的に感触されるのは、学術的な理論概念に限らず、日々の生活でのあらゆる実践的思考や宗教的概念にも及ぶという。「概念を感性的にしか生きない芸術家」は、物事の感性的把握に長けている。したがって、「徹頭徹尾感性的なるものに終始する芸術」は、私たちの「存在全体或は人生全体」に関わる問題であり、それは自己や他者、環境、世界について洞察を深めることに通じる。このように木村は考えていた。

では、芸術の営みがもたらす「存在全体或は人生全体」の洞察とは、いったいどのようなものなのだろう。芸術教育、あるいはより広い意味で、教育に「表現」「形成」「作ること」の営みが接続されることの意義は、この問いに関わるように思われる。本章では、今日の学校教育で展開される文化芸術活動、芸術教育の意義を、「表現愛」の人間学が示唆する「身体的存在」の構造と照らし合わせながら考察し、木村が芸術の営みに見出した「存在全体或は人生全体」への関わりについて考察してみたい。

まず第一節では、文化庁の「文化芸術による子供の育成事業（平成二三年度から平成二五年度までは「次代を担う子どもの文化芸術体験事業」として実施）」の枠組みを概観する。ここでは、事業の目的において、文化芸術と教育との接点がコミュニケーション教育の範疇に置かれていることを確認し、そこでの要点を掴む。

次に第二節では、「表現愛」の人間学が示し出す「身体的存在」の構造を、身体性の三つの系譜から改めて確認し、そうした身体性を育むことにより生じる学びの特質について考察する。

さらに第三節では、「表現愛」の人間学が示す身体性の構造連関を十全に育む先に、どのような社会が構想され得るかについて、「表現愛」思想とつながりのあった糸賀一雄の福祉思想を参照する。

そして最後に第四節では、「表現愛」の人間学が「表現」「形成」「作ること」の活動のなかに見出す身体知の内実を明らかにする。また、そのような身体知が紡ぎ直す関係性の特色と、そうした関係性を介したこれからの教育の展望を述べる。

第一節　文化芸術が育むコミュニケーション

学校における文化芸術活動

芸術に関わる教科は、たびたび「周辺教科」(4)と呼ばれてきた。しかしながら、近年学校教育において「文化芸術活動」が注目を集めている。たとえば、文化庁の「文化芸術による子供の育成事業」は、「巡回公演事業」(5)「芸術家の派遣事業」(6)「子供 夢・アート・アカデミー」(7)「コミュニケーション能力向上事業」(8)の四項目により、学校教育を通して子どもたちの芸術体験や表現活動を推進するものである。学校ごと、教科学習や総合的な学習の時間、特別活動（学校行事）などに割り当てられて実施される。

その目的は、「小学校・中学校等において一流の文化芸術団体による実演芸術の巡回公演を行い、又は小学校・中学校等に個人又は少人数の芸術家を派遣し、子供たちに対し質の高い文化芸術を鑑賞・体験する機会を確保するとともに、芸術家による表現手法を用いた計画的・継続的なワークショップ等を実施する」ことと記されている。そして、

「豊かな創造力・想像力や、思考力、コミュニケーション能力」などを養うとともに、「将来の芸術家や観客層を育成し、優れた文化芸術の創造に資する」ことがめざされる。(9)

活動は参加体験型のワークショップ形式で展開されることが多い。(10)そこでは、作品の出来栄えよりも、完成や実演に向けて子どもたちが協働し、(11)作品制作に伴う楽しさや喜び、試行錯誤、充実感などを得ることが重視される。こうした学びの捉え方は、現代社会の動向と不可分ではない。

今日の「知識基盤社会 knowledge-based society」(12)では、社会のあらゆる領域で新しい知識・情報・技術が日々更新され、情報通信技術の発達によって、それらへのアクセスが容易になった。そこで、知識・情報・技術の解釈や活用の仕方が重要になる。しがたって、学びの文脈では、一人ひとりが知識や技術を身に付けることよりも、それらを持ち寄って練り直し、協力して課題や問題解決に応じて行く力に比重が置かれるようになった。これまでは、知識・情報・技術の吸収と蓄積をめざす認知主義的な学習理論や、それらの定着・操作・活用を重視する行動主義的な学習理論が主流であった。対して今日では、集団の相互交渉を通して知識・情報・技術を即興的に再組織化する社会構成主義的な学習理論に光が当たっているのである。(13)

このような流れのなか、文部科学省は、二〇一〇年五月に「コミュニケーション教育推進会議」を設置した。目的は「多様な価値観を持つ人々と協力、協働しながら社会に貢献することができる創造性豊かな人材を育成すること」である。その具体的方法として、「児童生徒のコミュニケーション能力育成に資する芸術表現体験」が挙げられる。教育課程として文化芸術活動や芸術表現体験の充実が図られることで、文化芸術を通した交流や印象的な出会い、思い出が数多く生まれる。(14)ただ、こうした経験体験の底上げは、文化芸術自体の発展や振興を視野に入れつつも、概ねコミュニケーション能力と対人関係形成力の涵養に向けられていることに注意したい。文化芸術は一面で、グローバル化進展の先に見越される困難な意思疎通の処方箋、あるいは知識基盤社会での社会的協働のためのトレーニング手段となっているように読み取れるのである。

このような傾向は、木村教育学の言葉を用いて言えば、文化芸術が学校教育に接続される際に、「表現」「形成」「作ること」の芸術的創作的ポイエシスが取りこぼされ、社会的実践的プラクシスの側面のみが重視される状況と解される。しかし、文化芸術の営みの実際的な中身は、多くの実演家やアーティストが体感しているように、社会性獲得の範疇には収まらないのではないか。[15][16]文化芸術との出会いはむしろ、「協働」「貢献」「人材」という言葉で示されるような一定の成果や意味への集約、あるいはその明確さや効率性を、いったん離れてみる機会のように思う。

第五章で述べた通り、木村は教育の営みを、未来を準備する営みと捉えていた。ただしそれは、教育の「未限定性」「未知性」「遷延」「不急性」という特性の下での備えであった。教育にはどこまでも「融通の可能性」が伴っていなければならない。対して政治の特性は、「逼迫性」、「回避」や「遷延」のし得なさとして示された。そして木村は、「教育の政治化」と「政治の教育化」という二つの局面を示し、どちらかに偏るのではなく、両側面が基礎付け合い循環する必要性を説いた。

しかしながら、上記の傾向を鑑みると、学校での文化芸術活動をはじめ、今日の芸術教育に関しては、差し迫る社会の要望に応える必要性から、政治的な原理の方が強く働いているように思われる。学校教育における芸術系教科の授業時間が削減され、創造性をめぐる教育の意味が十分に考慮されないまま存続が危うくなっている状況も、その点と無関係ではないだろう。この流れを捉えるため、文化芸術と教育の接点で重点化されるコミュニケーション教育の課題性を、以下に確認しておきたい。

コミュニケーション教育の理論的側面

コミュニケーション教育は、協調性や会話の滑らかさ、ノリの良さなどを習得する機会ではない。ここでは、劇作家・平田オリザ（一九六二〜）のコミュニケーション教育論を参照してみたい。断っておくべきは、ここでの目的は平田のコミュニケーション教育論やその方法論を検討することではなく、その前提となっている合理主義的な人間理

解や人材教育論一般を問い直してみることである。(17)

平田は、コミュニケーション教育はマナー教育であり、決して人格教育ではないという。(18)つまり、子どもたちの性格や内面性を変えるのではなくて、今日の社会における多数派コミュニケーションを、マナーとして学んでおこうというのである。

家族形態や生活形態が著しく多様化し、生い立ちや育つ環境によって子どもたちが日常的に関わってきた世代や性別、言語、文化背景などに大きな違いが生じてきた。そのうえで、就業形態としては第一次、第二次産業に従事する人口が減少傾向にあり、全体的な就業構造が第三次産業に集中し、職業が全体的にサービス化している。このような状況を踏まえると、一人ひとりが自身の馴染みのあるコミュニケーションに限定的にならず、どのような状況でも誰とでも、「きちんと相手の気持ちを慮って、自分の意思をうまく伝えられる」ようになっておくことが必要だ。わかり合えなさや理解不可能さに面しても粘り強く関わりを保とうとする「対話の体力」が、コミュニケーション能力なのである。(19)

以上より、コミュニケーション教育の理論が、現代の経済生活、とりわけ労働の関係性を円滑にするための社会的実践力の習得に重きを置いていることがうかがえる。「異なる価値観と出くわしたときに、物怖じせず、卑屈にも尊大にもならず、粘り強く共有できる部分を見つけ出していくこと」(20)。これは社会生活に必要な態度である。そして、文化芸術は確かに、価値観や意志や意図を非言語的非認知的に伝え合える点で、優れたコミュニケーションツール、マナーの発現機会となり得る。(21)

しかしながら、労働を一定の目的を伴う活動と考えてみると、労働の関係性は利潤の最大公約数を共有し、内と外、自己と他者、主体と客体の関係性を、目的に合わせ効率的に調整する必要のある特殊な関係性と言える。(22)対して文化芸術を介するコミュニケーションは、むしろそうした労働に資する諸々の調整のたがを外したところから、日常生活を取り巻く物質や環境、他者らと多元的な関係性を紡ぎ直す営みなのではないか。このように捉えてみた方が、文化芸術を介する教育は、木村が教育のエッセンスとして挙げた「未限定性」「未知性」「遷延」「不急性」の諸相を発揮できるだろう[23]。

木村教育学に多くの視座を与えた西田哲学は、論文「美の本質」（一九二〇年）ですでに、「無くなった意識」としての「芸術的意識内容」というものに言及している。それは、無意識でも自動運動でもなく、どこまでも純粋に「動作を内面化したもの」だという[24]。この論点は後期西田哲学に至り、意識の立場を脱して自己を身体に落とし込み、自らを超え出た他者において自己を、自己において他者を行為する「行為的直観」の思索へ発展される。また論文「感情の内容と意志の内容」（一九二一年）では、各感覚が「芸術的内容」として有する意味を「芸術的質量」と呼び、それを物理的な量ではなく生の「内包量」「強度」「我を唆す量」と言い換える[25]。そうした質量は、内面から醸成されるものではなく、また単に外界にも由来しない。能動とも受動とも言えないようなかたちで、おのずと動作や作用の固有性から引き出されてくる感覚の質量なのである。

西田の言う「芸術的質量」は、内と外、自己と他者、主体と客体を区分してその協働の滑らかさや程度、成果や効率を問う議論からは見えてこない。というのは、それは分節化された各々の立場からの恣意的な目的性としては把握されないためである。「芸術的質量」は、内と外、自己と他者、主体と客体が相即するなかでの矛盾、不協和、拗れなどを契機として生成する。淡々と身辺に傾聴し、行為的にその質量を掴むことが芸術的表現となるという見方である。文化芸術におけるコミュニケーション教育を、こうした視点から捉え直すと何が見えるだろうか。木村が「徹頭徹尾感性的なるものに終始する芸術」への関わりが「存在全体或は人生全体」にとっての問題だと述べ、そこで自己や他者、環境、世界について洞察が深まるとした所以は、この辺りに関わると考えられる。

第二節　「表現愛」の人間学が拓く学びの内実

ここで本書の内容をふり返っておこう。第Ⅰ部では、木村教育学を、身体性に関わる三原理により「表現愛」の人間学として描出した。そして、①身体的行為一般の原理としての**「ポイエシス＝プラクシス」**（第二章）、②身体における**「歴史的自然」**のイデア的先取（第三章）、③技術的身体性のうちに働く価値無関心的無動機的なゆれ動き**「情趣（的主体性）」**（第四章）の三点により、「身体的存在」の構造を図のように示した。

また第Ⅱ部では、上述の「表現愛」の人間学を踏まえつつ、〈文化－教育〉の創造的連関と相互深化について考察した。〈文化－教育〉とは、教育が他のすべての文化を根底から育み上げる特別な文化として、他の文化一般から教材を引き出し、文化を自己否定的、創造的に転換させて行く働きを指す。第五章では、木村の教育原理を、教材論とその教授法「追形成」の議論によって浮かび上がらせ、木村教育学が大枠として多様な技術的身体性の育成を旨とする点を確認した。そして第六章では、教育愛論において技術的身体論が失跡する側面を批判的に検証し、第七章では、後期教育学が「世界史的表現愛」を語る際、技術的身体論が国民国家論に引き寄せられて、身体論が種的社会的、文化政策的な文脈へ転調される側面に光を当てた。

改めて、図を見てみたい。第四章第五節でも述べたように、①～③は相互連関的に一挙に作用する。「表現愛」の人間学は、「身体的存在」をこのような絶えず変動し生滅する運動性の下に捉える立場である。各要点とそこでの学びの在り方について、以下まとめておきたい。

①身体的行為一般の原理としての**「ポイエシス＝プラクシス」**

身体的行為的な在り方が定まる都度、芸術的制作や創作活動の創造性の原理「ポイエシス」と、社会的実践や対人格的関係性の道徳性の原理「プラクシス」が、区別以前から相互依拠的に相乗しつつ生じる。この原理に沿えば、学びは、一人ひとりがそれぞれの環境や他者との関係性に向けて「ポイエシス＝プラクシス」の連関「＝」の仕方を独自に模索し、主体的な創造力や人格的な個性を発見的にふくらませる側面に捉えられる。

②身体における「歴史的自然」のイデア的先取

「歴史的自然」は、外界としての環境ではなく、「人間を内に包み、そこに於て生みそこに於て育てそこに於て営ましめ遂にそこに於て死なしめる歴史的自然」[26]、「見究めることのできない悠久なる成るもの」[27]である。また、後期西田哲学は「歴史的自然」を、「永遠の今そのものの自己限定」「世界が世界自身を限定するということ」と表し、「そこにはいつも過去未来が同時存在的である」「寧ろそこには方向というものがない」[28]と述べた。「歴史的自然」とはこのように、私たちの相互作用や交互限定作用を支え成し、それらにより際限なく変転し、瞬間ごと前後遮断的に限定される類的生命的な普遍的地平である。この側面における学びは、身体が「歴史的自然」をイデア的に先取することで、暫定的で動的な予感をもって、環境や他者との関係性を真新しく織り直そうとする側面に見出される。

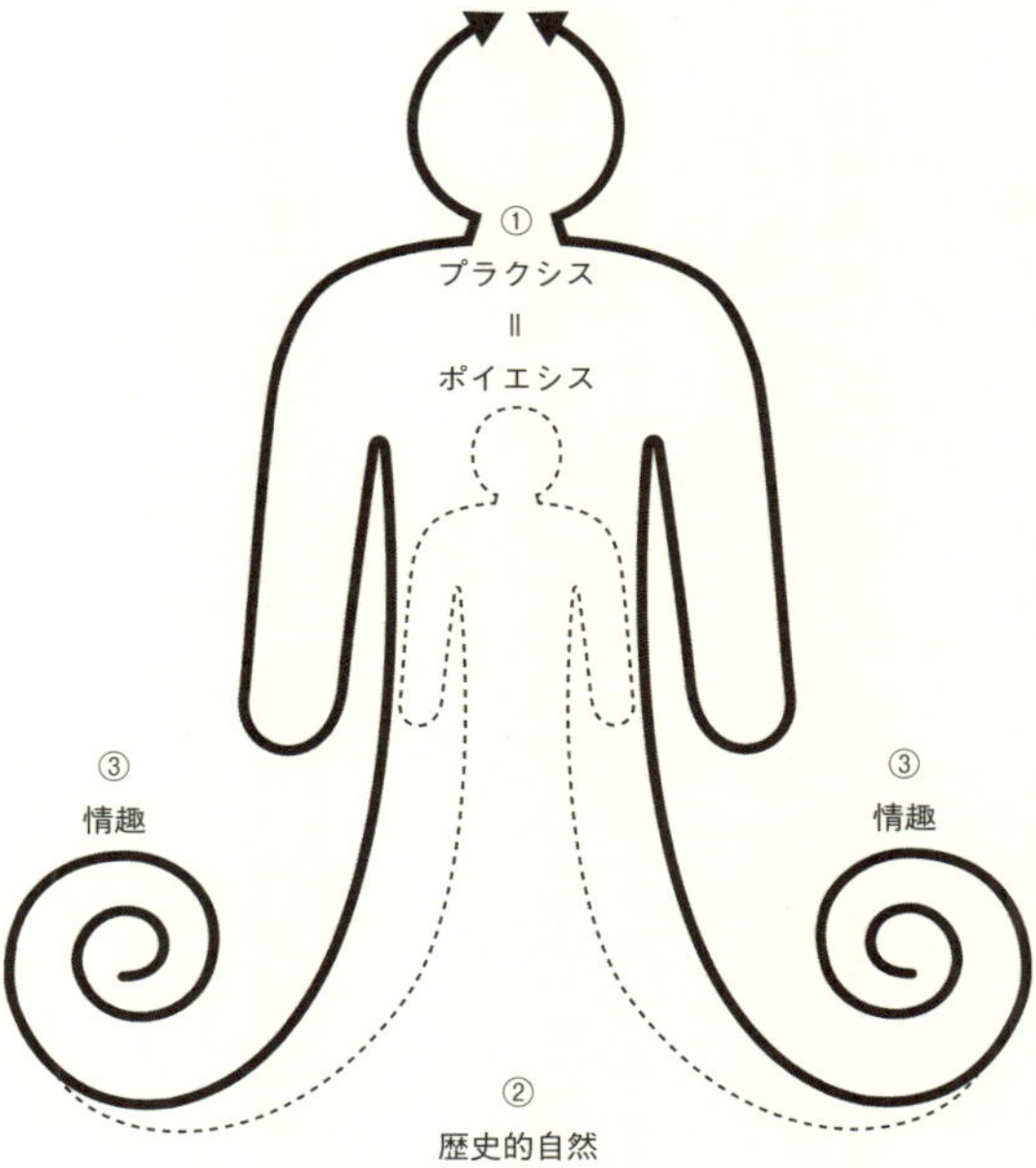

「表現愛」の人間学

③技術的身体性のうちに働く価値無関心的無動機的なゆれ動き「情趣（的主体性）」

「情趣（的主体性）」は、「ポイエシス＝プラクシス」的に「歴史的自然」をイデア的先取する身体が、自身の技術性と道具性を共鳴させ、技術的身体性を模索し現しはじめる端緒である。情趣とは、知的概念的思考や目的的意欲的意志の作用を「一層深き内面から浄化し摂取」し「内へ否定」する、内的な純粋感情の作用を指す。この価値無関心的で価値無動機的な内なる美的脱自性に関わる学びは、何らかの意味や価値性、目的に向かう行為のうちで、身体が自らの意志的志向性を一面に開け放ち、環境やそこにおける他者の変化変容を迎え入れてこそ創造性を発揮する側面を指す。

以上①～③を十全に弾みよく連関させる身体は、「表現の弁証法」の下に環境や他者と深く対話する。「表現の弁証法」とは、新たな事柄を見究める際に、客観性や対象分析的事実に「依って」ではなく、「これに即し且つこれを介して」ものを見ることであった。また、「表現の弁証法」の時間性は、過去、現在、未来へ続く直線的で連続的な合理主義的弁証法の時間性とは根本的に異なっていた。

ヘーゲル的な合理主義的弁証法は、物事を対象的に分析し、客観的で確定的な枠組みの下に関連付けて行く明確な思考法である。一方、「表現の弁証法」は、人間理解や人間関係を因果律を超えた創造性の深みから捉える。この立場では環境は、自ら表現的な「表現的環境」となり、固有の「身体的存在」に語りかけ啖きかけてくる。そして私たちは、その「表現的交渉」(29)の現在に身体的行為的に浸透しつつ決意することで、内と外、自己と他者、主体と客体の関係性を創出するのである。この見方においてはじめて私たちは、実際に何かをやってみる取り組みのなかで、自身の身体性ならではの感性的概念によって思考し、辺りに耳を澄ませながら問いを立ち上げ、志向すべき方向性や他者との関係性を真摯に捉えることができる。

ここに示されるのは、環境や他者についての対象把握的な理解のうえに他者と連携し、ともに学び合う構図ではない。むしろ、個々人の環境の同質性や学びの均質性、その拠所となる自他の対象的理解をいったん手放したところから、「鑿の眼」的な「彷徨」と「開鑿」のあゆみをもって試図的冒険的に関わり合う、余白を交えた学びの構図である。

このような学びは、認識論的に、概念的知識や思考の枠組みを「内」に蓄積することでも、行為論的に、明確な実践知を「外」化し構築することでもない。一堂に会して学びを並行させるうちに互いの認識と行為を脱構築的に編み変え、相互の変化変容を柔らかく受け入れることが、ここでの一つの鍵と言えるだろう。木村教育学に沿えば、私たちは①〜③の身体性を媒介としてのみ、互いの主体性や個性的な人格性を相互に発見しつつ対面する。

一方、今日の教育の語りで重視される「表現力」「形成力」は、社会的実践的な対人関係を効果的に調整する狭義のプラクシスのみに直結されている。そして、「表現」「形成」「作ること」は、集団的な協働の基礎力に向けた個人の自己表現の枠組みから想定される。またここでは、主体性、個性、人格性は一人ひとりの内的な属性と考えられている。

このような見方では、「表現力」「形成力」は、内から外へ、自己から他者へ、主体から客体への明示的なアウトプット、あるいはその痕跡と捉えられる。ここで教育が育むべきは、何らかの意味や価値性、意図などを確実に受け渡し、効率的に交換することのできる能動的主体性である。コミュニケーション教育はそのうえで、およそ労働の関係性に資するとされる、析出される限りでの社会的有用性に向け、一人ひとりの「表現力」「形成力」を育む。そこに想定される身体性を簡略的に図示してみると、次の図のようになるだろう。

この枠組みでは、身体性は感覚知覚、認識、行為などに分節化される。そして、その働きや連関を把握し、思い通りに働かすことが主体性と考えられる。ここでは「表現愛」の人間学が「歴史的自然」として重視したような、身体性のうちの未だ全貌の見えない類的普遍的な地平、意志や意欲を包み越えるアガペ的主体性の領分は埒外に置かれている。そして、ここで教育の関心は専ら、個々の身体性を種的社会的に共有される新たな秩序構築に適うよう育むこ

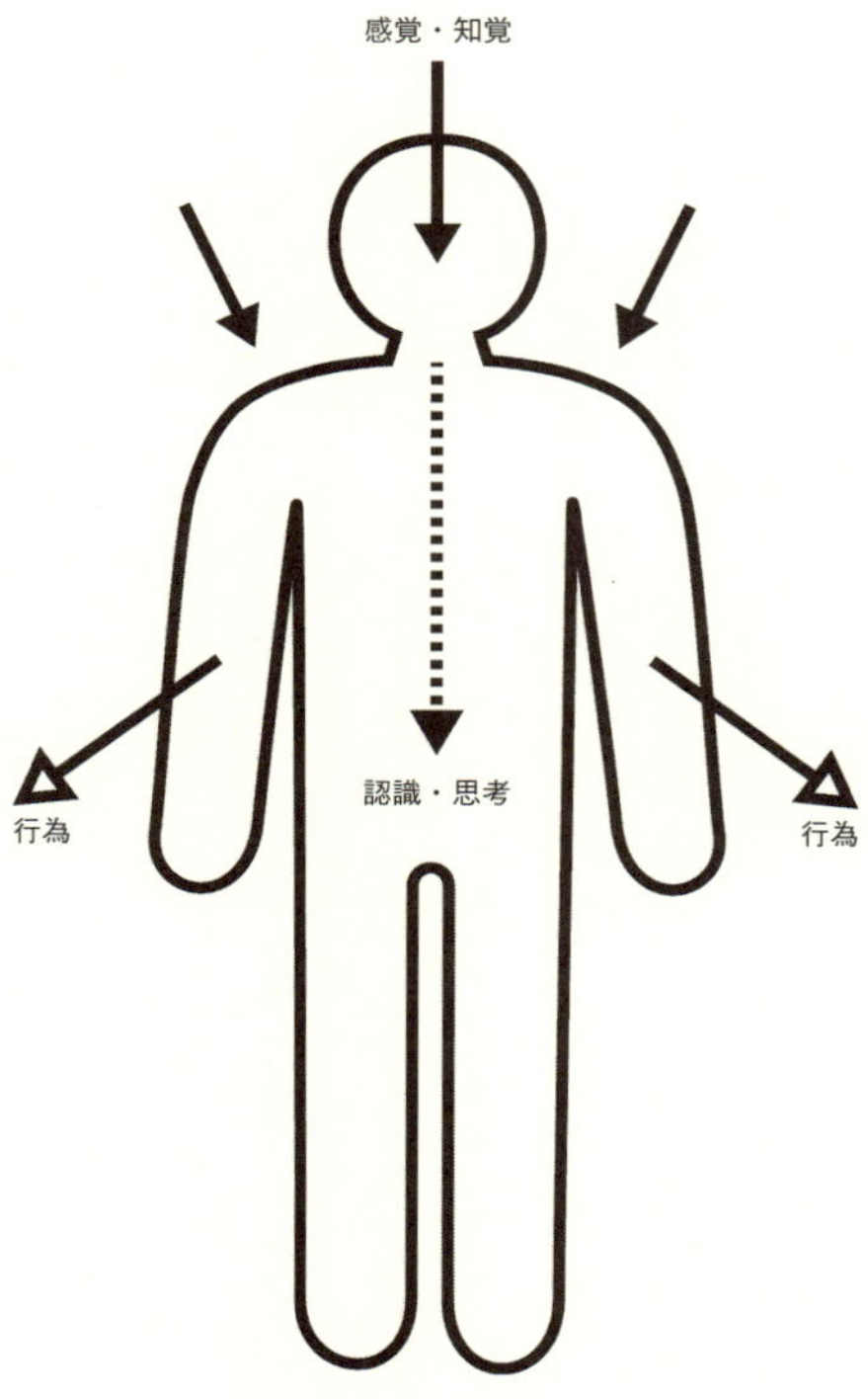

対象把握される身体性

とに注がれる。ただ、この見方ばかりが徹底されると、一人ひとりが「鑿の眼」的に固有な自他の在り方、①〜③の身体性を洞察する余地がなくなってしまうのではないだろうか。

「表現」「形成」「作ること」を学びの過程に取り込むと、学習機能は飛躍的に高まる。実践的表現を重視する今日の学びは、従来の知識技能集約型の学びのような断片的知識の蓄積や、一律的な技能の習得には終わらない。ただ注意すべきは、そこで身体性の捉え方が対象分析的な見方のみに局限されると、「表現力」「形成力」は表層的にしか捉えられず、一人ひとりの在り方や生き方を、極度に偏ったかたちに規定してしまう可能性もある。なぜなら、ここでの「表現力」「形成力」は、個人や個々の集団組織が連携して生産的に動き続けるバランス感覚や効率的な身構えに集約されているためだ。それはたとえば、新しい意味や馴染みない価値性をすばやく吸収し、必要に応じて文脈に当てはめる滑らかさや、アウトプットの伝わり易さ、活動への持久力などである。これらは有効な能力に違いない。しかし、生身の関係性のなかには、このような均質的な「表現力」「形成力」では汲み取られない、さらに重要な側面があるのではないだろうか。

そこで次節では、木村教育学から影響を受けた糸賀一雄の福祉思想を参照し、「表現愛」思想を継承するなかで構想された社会形成論を見通してみたい。ここでは、「物をつくること」を通した、社会功利主義的な合理性や効率性への志向を超えた関係性が示唆されている。

第三節　社会功利主義を超えて――糸賀一雄との思想的つながり

糸賀一雄は、一九三五年に京都帝国大学文学部哲学科に入学し、波多野精一の下で宗教哲学を専攻した。一九三八年四月から約一年間、京都市立第二衣笠尋常小学校で代用教員を務め、故郷鳥取の連隊への召集を経て、一九四〇年に木村の勧めにより社会教育主事補として滋賀県庁に赴任した。両者は在学中に師弟関係にあったわけではなかったが、卒業後は後年まで親しい交流を続けた。(30)

親交がはじまった頃、木村はちょうど『表現愛』（一九三九年）所収論考を構想していた。糸賀は小学校での同僚・池田太郎（一九〇八～一九八七）(31)とともに、頻繁に木村宅を訪れ教育について語り、多くの示唆を得たという。(32)終戦翌年の二月、木村は講演先で急逝したが、糸賀はその年の一一月に戦争で家族や住む場所を失った戦災孤児と知的障害児のため近江学園を設立し、福祉の充実に生涯を捧げた。

木村教育学と糸賀の福祉思想のつながりについては、教育愛論に関してとくに関心が寄せられている。糸賀は論文「人格的実在者――人間存在の側面的考察を媒介として」（一九三七年）の時点では、ニグレンの「エロス」と「アガペ」について、前者を自己規定的な自己実現の原理、後者を他者規定的な他者実現の原理として断絶的に捉え、アガペ的な生き方こそが真の人間性の発露と考えていた。しかし、「表現愛」思想の影響を受け次第に解釈を改め、エロスとアガペの両原理を相即不離として教育愛を捉え直して行った。(33)

木村教育学からの顕著な影響は、「日本の明日のために」（一九三九年）以降の論考に指摘される。糸賀の学生時代のパスカル研究を軸とする宗教哲学的「愛」の思索が、福祉思想へ展開して行く背景には、池田太郎、田村一二（一九〇九～一九九五）(34)との長年にわたる実践とともに、木村教育学が反映されている。

ここでまず注目するのは、社会形成論である。(35)糸賀は、障害福祉の充実や障害を持つ人々の社会進出には、個人の社会的自立の側面に留まらず、社会変革の意義があると考えていた。「この子らに世の光を」ではなく、「この子らを世の光に」――これは、障害者との関わりによって「内容的に新しい」社会形成が可能なことを示唆するフレーズである。(36)

糸賀は、障害者に限らず、社会を構成する一人ひとりの差異や置かれた事情がありのまま理解され、迎え入れられるような社会の質的転換を訴え続けた。そして、障害の有無を超えて、個々人が「貴い、使命に満ちたたいへんな仕事をお互いにもっているのだ」という認識の下、社会が抜本的に変わらなければならないと説いた。そのとき、規律や法律のように外側から一律に規定するのとは違ったかたちで、むしろ一人ひとりの認識と行為が法律に骨格を与え新しく作り変えて行くような、新しい人間形成と社会形成が期待できるのではないか。(37)このような社会形成論は、教育論とも密接に関わっていた。

私たちは、この子たちの前に立って教育を語るまえに、自分自身を告白せねばならなくなるのです。そしてさらに、この問題は、およそ教育の名において単なる文化財の伝達をもってこと足れりとする立場を越えて、教育がその底に人間の教育について掘りさげられなければならない課題をもつものであることを明らかにしてくれるのです。おそらくは教育とか福祉の根底を問うところに私たちをいざなう足がかりがあるといったほうが、より正しいことかもしれないと思うのです。(38)

このように糸賀は、教育は、単に文化財や文化的営みの価値を伝達し高めて行くのみでは十分ではなく、根本的にはそうした営みが「人間の教育」であることの意味を、よく掘り下げてみなければならないと説いた。教育や福祉の実践を、人間の生に深く関わる営みという視点から改めて問うことで、広い意味ではすべての人間が一生のうち様々な場面で携わる教育や福祉の営みにおいて、人間としていかに他者に対するかをよく考える必要がある。そこには、子どもたちの未熟さを引き上げ、障害者の弱さを保護する一方向的な関係性ではなく、彼らの在り方や生き方から照らし返され自己変革が促されるような、双方向的なつながりがあるのではないか。

「障害をもった子どもたちはその障害と戦い、障害を克服していく努力のなかに、その人格がゆたかに伸びていきます」。糸賀はこのように述べ、年齢による発達段階説では見落とされがちな、「発達段階の中身が無限に豊かに充実していく」生の充満を見取る。福祉の領域ではとくに、段階的な能力の蓄積や社会的価値の拡大拡張を捉える発達観のみでは掴むことのできないかたちで、それぞれの独自性や時々の努力的意志的な在り方が鮮やかに浮き立つときがある。そのような「発達段階の中身」がしっかりと受け止められ、その展開が保障される社会では、障害福祉に限らずすべての制度体制や技術、人々の相互理解の在り方が、格段に豊かに充実するだろう。糸賀はこのように考え、以下のように述べる。

重症の心身障害という限界状態に置かれているこの子らの努力の姿を見て、かつて私たちの社会功利主義的な考え方が反省させられたように、心身障害をもつすべての人たちの生産的生活がそこにあるというそのことによって、社会が開眼され思想の変革までが生産されようとしているということです。人が人を理解するということの深い意味を探究し、その価値にめざめ、理解を中核とした社会形成の理念をめざすならば、それはどんなにありがたいことでしょうか(39)。

このように、社会変革の鍵は、障害を持つ人々の「生産的生活」だと糸賀は考えた。その生産の在り方に着目することで、社会功利主義的な考え方が改められ、人間同士が相互に理解するということの意味が再発見され、新しい社会形成が可能となる。

この見通しの下で糸賀が光を当てたのが、「物をつくるということ」であった。家庭でも、学校でも、施設でも、障害者が社会的なつながりを持ち得るのは、具体的には「物をつくるということ」によってである。「物をつくるということをとおして以外には、私たちは社会的な広がりをもつことはできないと考えてもいい。[40]」障害者は、様々な表現媒体を通し広義に物を作り現すことにより、非直接的媒介的な関係性を築き、少しずつ周囲に広げて行く。人間としての最も根本的な在り方と言うべきこの点に糸賀は注目した。糸賀によればその物作りの在り方は、「発達の程度」と「指導の技術」によって非常に影響を受ける。そこで、周囲の人々においては、功利的な見方を離れてそれぞれのやり方や作業性に添い行き、一人ひとりが現し出そうとしている事柄やその変容可能性を見守りながら支援することが大切だ。社会形成論からすると、このような関係性の見つめ方は、障害者教育のみならず、教育一般、引いては社会全体の公共倫理形成にもつながり得ると糸賀は考えていた。

この考えは、「表現」「形成」「作ること」をめぐる木村教育学の関心や、「表現愛」の人間学として本書が象る「身体的存在」の構造と大いに響き合う。障害の有無にかかわらず、私たちは「身体的存在」として、環境の変化や時代性から制約的に限定され、同時にまた単に限定されるのみではなくそれを限定し返すなかで、多様な文化を作り出す。糸賀が福祉思想を元に語った社会形成論は、このように私たちが何かを作り現す文化的な営みが、決して見通しの効かないかたちで錯綜し、影響を与え合い、これからの在り方や生き方を培い上げている動きを掴んでいた。

ただし糸賀の議論は、その最も代表的な発達保障論の面で、「表現愛」思想が重視した悠久なる「歴史的自然」や「アガペ」の位相に関わる語りを避けたようにも見受けられる。[41] 発達保障論は、福祉を障害者の「個性的な自己実現」の場と捉え、一人ひとりが生まれながらに有する「人格発達の権利」を最大限に守ることを主張した。そこで糸賀は人間理解の軸足を、どこまでも発達原理に置き、内と外、自己と他者、主体と客体の相互作用による価値向上的な側面に留まったのである。

発達保障論は、一人ひとりを相対的に比較する「縦軸」と、相対的比較を抜きにして目の前の存在の絶対性を尊重する「横軸」の二軸から人間理解を試みる。そこで糸賀はとりわけ後者「横軸」を重視するのだが、そこには「表現愛」思想が「アガペ」として重視した無礙自在な自由さや、ありのままの絶対肯定は含まれていない。発達保障論はその名の通り、「無限の発達の可能性に挑戦する」という努力的意志的なエロス的立場に議論を絞っているのである。[42]これは、障害福祉領域の社会的意義を打ち出すための注意深い工夫だったと考えられる。ただ、糸賀がめざしたように、福祉思想から日常生活を覆う社会功利主義的な考え方を問い返すには、エロス的立場を単独に説くのではなく、アガペとの関連において語り、「物をつくるということ」を価値生産の枠組みに留めず、やはり「表現愛」思想が踏み込んだような価値無関心的な位相を踏まえる必要があったのではないか。そうすることで、障害者と健常者という両者の立場を区分する意味や価値性をいったん一斉に無的空化したところから、真新しい人間理解の模索が可能となるように思われる。

木村教育学は、「人間生活の本質的規定はその自覚的な形成的表現性にある」と考えた。[43]人間としての身体を有し、そのように「身体的存在」である時点で、つねに表現的に外界へ何かを形成し、何事かを現し出すことによってのみ自身を自覚するというのである。そのような根本的な見方から、障害者と健常者は、木村教育学が「愛」の一般構造論として示した「二而一、一而二」という弁証法的自己同一において関わり、差異を動的に捉え直し徹底的に相対化することでかえって絶対的な「敬」に至る。[44]ただし、ここで「敬」とは木村自身も教育愛論で一部歪曲したように、一人ひとりの心持ちや態度ではない。「敬」は、「表現愛」という世界構造化の動きのなかで存在論的な地平で尊び合うこと、つまりは相対する異質な立場が、関わりのなかで互いの存在根拠を与り保ち、そうした相互作用を織り成す歴史的社会的な地平をともに見据え、より善く作り変えて行くことを意味する。「二而一、一而二」の「而」という、順接と逆接が拮抗矛盾する動的「愛」の原理は、互いの「一」の立場からは実現も把握さえもできない。とにかく積極的に関係性を保ち、その他者性との行為的なつながりにおいて、自らの自覚を深めることが大切である。その際に鍵となるのが、糸賀の言う「物をつくるということ」、木村が追究した「表現」「形成」「作ること」の身体性なのである。

以上本章では、「表現愛」の人間学が示す①～③の身体論の系譜を踏まえ、「表現」「形成」「作ること」をめぐる人間理解について考察した。そして、「表現愛」思想から糸賀の社会形成論への流れで、「物をつくるということ」のなかに、異質なもの同士が社会功利主義から離れて向かい合い、関係性を紡ぎ直す可能性が示唆された。糸賀の議論を木村教育学に寄せて語り直すと、明確な意味形成や社会的な価値生産の文脈から離れた「表現」「形成」「作ること」の側面が浮かび上がる。その側面は、相容れなさや異質さをそのまま包み、相互を等しく賦活する「二而一、一而二」の「愛」の一般構造原理と極めて浸透的なことがうかがえる。

第四節 「表現」「形成」「作ること」の身体知

本書は、木村教育学を身体論に沿って読み解き、「表現」「形成」「作ること」に関する三つの原理から「表現愛」の人間学を描出する試みであった。そして、「身体的存在」の構造を図示化し、今日焦点化される表現型の学びの内実と、文化芸術と教育が接続されることの意義を再考することをめざした。

序章にも述べた通り、教育において身体知や非認知的能力を扱うことはとても重要なことながら、その背景となる人間理解や身体性の枠組みが対象把握的な理解に限られていると、学校教育やその後の生活における関係性は、極めて合理的なかたちに偏ってしまう。身体知や非認知的能力への視座は、それを共有する個人や社会的集団、組織を染め上げる側面が伴うためである。

今日のコミュニケーション教育論のように、生産的に動き続けるバランス感覚や効率的身構えのみに特化した関係性では、自身や他者の身体性はおよそ社会功利主義的な尺度の下でしか捉えられない。そうするとそこでの関係性は、客観的な意味や一般的に了解可能な価値性に閉じられ、それらの比較競合や自己（集団）中心的、人間中心的なものの見方がすべてを覆いがちになる。また、学校教育において、労働の関係性で表立つ対人関係の合理的調整力や、個人の集団への貢献度などがあまりに強調されると、いつの間にか生涯にわたる人間理解がその面に凝り固まってしまうおそれもある。

そこで、「表現愛」の人間学は、①〜③の弾みあるみずみずしい連関を、一つの身体性モデルとして示したい。この構図を踏まえるとき、「表現」「形成」「作ること」の営みと教育の接点には、一定の意味や価値性の伝達と共有に収まらない、豊かな在り方や生き方への学びが生じていることが明らかとなる。この側面での学びは、何かを客観的に理解するのでも、物証的に残すのでも、分析的因果論的に問い直すことでもない。表現的な学びはこのとき、様々な文化的媒体や表現様式に身を晒すことのなかで、意味や価値性を創造的に把捉する営みとなる。

木村は、芸術家のみならずすべての人間が、日々を「感性的に生きられる概念」とともに送っていると考えた。優れた芸術作品への共感と了解、あるいは芸術的制作や創作活動への関与は、芸術家の在り方との原理的同一において、他でもない自分自身の身体的行為的な在り方から固有に垣間見られる、「表現的世界」の一回性と独自性に深く根差す営みである。

文化芸術が教材となるとき、そこに生じていることを①〜③に照らして言えば、次のようになるだろう――「ポイエシス＝プラクシス」的に「歴史的自然」が変転するイデアを先取し、環境や他者との表現的対話のなかで「情趣」をかい潜るなか、感性的概念を豊かに掴み全身体的に現し出す機会。木村がまな差していた芸術の「存在全体或は人生全体」への意義は、こうした身体性に関わるものだったと考えられる。身体がそれぞれの歴史的社会的布置において、生命現象として予め収束点の定まらない独自な作用を現し成しているという事実は、どの一人ひとりにも関わることながら、ともすれば容易に忘れ去られてしまう。そこで、文化芸術を教材として「追形成」し、学校や学級のなかで①〜③を柔軟に働かしてみることは、たとえ個人的に得られた感覚が違和感や戸惑いだったとしても、それは一つひとつが貴重な糧となるだろう。

以上のような枠組みにおいて、「表現愛」の人間学が明らかにする身体知は、社会功利主義的な価値の等価交換とは離れた文脈で、互いの共約不可能さを留め置きつつ、積極的に関係を取り保つ知恵を育む。自分自身や自分たちの立場、また全体的な流れからすれば無意味で価値無く見える事柄をも、単に切り捨てず容易に操作しない。むしろ、ままならなさに佇み、そこで身体を取り巻く現実味を拾い上げ、関係性の未限定さをともに見遣りつつ見究める。学校教育における文化芸術活動や芸術教育の意義は、専門的な技術技能の習得でも、創造主義的な自己表現の解放でもなく、このような生の未限定さや世界の多層性を洞察する身体知に見出されるのではないか(45)。

そもそも木村は教育の意義を、「本来未限定性と未知性とを担う未来に備える」側面に見出していた(46)。教育課程の目的性や活動の着地点を明確に持ちながらも、具体的実践のなかでは行為の未限定性や未知性を俎上に載せておけることが、教育の持ち味だと考えたのである。木村教育学はその持ち味を技術的身体論に込め、「道具」「器具」「機械」「装置」「建造物」「諸施設」「諸制度」といった種々の文化的所産と融通を以って関わる身体性に光を当てた(47)。様々な文化的所産に囲まれるなか、強く惹かれる問題関心や魅了される事柄、未だ何のためになるのか、もはや何なのかもわからない事柄を見つけたときの純粋な好奇心や歓び。また、そうした関心や好奇心が他者と共振したり完全にすれ違ったりする不思議。木村がめざしたのは、そのような事々で私たちの生活が生気付く論理を、単なる感情論としてではなく、哲学的な存在構造論、教育学の基礎学としての人間学として掘り下げ示し出すことだった(48)。木村教育学は、教育という関係性以前のところで、私たちが現にどのようにともに在るかという切り口から、「教えられる者と教える者」の関係性を問い直す教育学である。

本書が「表現愛」の人間学として示した生成生滅する身体性のモデルは、子ども時代はもちろんのこと、大人になってからもあらゆる間柄で①〜③が共鳴し「教えられる者と教える者」関係が生じていること、そしてそうした流動的な関係性のなか、どのような現状もまた新たに彫琢が可能なことを原理的に示す。自身に語りかけてくる表現的環境に傾聴的に関わり、他者性と深く対話し、そこでの制約やままならなさを介して行為の発展性や活動のふくらみ、発想の広がりにつなげることが鍵となる。そうするとそこに、直面される衝突や葛藤、対立、否定、違和感などを鋭く察知しながらも、そこからの展開をユニークに切り返し、何かの契機につなげようとするゆるやかに開かれた身体知が生み出される。

このような身体知が育まれるきっかけやその掴み方は、個々人によって様々である。ただ、「身体的存在」としての構造をしなやかに賦活させ、物事の掴み方を工夫したり研ぎ澄ましたり、また新しく発見したりすることは、一人ひとりの生涯、引いては社会生活を豊かにする。このように考えてみると、木村教育学が探究した芸術や文化の「存在全体或は人生全体」への意義、あるいは広義に「表現」「形成」「作ること」の営みと教育の接点は、今後ますます重要となるように思う。

註

(1) これは、第三章第一節で示した三つの表現論の立場のうち、第二の立場に当たると考えられる。

(2) 「起り得べき早急なる誤解に備えることが許されるなら、——私が何か芸術至上主義或は汎美主義に立つことを意図としてであるのではないのである。存在の法を正しく把握し正しく行ずることに於て我々の生活の絶対性に目醒めると云うことは、固より芸術に限ったことではあり得ない」(木村素衞『美のかたち』岩波書店、一九四一年、九二頁)。

(3) 木村素衞『表現愛』こぶし書房、一九九七年、一二〇～一二一頁。

(4) 小松佳代子によると、教育課程のなかに「主要教科」と「周辺教科」の区分が登場した時期については定かではない。一九六二年の『教育白書』の時点で、「主要五教科」重視の方向性が明確になっていた。また、一九六八年三月四日の朝日新聞の記事は、受験競争の激化のなか、高等学校の入学試験が五教科制(国語、社会、数学、理科、英語)に移行しつつあることを伝えているという。これらを踏まえ、「主要教科」と「周辺教科」の区分は、公文書(行政・報道・研究)用語ではないかたちで、一九六〇年代に一般化したと考えられる(小松佳代子編『周辺教科の逆襲』叢文社、二〇一二年、一六三～一六四頁)。

(5)　文化庁選定の文化芸術団体が、学校の体育館や文化施設でオーケストラ、演劇等の巡回公演を行う。本公演前には団体が実施校へ赴き、鑑賞指導や実技指導をワークショップ形式で行い、鑑賞や子どもたちとの共演に備える。ここでは「普段授業などで使っている体育館が、工夫次第で素晴らしい舞台へと変わっていく様子を体感すること」なども一つの魅力とされる。

(6)　個人又は少人数の芸術家による講話や実技披露、実技指導を実施する。目的は、芸術への関心を高めさせ、優れた芸術を鑑賞する能力を身につけることである。ワークショップなど実技指導を行うことで、日頃触れられない体験から芸術を身近に感じることができる。

(7)　美術・文芸・音楽・演劇・舞踊の分野における功績顕著な芸術家「日本芸術院会員」が、講話や実技披露、実技指導を行うものである。

(8)　芸術家を学校に派遣し、芸術家の表現手法を取り入れた計画的で継続的なワークショップを実施する。子どもたちが「協働して正解のない課題に創造的・創作的に取り組む」ことで、コミュニケーション能力の育成を図ることが目的とされる。

(9)　文化庁ホームページ「文化芸術による子供の育成事業」(二〇一八年八月三一日閲覧)。

(10)　熊倉敬聡は、教育の管理主義的な権力体制を批判し、戦後日本教育における「教える／教えられる」関係性が点数や偏差値などの数値に駆り立てられてきた側面を、資本主義のロジックに貫かれた教育として批判する。そして、ワークショップを脱資本主義的学習機会として、生涯教育の需要が高まるなかでの今後の重要性を指摘する(熊倉敬聡『脱芸術／脱資本主義論――来るべき〈幸福学〉のために』慶應義塾大学出版会、二〇〇〇年、九六～九七頁・熊倉敬聡『美学特殊C――「芸術」をひらく、「教育」をひらく』慶應義塾大学出版会、二〇〇三年、四四～四六頁)。本書は、この主張を一面に共有しつつ、三原理の系譜が示す「身体的存在」を活かす方向で教育を再考すると、学校教育の関係性は決して権威的権力的な競争に回収されず、ワークショップにも通じる楽しさや豊かさを生み出し得るのではないかと考える。

(11)　教育学で議論される「共同」と「協働」については、グループ内で課題を分担し同じ対象に働きかけて作業を行う場合が「共同作業 co-operation」、グループとして課題を共有し過程を共にして働きかけて行く場合が「協働作業 collaboration」と区別される。一つの課題解決や目標に向かい各自が役割を分担し最終的に結果や作品を共有することが「共同」、一方結果に至る過程を共有し交流的に探究することで「互恵的に学びあうこと」が「協働」である(秋田喜代美『子どもをはぐくむ授業づくり——知の創造へ』岩波書店、二〇〇〇年、七五～七六頁)。

(12)「知識基盤型社会」は、中央教育審議会答申「我が国の高等教育の将来像」(二〇〇五年)で、「新しい知識・情報・技術が政治・経済・文化をはじめ社会のあらゆる領域での活動の基盤として飛躍的に重要性を増す社会」として示された。

(13) 吉見俊哉は、知識・情報源が「書棚や図書館の書物」から「ネット上のデータベースやアーカイブ」に移りつつある現代的状況を「検索型の知識基盤」と特徴付けている(吉見俊哉『大学とは何か』岩波書店、二〇一一年、二四七頁)。

(14) 芸団協・芸能文化情報センター編『芸術と教育ブックレット』第一～四号、芸団協出版部、二〇〇一～二〇〇三年。

(15) このような違和感は、実演家の立場から小学校での演劇ワークショップ実践に携わった藤井佳代子の以下の報告にも読み取れる。「もしかして『表現力』って『大勢の前で、調べたり気づいたりしたことを堂々と発表する力』って思われているんじゃないかと、とても不安を感じました。そうじゃないんだけれど、いやそれも大事なことだけれども、でもそうじゃない。」演劇での表現力については「やっていく中で分っていってもらうしか」ないと藤井は言う(藤井佳代子「共に喜びあえる関係を——小学校での実践 実演家の立場から」芸団協・芸能文化情報センター編『芸術と教育ブックレット04』芸団協出版部、二〇〇三年、二二頁)。

(16) ここでの社会性とは、共同体において広く一般化され暗黙のうちに規範となっているような所作や振る舞いを指す。広井良典によれば、何かの意味での同質的集団としての「コミュニティ community」「共同性 common」と、他者に向かって開かれた「ソサエティ society」「公共性 public」という二つの側面を両立させて行くことが、社会性において重要である。集団内部の関係性と、集団外部との関係性という「関係の二重性」は、人間にとって原初的な課題と言える(広井良典編『福祉の哲学とは何か——ポスト成長時代の幸福・価値・社会構想』ミネルヴァ書房、二〇一七年、二六～二七頁)。

(17) ゲームや即興のやりとりを活かした平田のメソッドは、アイスブレイクや課題に向けた協力体制作りに有効だ。ただ、このようなポスト近代型能力に向けた実践で留意が必要なのは、教育評価の対象にもなるパフォーマンスを、多くは初対面でない日頃の関係性、日常の間柄で展開しなければならない点ではないだろうか。子どものストレスやいじめの温床を学級体制や共同体主義そのものに見出す見解もあるなか、教育内容や評価方法が変わるなら、同時に人間理解の枠組みや学校運営の制度体制も見直さなければならないように思う(柳治男『〈学級〉の歴史学——自明視された空間を疑う』講談社、二〇〇五年、一三～一五頁・内藤朝雄『いじめの社会理論――その生態学的秩序の生成と解体』柏書房、二〇〇一年)。
(18) 平田オリザ『わかりあえないことから――コミュニケーション能力とは何か』講談社、二〇一二年、一四七頁。
(19) 平田オリザ・蓮行『コミュニケーション力を引き出す――演劇ワークショップのすすめ』ＰＨＰ研究所、二〇〇九年、一六、四〇頁。
(20) 平田オリザ『わかりあえないことから――コミュニケーション能力とは何か』講談社、二〇一二年、一〇五頁。
(21) ただし、マナーの意味は本来、社会秩序の構築や社会性の再生産には留まらない。マナーは、行為の一般性や常識を規定する明示的ルールとは異なり、個人的社会的慣習のなか、暗黙のうちに身体に深く根差した所作である。矢野智司は、マナー教育の理論的側面を、相互にマナーを振る舞うことが期待される交換原理の「儀礼論の系譜」と、見返りを期さないかたちでマナーが発揮される「贈与論の系譜」の二つの体系から示す(矢野智司「マナーと礼儀作法の人間学の再定義に向けて――儀礼論から贈与論へ」矢野智司編『マナーと作法の人間学』東信堂、二〇一四年、四～五、二七頁)。文化芸術と教育の接点に関しては、ここではとくに後者の系譜に注目したい。それは、マナーが文化的文脈を共有しない共同体外部の他者に対し歓待的に生じる側面である。学校における文化芸術活動のコミュニケーションがマナー教育につながるとすれば、それは交換共有が可能な価値的文脈を明確にし拡大するよりも、価値の等価交換が難しい共同体外部に向けても惜しみなくマナーを拓き、そうして自他ともに変化変容して新たなマナーを生み出す側面に関わるのではないだろうか。
(22) 広瀬悠三によると、カントは「労働」の特色を、一定の強制を伴い他の目的のため行為する点と、それにより技能が熟達する点に見出し、労働を「遊び」との対比で考察した。カントによれば、子どもはそのような労働を学ぶ必要がある。ただし、そこには同時に「労働の遊び化」が示唆されている。これは、労働が一面では、それ自体遊びのように目的没入的な快感を生じ得るという考え方である。この点を踏まえ、カントにおいて労働することとは、第一に、目的の下に「技能の熟達」を促し、現在と将来の生活を構築するのに有益とすること、そして第二に、目的に没入し「自分自身から離れてひたすらその事柄の中に生きる状態をもたらす」ことの二点より理解される(広瀬悠三『カントの世界市民的地理教育――人間形成論的意義の解明』ミネルヴァ書房、二〇一七年、八一～八三頁)。
(23) たとえば、小松は美術制作について次のように考察する。「美術制作は、自然素材の加工やコンセプトの具現化といった、未規定なものを意味づける行為であると同時に、制作されつつあるモノの未規定性において、意味が固着することから免れる」。そのうえで、美術教育の意義については、「美術は探究や思考の営みであり、芸術的省察によって質的知性を涵養するという教育的意義をもつ営みである」と言う（小松佳代子編『美術教育の可能性――作品制作と芸術的省察』勁草書房、二〇一八年、一二一～一二二頁）。ここで、「芸術的省察」による「質的知性」と述べられている事柄は、木村教育学が美学・哲学・教育学を横断して追究した「感性的に生きられる概念」と響き合うように思われる。

(24)　西田幾多郎『芸術と道徳』『西田幾多郎全集』第三巻、岩波書店、二〇〇三年、三三六頁。

(25)　同上書、六六頁。

(26)　木村素衞『表現愛』こぶし書房、一九九七年、五九～六〇頁。

(27)　同上書、三一頁。

(28)　西田幾多郎「図式的説明」『西田幾多郎全集』第七巻、岩波書店、二〇〇三年、一七九～一八〇頁。

(29)　木村前掲書、一三五～一三六頁。

(30)　『この子らを世の光に』（一九六五年）のなかで、糸賀は木村との交流について以下のように述べている。「木村先生を中心としたグループにはいったのは、卒業後、京都市の第二衣笠小学校の代用教員となってからのちのことであった。十三年からおなくなりになる二十一年までの足かけ九年間のことであった。しかし年とともに深い交わりが許された。私は木村先生のおすすめで滋賀県に来たのであるが、終戦の前後はすっかり経済畑の行政に埋没していて、教育の行政からは縁どおくなっていた。しかし木村先生と時どき話し合いができるということは限りない慰めであり救いであった。先生は執筆のためもあって、よく琵琶湖畔に宿をとり、数日間滞在されることがあった。そんなときは私はそのお世話をする余沢で、ひと晩くらいは先生と大いに語るのであった。徹夜をしてしまうようなこともあった」（糸賀一雄『糸賀一雄著作集』第一巻、日本放送出版協会、一九八二年、三六頁）。

(31)　糸賀と木村をつないだのは池田太郎であった。池田は福岡県瀬高町に生まれた。大学の畜産科を志望したが家庭の事情が許さず、苦学の末に京都師範学校本科第二部（夜学部）を卒業し、第二衣笠小学校の教諭となった。

(32)　髙谷清『異質の光――糸賀一雄の魂と思想』大月書店、二〇〇五年、七三～七四頁。また糸賀自身の述懐によると、終戦詔勅の数日前、糸賀はたまたま訪ねてきた木村に、新聞記者たちから聞き知ったばかりの終局の情報を伝えた。「先生はそのときくわっと目をみひらき、射すような光をたたえて、私の手をひしと握られた」。そして、終戦後の日本社会を想い「いとが君、これからだな。いよいよこれからだぞ」とかたく握りしめたという（糸賀前掲書、三五頁）。

(33)　蒲生俊宏・冨永健太郎「糸賀一雄の実践思想と木村素衛」『日本社会事業大学研究紀要』第五三号、二〇〇六年、五五～五七頁。

(34)　田村一二は京都府舞鶴に生まれた。家庭の事情で中学卒業後、小学校の代用教員として働きながら京都市教員養成所を卒業。その後、一九三二年四月に京都師範学校（現・京都教育大学）図画専攻科に入学し、翌年卒業後は滋野小学校の特別学級を担当した。一一年間の実践は『忘れられた子ら』（一九四二年）などにまとめられている（髙谷前掲書、九〇～九五頁）。

(35)　京極髙宣は、糸賀の福祉思想の特色を以下三点に整理し、すべてを包括的に理解し継承する必要があると言う。①障害をもつ子どもたち自身を生活主体者、自己実現の主体とする旨、②障害をもつ子どもの潜在的可能性を見取り、人格発達の権利を徹底的に実現しようとする旨、③以上の事柄を社会全体、社会体制として認め実現させようとする旨。①のみでは障害者の一般的人権主張に終わり、②のみでは当面の具体的な問題解決に終始して社会の変革には至らず、③のみでは当事者の実情がなおざりにされてしまう（京極髙宣『障害福祉の父　糸賀一雄の思想と生涯』ミネルヴァ書房、二〇一四年、八六～八七頁）。

(36)　一九六八年九月一七日、大津市で行われた滋賀県児童福祉施設等新任職員研修会で、「施設における人間関係」と題する講義を行っていた糸賀は、講演が終わる寸前に突然倒れ、翌日五四歳の生涯を閉じた。糸賀自身のテープレコーダーを主な資料とする記録講演録は『糸賀一雄の最後の講義――愛と共感の教育』（二〇〇九年）にまとめられている。

(37)　糸賀一雄『糸賀一雄著作集』第二巻、日本放送出版協会、一九八二年、三一四～三一五頁。

(38)　糸賀一雄『糸賀一雄の最後の講義――愛と共感の教育』中川書店、二〇〇九年、八六頁。引用元である「自己実現の教育――重症心身障害児教育の実践を通して学んだもの」は『月刊 まみず』柏樹社、一九六七年、一月号に掲載。

(39)　糸賀前掲書、八四～八五頁。

(40)　糸賀一雄『糸賀一雄著作集』第二巻、日本放送出版協会、一九八二年、三一三頁。

(41)　岡崎英彦によれば、発達保障概念が公言されたのは、一九六二年七月の「重症心身障害児対策促進協議会」であった。この概念は、近江学園での長年の実践のなかで培われてきた概念であり、それ以降頻繁に提起されるようになる。背景には、一九五六年に、京都大学教育学部で助手をしていた田中昌人（一九三二〜二〇〇五）が近江学園の研究部に就職し、教育指導の理念に発達論が導入されたことが指摘される（岡崎英彦「解説」『糸賀一雄著作集』第三巻、日本放送出版協会、一九八三年、四八八頁）。

(42)「無限な横軸の充実、そこにその子どもの人生の充実が期待される。心身の障害がどんなに重くても、その障害を克服する努力とともに、いまの生活を豊かにするという方向で、無限の発達の可能性に挑戦するというのがこの子の人生の意義であるとすれば、それはすべての人びとにあてはまる原理ではあるまいか」（糸賀一雄『糸賀一雄著作集』第三巻、日本放送出版協会、一九八三年、四〇二頁）。

(43)　木村素衞『形成的自覚』弘文堂書房、一九四一年、一二二頁。

(44)　木村素衞『国家に於ける文化と教育』岩波書店、一九四六年、一九六〜一九八頁。

(45)　このような身体知が育まれ得る活動として、ここでは小学校図画工作の「造形遊び」に注目してみたい。造形遊びは、現代アートから原理を汲み、身近な自然物や人工物、空間、形、色などを表現手段として、子どもたちが自由に材料や素材に取り組み、多様な表現様式を楽しむ活動として構想された（板良敷敏「自然発生的な造形遊びの分類と過程（I）――造形表現の教材化に向けて」『長崎大学教育学部教科教育学報告書』第一六号、長崎大学教育学部、一九九一年、四〇頁）。造形遊びは、一九七七（昭和五二）年度版の学習指導要領で「造形的な遊び」として低学年に導入され、一九八九（平成元）年度版では中学年まで、そして一九九八（平成一〇）年度版で高学年も含む全学年に導入された。図画工作は「A表現」及び「B鑑賞」から成り、資質・能力としては「造形的な見方・考え方」が注目される。それは、学習指導要領では「感性や想像力を働かせ、対象や事象を、形や色などの造形的な視点で捉え、自分のイメージをもちながら意味や価値をつくりだすこと」と定義される（文部科学省編『小学校学習指導要領解説――図画工作編』二〇一七年、一〇頁）。そのうち、「表現」に関し、「造形遊びをする活動」と「絵や立体、工作に表す活動」の二つの区分が示され、指導事項の違いを明確にし、培う「思考力、判断力、表現力等」「技能」を別に構想することが求められている（同上書、七頁）。造形遊びには、従来の作品主義的傾向を反省する大きな意味合いが込められている。ただ、遊びは意図的には生じず、本来なら止める自由、立ち去る自由、参加しない自由などを伴う。あるいは、遊びには偶然性が大きく作用し、そもそも非生産的な蕩尽としての側面が強い。そのような遊びを学習計画に組み込み、評価基準を設けることには、矛盾と難しさが伴う。美術教育の実践者による研究会では、造形遊びの重要性と課題性がたびたび議論されている。

(46)　木村素衞『国家に於ける文化と教育』岩波書店、一九四六年、三八七頁。

(47)　同上書、一四七～一四八頁。

(48)　この切り口は、一九二二年二月六日、二〇代半ば頃の以下の日記にすでにうかがい知ることができる。「ガラス窓越しに流れ込む日光の下に二、三冊の書の重ねたるが光と陰との美しき色合いを出していて、心の中から歓びの草が芽を出したように思った。形と色と光との世界は何という不思議であろう。美とは何という不思議な、そしてうれしいものだろう。言葉なくして、無限の音を私の心につげる。その告げ方は、ぱーっと朝顔の蕾が朝日に開くように私にも知らない私の心の中の未だ開かないものをぱーっと開くという遣り方だ。そしてその開いた口から歓びの小人がどんどん踊り出す。そして私は、生きる事に甲斐を感じ、自然を愛することに無限の生命を見出す。」ふとした出来事から与えられる「生きる事」の支えや、自身でさえわからない蕾のような「未だ開かないもの」が、極めて個人的な事情でありながら、いつの間にか他者同士をつなぎ、社会を変える契機となることがある。木村教育学は、そのような個の特殊さと普遍性の連関を、論理的に言語化する試みだったと言える（木村素衞『魂の静かなる時に』（燈影撰書一八）燈影舎、一九八九年、九二～九三頁）。

文献一覧

邦文文献

赤松常弘『三木清――哲学的思索の軌跡』ミネルヴァ書房、一九九四年。

秋田喜代美『子どもをはぐくむ授業づくり――知の創造へ』岩波書店、二〇〇〇年。

浅倉祐一朗「西田幾多郎『歴史的形成作用としての芸術的創作』（一九四一年）における芸術認識」『場所』第六号、西田哲学研究会、二〇〇七年、四三〜六四頁。

有福孝岳・坂部恵他編『カント事典』弘文堂、一九九七年。

石渡恵子「子どもたちの中に、何かが起こった――小学校での実践 教員の立場から」芸団協・芸能文化情報センター編『芸術と教育ブックレット04 実践！表現教育――実演家が授業にやってきた』芸団協出版部、二〇〇三年、一一一〜一二〇頁。

井島勉『美術教育の原理』都出版社、一九五一年。

――『美術教育の理念』光生館、一九六九年。

板橋勇仁『西田哲学の論理と方法――徹底的批評主義とは何か』法政大学出版局、二〇〇四年。

――『歴史的現実と西田哲学――絶対的論理主義とは何か』法政大学出版局、二〇〇八年。

板良敷敏「自然発生的な造形遊びの分類と過程（Ⅰ）――造形表現の教材化に向けて」『長崎大学教育学部教科教育学報告書』第一六号、長崎大学教育学部、一九九一年、三九〜五六頁。

井藤元「シラー『美的書簡』における「遊戯衝動」――ゲーテ文学からの解明」『教育学研究室研究紀要』第三三号、東京大学、二〇〇七年、八九〜一〇〇頁。

伊東俊太郎『一語の辞典 自然』三省堂、一九九九年。

――『変容の時代――科学・自然・倫理・公共』麗澤大学出版会、二〇一三年。

糸賀一雄『糸賀一雄著作集』全三巻、日本放送出版協会、一九八二〜一九八三年。

――『糸賀一雄の最後の講義――愛と共感の教育』中川書店、二〇〇九年。

井上智恵子・中嶋優太・山名田沙智子『企画展図録 木村素衞――西田幾多郎に愛された教育哲学者』石川県西田幾多郎記念哲学館、二〇一七年。

今井康雄『メディアの教育学――「教育」の再定義のために』東京大学出版会、二〇〇四年。

――「『学力』をどう捉えるか――現実が見えないグローバル化のなかで」田中智志編『グローバルな学びへ――協同と刷新の教育』東信堂、二〇〇八年、一〇五〜一三七頁。

――編『「美的なもの」の教育的影響に関する理論的・文化比較的研究』平成一四〜一六年度科学研究費補助金・基盤研究（B）（一）研究成果報告書、東京大学大学院教育学研究科、二〇〇五年。

入矢義高『禅の語録八 伝心法要・宛陵録』筑摩書房、一九六九年。

岩城見一「解説 西田幾多郎と芸術」上田閑照監修『西田哲学選集』第六巻、燈影舎、一九九八年、四〇八〜四三七頁。

――「解説」上田閑照監修『木村素衞 美のプラクシス』（京都哲学撰書七）燈影舎、二〇〇〇年、二五六〜二八六頁。

岩崎武雄『カント』勁草書房、一九五八年。

岩崎稔「ポイエーシス的メタ主体の欲望――三木清の技術哲学」山之内靖・J．ヴィクター・コシュマン・成田龍一編『総力戦と現代化』柏書房、一九九五年、一八五〜二〇九頁。

岩田康之「日本諸学振興委員会各学会への動員状況」駒込武・川村肇・奈須恵子編『戦時下学問の統制と動員――日本諸学振興委員会の研究』東京大学出版会、二〇一一年、一一三〜一三五頁。

上田閑照『西田幾多郎とは誰か』岩波書店、二〇〇二年。

――編『西田哲学への問い』岩波書店、一九九〇年。

――編『西田哲学――没後五十年記念論文集』創文社、一九九四年。

――監修『人間であること』燈影舎、二〇〇六年。

上田高昭『西田幾多郎の姿勢――戦争と知識人』中央大学出版部、二〇〇三年。

上野浩道『知育とは何か――近代日本の教育思想をめぐって』勁草書房、一九九〇年。

――――『美術のちから　教育のかたち――〈表現〉と〈自己形成〉の哲学』春秋社、二〇〇七年。

植村和秀『「日本」への問いをめぐる闘争――京都学派と原理日本社』柏書房、二〇〇七年。

大熊洋行「木村素衞『身体と精神』」熊野純彦編『日本哲学小史――近代一〇〇年の二〇篇』中央公論新社、二〇〇九年、一八八頁～一九五頁。

大島康正「解説」『田邊元全集』第六巻、筑摩書房、一九六三年、五二三～五三六頁。

――――「解説」『田邊元全集』第七巻、筑摩書房、一九六三年、三七三～三八六頁。

――――「解説」『田邊元全集』第八巻、筑摩書房、一九六四年、四六三～四八六頁。

――――「大東亜戦争と京都学派――知識人の政治参加について」森哲郎編『世界史の理論　京都学派の歴史哲学論攷』燈影舎、二〇〇〇年、二七四～三〇四頁。

大西正倫『表現的生命の教育哲学――木村素衞の教育思想』昭和堂、二〇一一年。

大橋良介編『ドイツ観念論を学ぶ人のために』世界思想社、二〇〇六年。

――――編『京都学派の思想――種々の像と思想のポテンシャル』人文書院、二〇〇四年。

大峯顯編『西田哲学を学ぶ人のために』世界思想社、一九九六年。

岡崎英彦「解説」『糸賀一雄著作集』第三巻、日本放送出版協会、一九八三年、四八四～四九九頁。

岡田勝明『フィヒテ討究』創文社、一九九〇年。

――――『フィヒテと西田哲学――自己形成の原理を求めて』世界思想社、二〇〇〇年。

――――「『知識学』一八〇五年――絶対者のエクシステンチアとしての知」長澤邦彦・入江幸男編『フィヒテ知識学の全容』晃洋書房、二〇一四年、一〇二～一一六頁。

小笠原道雄「長田新の教育学――教育学形成の荒野のなかで」小笠原道雄・田中毎実・森田尚人・矢野智司『日本教育学の系譜――吉田熊次・篠原助市・長田新・森昭』勁草書房、二〇一四年、二一三～二七九頁。

小笠原道雄・田中毎実・森田尚人・矢野智司『日本教育学の系譜――吉田熊次・篠原助市・長田新・森昭』勁草書房、二〇一四年。

小田部胤久『木村素衞――「表現愛」の美学』講談社、二〇一〇年。

金谷治訳注『大学・中庸』岩波書店、一九九八年。

鎌田東二編『モノ学の冒険』創元社、二〇〇九年。

蒲生俊宏・冨永健太郎「糸賀一雄の実践思想と木村素衞」『日本社会事業大学研究紀要』第五三号、二〇〇六年、五三～六一頁。

唐木順三『詩と哲学の間』『唐木順三全集』第四巻、筑摩書房、一九六七年、二〇一～三九三頁。

苅宿俊文・高木光太郎・佐伯胖編『ワークショップと学び1――まなびを学ぶ』東京大学出版会、二〇一二年。

――『ワークショップと学び2――場づくりとしてのまなび』東京大学出版会、二〇一二年。

――『ワークショップと学び3――学びほぐしのデザイン』東京大学出版会、二〇一二年。

神林恒道『近代日本「美学」の誕生』講談社、二〇〇六年。

北野裕通「京都哲学と労作教育――片岡仁志・小西重直・西田幾多郎」『相愛大学研究論集』第二二巻、相愛大学、二〇〇六年、六五～八八頁。

木村元「一九三〇年代の教育学の場と課題」駒込武・川村肇・奈須恵子編『戦時下学問の統制と動員――日本諸学振興委員会の研究』東京大学出版会、二〇一一年、二五三～二九一頁。

木村素衞『フィヒテ』弘文堂書房、一九三七年。

――「教育愛に就いて――エロスとアガペ」木村素衞先生五〇回忌記念刊行会編『木村素衞先生と信州』信濃教育会出版部、一九九六年、四二～六六頁。

――『国民と教養』弘文堂書房、一九三九年。

――『表現愛』岩波書店、一九三九年（本書は『表現愛』こぶし書房、一九九七年を参照）。

――『独逸観念論の研究』弘文堂書房、一九四〇年。

――『美のかたち』岩波書店、一九四一年。

――『形成的自覚』弘文堂書房、一九四一年。

――『国民学校の基礎問題』諏訪郡永明国民学校購読会、一九四一年。

――「教材――教育と政治との連関に関する一断面」日本諸学振興委員会編『日本諸学』創刊号、内閣印刷局、一九四二年、九七～一一六頁。

――『日本文化発展のかたちについて』生活社、一九四五年。

――『国家に於ける文化と教育』岩波書店、一九四六年。

――『随筆集 雪解』能楽書林、一九四七年。

――「教育愛について（表現愛補遺）」『信濃教育』第七二二号、信濃教育会出版部、一九四七年（本書は「教育愛」と改題後『教育学の根本問題』信濃教育会出版部、一九七六年、一〇六～一二二頁所収版を参照）。

――『表現愛の構造』日本学芸社、一九四七年（本書は「教育愛（一）」「教育愛（二）」として雑誌『信濃教育』第七一一・七一二号、信濃教育会出版部、一九四六年所収版を参照）。

――『花と死と運命』（アテネ文庫五）弘文堂書房、一九四八年。

――『教育と人間』弘文堂、一九四八年。

――『紅い実と青い実』（アテネ文庫四八）弘文堂、一九四九年。

――『魂の静かなる時に』（燈影撰書一八）燈影舎、一九八九年。

――『慈愛と信頼――論文・随筆選集』信濃教育会出版部、一九九五年。

――学校教育研究会編「教育と全体観」『学校教育』第三二一号、広島高等師範学校附属小学校 学校教育研究会、一九三八年、三二～四〇頁。

――興亜教学研究会編『国民教育の根本問題』目黒書店、一九四一年。

木村素衞先生五〇回忌記念刊行会編『木村素衞先生と信州』信濃教育会出版部、一九九六年。

木村素衛《ママ》先生著書刊行会発行『教育学の根本問題』信濃教育会出版部、一九七六年。

教育思想史学会編『教育思想事典』勁草書房、二〇〇〇年。

京極高宜『障害福祉の父 糸賀一雄の思想と生涯』ミネルヴァ書房、二〇一四年。

久野収「後記」『三木清全集』第六巻、岩波書店、一九六七年、四五五～四六三頁。

――「後記」『三木清全集』第八巻、岩波書店、一九六七年、五一一～五一九頁。

熊倉敬聡『脱芸術／脱資本主義論――来るべき〈幸福学〉のために』慶應義塾大学出版会、二〇〇〇年。

――『美学特殊C――「芸術」をひらく、「教育」をひらく』慶應義塾大学出版会、二〇〇三年。

熊野純彦編『日本哲学小史――近代一〇〇年の二〇篇』中央公論新社、二〇〇九年。

隈元忠敬「知識学の変遷」長澤邦彦・入江幸男編『フィヒテ知識学の全容』晃洋書房、二〇一四年、二〇～三四頁。

芸団協・芸能文化情報センター編『芸術と教育ブックレット01　表現教育を子どもたちに――実演家よ、学校へ行こう！』芸団協出版部、二〇〇一年。

――『芸術と教育ブックレット02「ワークショップ」になにができるか？――「多様性」と向き合うための知恵』芸団協出版部、二〇〇二年。

――『芸術と教育ブックレット03　教育と芸術／新たな関係――海外の事例に学ぶ』芸団協出版部、二〇〇二年。

――『芸術と教育ブックレット04　実践！表現教育――実演家が授業にやってきた』芸団協出版部、二〇〇三年。

高坂正顕「あと書」木村素衞『教育と人間』弘文堂、一九四八年、一八〇～一八一頁。

――「解説」田邊元『田邊元全集』第四巻、筑摩書房、一九六三年、四一七～四三五頁。

高山岩男「解説」『田邊元全集』第三巻、筑摩書房、一九六三年、五二三～五三七頁。

――『京都哲学の回想――旧師旧友の追憶とわが思索の軌跡』燈影舎、一九九五年。

合田正人『田辺元とハイデガー――封印された哲学』PHP研究所、二〇一三年。

合田正人・杉村靖彦「〈対談〉田辺元の思想」『思想』第一〇五三号、岩波書店、二〇一二年、七～三五頁。

小坂国継『西田哲学の研究――場所の論理の生成と構造』ミネルヴァ書房、一九九一年。

――『西田哲学と宗教』大東出版社、一九九四年。

――『西田幾多郎の思想』講談社、二〇〇二年。

――『西田哲学の基層――宗教的自覚の論理』岩波書店、二〇一一年。

小西重直『労作教育』玉川学園出版部、一九三〇年。

小林恭「解説」木村素衞『表現愛』こぶし書房、一九九七年、二一六〜二三三頁。

駒込武・川村肇・奈須恵子編『戦時下学問の統制と動員——日本諸学振興委員会の研究』東京大学出版会、二〇一一年。

小松佳代子編『周辺教科の逆襲』叢文社、二〇一二年。

——編『美術教育の可能性——作品制作と芸術的省察』勁草書房、二〇一八年。

小山常実『天皇機関説と国民教育』アカデミア出版会、一九八九年。

佐伯胖・藤田英典・佐藤学編『表現者として育つ』東京大学出版会、一九九五年。

佐々木健一『美学辞典』東京大学出版会、一九九五年。

佐々木正昭「芸術と教育」和田修二・山﨑高哉編『人間の生涯と教育の課題——新自然主義の教育学試論』昭和堂、一九八八年、二九一〜三二二頁。

佐藤学・今井康雄編『子どもたちの想像力を育む——アート教育の思想と実践』東京大学出版会、二〇〇三年。

下村寅太郎『遭逢の人』南窓社、一九七〇年。

菅原潤『京都学派』講談社、二〇一八年。

菅原正子『日本中世の学問と教育』同成社、二〇一四年。

杉田孝夫「後期フィヒテの社会哲学　一八〇〇—一八一四年」長澤邦彦・入江幸男編『フィヒテ知識学の全容』晃洋書房、二〇一四年、二〇七〜二一〇頁。

杉本耕一『西田哲学と歴史的世界——宗教の問いへ』京都大学学術出版会、二〇一三年。

皇紀夫・矢野智司編『日本の教育人間学』玉川大学出版部、一九九九年。

高谷清『異質の光——糸賀一雄の魂と思想』大月書店、二〇〇五年。

高梨友宏「西田哲学における〈芸術〉と〈美〉の概念をめぐって」茅野良男・藤田正勝編『転換期としての日本近代——日本人が体験した歴史からの思考』ミネルヴァ書房、一九九九年、一五九〜一七五頁。

竹市明弘・有福孝岳・坂部恵編『カント哲学の現在』世界思想社、一九九三年。

竹内良知『西田哲学の「行為的直観」』農山漁村文化協会、一九九二年。

竹田篤司『物語「京都学派」』中央公論新社、二〇〇一年。

田中智志編『グローバルな学びへ――協同と刷新の教育』東信堂、二〇〇八年。

田中毎実『臨床的人間形成論の構築――臨床的人間形成論第二部』東信堂、二〇一二年。

――編『教育人間学――臨床と超越』東京大学出版会、二〇一二年。

田邊元『田邊元全集』全一五巻、筑摩書房、一九六三～一九六四年。

張さつき『父・木村素衞からの贈りもの』未來社、一九八五年。

常俊宗三郎『日本の哲学を学ぶ人のために』世界思想社、一九九八年。

東京藝術大学美術教育研究室編『美術と教育のあいだ』東京藝術大学出版会、二〇一一年。

戸坂潤「京都学派の哲学」『戸坂潤全集』第三巻、勁草書房、一九六六年、一七一～一七六頁。

鳶野克己「蜂屋慶の教育人間学――教育における超越的なるもの」皇紀夫・矢野智司編『日本の教育人間学』玉川大学出版部、一九九九年、二〇一～二二二頁。

内藤朝雄『いじめの社会理論――その生態学的秩序の生成と解体』柏書房、二〇〇一年。

中井正一『美学入門』中央公論新社、二〇一〇年。

中川素子『スクール・アート――現代美術が開示する学校・教育・社会』水声社、二〇一二年。

中沢新一『ポケットの中の野生』岩波書店、一九九七年。

中嶋優太「木村素衞の制作の美学――カント美学と制作論」日本哲学史フォーラム編『日本の哲学』第一一号、昭和堂、二〇一〇年、一〇六～一二六頁。

長澤邦彦・入江幸男編『フィヒテ知識学の全容』晃洋書房、二〇一四年。

中野民夫『ワークショップ――新しい学びと創造の場』岩波書店、二〇〇一年。

中村雄二郎『西田哲学の脱構築』岩波書店、一九八七年。

中山元『自由の哲学者カント――カント哲学入門「連続講義」』光文社、二〇一三年。

西田幾多郎『西田幾多郎全集』全二四巻、岩波書店、二〇〇二～二〇〇九年。

西平直『教育人間学のために』東京大学出版会、二〇〇五年。

――『世阿弥の稽古哲学』東京大学出版会、二〇〇九年。

――『無心のダイナミズム――「しなやかさ」の系譜』岩波書店、二〇一四年。

――編『ケアと人間――心理・教育・宗教』ミネルヴァ書房、二〇一三年。

西村拓生「京都学派における美と教育――木村素衞の表現論に即して」今井康雄編『「美的なもの」の教育的影響に関する理論的・文化比較的研究』平成一四～一六年度科学研究費補助金・基盤研究（B）（一）研究成果報告書、東京大学大学院教育学研究科、二〇〇五年、七二～八六頁。

――「京都学派と美的人間形成論――木村素衞は如何にシラーを読んだのか」『奈良女子大学文学部 研究教育年報』第五号、奈良女子大学文学部、二〇〇八年、八三～九七頁。

――「木村素衞の教育思想のアクチュアリティ――実践における『イデア』の形成と『否定』に媒介された肯定性」『奈良女子大学文学部 研究教育年報』第一四号、奈良女子大学文学部、二〇一七年、五五～六六頁。

新田義弘『現代の問いとしての西田哲学』岩波書店、一九九八年。

日本フィヒテ協会編『フィヒテ研究』第二号、晃洋書房、一九九四年。

野家啓一「歴史の中の身体――西田哲学と現象学」上田閑照編『西田哲学――没後五十年記念論文集』創文社、一九九四年、七五～一〇〇頁。

橋本美保・田中智志編『大正新教育の思想――生命の躍動』東信堂、二〇一五年。

服部健二『歴史における自然の論理――フォイエルバッハ・マルクス・梯明秀を中心に』新泉社、一九九〇年。

――『西田哲学と左派の人たち』こぶし書房、二〇〇〇年。

――「『京都学派・左派』像」大橋良介編『京都学派の思想――種々の像と思想のポテンシャル』人文書院、二〇〇四年、二三一～四三頁。

檜垣立哉『西田幾多郎の生命哲学』講談社、二〇一一年。

――『日本哲学原論序説――拡散する京都学派』人文書院、二〇一五年。

平田オリザ『わかりあえないことから――コミュニケーション能力とは何か』講談社、二〇一二年。

――『下り坂をそろそろと下る』講談社、二〇一六年。

平田オリザ・蓮行『コミュニケーション力を引き出す――演劇ワークショップのすすめ』ＰＨＰ研究所、二〇〇九年。

広井良典『コミュニティを問いなおす――つながり・都市・日本社会の未来』筑摩書房、二〇〇九年。

――『創造的福祉社会――「成長」後の社会構想と人間・地域・価値』筑摩書房、二〇一一年。

――編『福祉の哲学とは何か――ポスト成長時代の幸福・価値・社会構想』ミネルヴァ書房、二〇一七年。

広瀬悠三『カントの世界市民的地理教育――人間形成論的意義の解明』ミネルヴァ書房、二〇一七年。

弘田陽介『近代の擬態／擬態の近代――カントというテクスト・身体・人間』東京大学出版会、二〇〇七年。

廣松渉『〈近代の超克〉論――昭和思想史への一視角』講談社、一九八九年。

福島真人編『身体の構築学――社会的学習過程としての身体技法』ひつじ書房、一九九五年。

福吉勝男『フィヒテ』清水書院、一九九〇年。

藤井佳代子「共に喜びあえる関係を――小学校での実践 実演家の立場から」芸団協・芸能文化情報センター編『芸術と教育ブックレット04 実践！表現教育――実演家が授業にやってきた』芸団協出版部、二〇〇三年、二一～二九頁。

藤澤英昭監修『心からだ踊る 造形遊び指導のポイント実践事例集』開隆堂出版、二〇一四年。

藤田親昌編『世界史的立場と日本』中央公論社、一九四三年。

藤田正勝「木村素衞とフィヒテ」日本フィヒテ協会編『フィヒテ研究』第二号、晃洋書房、一九九四年、一四二～一五三頁。

――『現代思想としての西田幾多郎』講談社、一九九八年。

――「思想史における一九三〇年代――京都学派の位置」『日本思想史学』第三七号、日本思想史学会、二〇〇五年、一～二頁。

――『西田幾多郎――生きることと哲学』岩波書店、二〇〇七年。

――「西田・田辺哲学とシェリング」『西田哲学会年報』第七号、西田哲学会事務局、二〇一〇年、一～三四頁。

――『西田幾多郎の思索世界――純粋経験から世界認識へ』岩波書店、二〇一一年。

――――「表現と身体――『表現的存在』としての人間」日本哲学史フォーラム編『日本の哲学』第一七号、昭和堂、二〇一六年、一〇六～一二〇頁。

――――編『日本近代思想を学ぶ人のために』世界思想社、一九九七年。

――――編『京都学派の哲学』昭和堂、二〇〇一年。

船山信一著・服部健二編『日本哲学者の弁証法』こぶし書房、一九九五年。

本田由紀『多元化する「能力」と日本社会――ハイパー・メリトクラシー化のなかで』NTT出版、二〇〇五年。

前田博「木村素衞教授の生涯と業績」『京都大学教育学部紀要』第四号、京都大学教育学部、一九五八年、四〇～五四頁。

――――『教育における芸術の役割』玉川大学出版部、一九八三年。

眞壁宏幹「美的経験・教育・自己形成――『シンボル生成』としての美的経験をめぐって」田中克佳編『「教育」を問う教育学――教育への視覚とアプローチ』慶應義塾大学出版会、二〇〇六年、一四三～一六七頁。

桝田啓三郎「後記」『三木清全集』第七巻、岩波書店、一九六七年、四八一～四九二頁。

松下佳代編『〈新しい能力〉は教育を変えるか――学力・リテラシー・コンピテンシー』ミネルヴァ書房、二〇一〇年。

松本俊吉「『創発性』について」『科学基礎論研究』第二八巻第二号、科学基礎論学会、二〇〇一年。

丸山高司「構想力の論理――三木清」常俊宗三郎編『日本の哲学を学ぶ人のために』世界思想社、一九九八年、一五五～一九六頁。

三浦了「木村素衞先生と糸賀先生」糸賀記念会編『追想集糸賀一雄――伝記・糸賀一雄』大空社、一九八九年、二四二～二四三頁。

三木清『三木清全集』全二〇巻、岩波書店、一九六六～一九八六年。

溝上慎一『アクティブラーニングと教授学習パラダイムの転換』東信堂、二〇一四年。

嶺秀樹『ハイデッガーと日本の哲学――和辻哲郎、九鬼周造、田辺元』ミネルヴァ書房、二〇〇二年。

――――『西田哲学と田辺哲学の対決――場所の論理と弁証法』ミネルヴァ書房、二〇一二年。

宮野安治「西田幾多郎と教育学――『教育学について』を読む」上田閑照監修『人間であること』燈影舎、二〇〇六年、二三八～二六〇頁。

村瀬裕也『木村素衞の哲学――美と教養への啓示』こぶし書房、二〇〇一年。

茅野良男・藤田正勝編『転換期としての日本近代――日本人が体験した歴史からの思考』ミネルヴァ書房、一九九九年。

森昭「歴史的生命の教育哲学――故木村素衞博士著『国家に於ける文化と教育』」『教育学研究』第一五巻第一号、日本教育学会、一九四七年、六五～六八頁。

森哲郎編『世界史の理論　京都学派の歴史哲学論攷』燈影舎、二〇〇〇年。

森田伸子「木村素衞における政治と教育――京都学派の身体論を問い直す」『人間研究』第五一号、日本女子大学、二〇一五年、三三～五三頁。

――「木村素衞における『教育愛』の構造」『人間研究』第五二号、日本女子大学、二〇一六年、八九～一〇六頁。

森田尚人・森田伸子編『教育思想史で読む現代教育』勁草書房、二〇一三年。

森田尚人・森田伸子・今井康雄編『教育と政治――戦後教育史を読みなおす』勁草書房、二〇〇三年。

森本忠「非国民教育論の一例――木村素衞著『形成的自覚』」『読書人』第三巻第七号、東京堂、一九四三年、三八～四一頁。

門前斐紀「木村素衞における美的人間形成――「絶対無の美学」から美的体験を考える」『京都大学大学院教育学研究科紀要』第六〇号、京都大学大学院教育学研究科、二〇一四年、一五三～一六五頁。

――「『一打の鑿』の身体性――木村素衞の表現論における学びのダイナミズム」『ホリスティック教育研究』第一九号、日本ホリスティック教育協会、二〇一六年、二九～四一頁。

――「芸術表現活動における学びについての一考察――木村素衞『表現愛』概念を手がかりとして」『美術教育』第三〇〇号、日本美術教育学会、二〇一六年、一六～二三頁。

――「木村素衞の教育学における身体性――『ポイエシス＝プラクシス』原理に着目して」『教育哲学研究』第一一三号、教育哲学会、二〇一六年、五七～七四頁。

文部科学省編『小学校学習指導要領解説――図画工作編』二〇一七年（文部科学省HP http://www.mext.go.jp/a_menu/shotou/new-cs/1387014.htm 二〇一八年九月三〇日閲覧）。

柳治男『〈学級〉の歴史学――自明視された空間を疑う』講談社、二〇〇五年。

柳父章『一語の辞典　愛』三省堂、二〇〇一年。

矢野智司「身体と教育」和田修二・山﨑高哉編『人間の生涯と教育の課題――新自然主義の教育学試論』昭和堂、一九八八年。

――『自己変容という物語――生成・贈与・教育』金子書房、二〇〇〇年。

――『意味が躍動する生とは何か――遊ぶ子どもの人間学』世織書房、二〇〇六年。

――『贈与と交換の教育学――漱石、賢治と純粋贈与のレッスン』東京大学出版会、二〇〇八年。

――「生成と発達を実現するメディアとしての身体――西田幾多郎の歴史的身体の概念を手掛かりに」田中毎実編『教育人間学――臨床と超越』東京大学出版会、二〇一二年、二二五～二四九頁。

――「人間学――京都学派人間学と日本の教育学との失われた環を求めて」森田尚人・森田伸子編『教育思想で読む現代教育』勁草書房、二〇一三年、二四七～二六八頁。

――「近代日本教育学史における発達と自覚」『近代教育フォーラム』第二二号、教育思想史学会、二〇一三年、一〇一～一一〇頁。

――『幼児理解の現象学――メディアが開く子どもの生命世界』萌文書林、二〇一四年。

――「京都学派としての篠原助市――『自覚の教育学』の誕生と変容」小笠原道雄・田中毎実・森田尚人・矢野智司『日本教育学の系譜――吉田熊次・篠原助市・長田新・森昭』勁草書房、二〇一四年。

――「マナーと礼儀作法の人間学の再定義に向けて――儀礼論から贈与論へ」矢野智司編『マナーと作法の人間学』東信堂、二〇一四年、三～三三頁。

――編『マナーと作法の人間学』東信堂、二〇一四年。

山﨑高哉「我が国におけるケルシェンシュタイナー関係文献目録及び解題（I）」『大阪総合保育大学紀要』第九号、大阪総合保育大学、二〇一五年、三一七頁～三四六頁。

――編『応答する教育哲学』ナカニシヤ出版、二〇〇三年。

山田真由美「木村素衞の教育思想における形成と歴史――形成概念の歴史性に着目して」『哲学』第一三六号、三田哲学会、二〇一六年、九九～一二四頁。

山名淳・藤井佳世「現代において人間形成（ビルドゥング）に向き合うことは何を意味するか」L．ヴィガー・山名淳・藤井佳世編『人間形成と承認――教育哲学の新たな展開』北大路書房、二〇一四年、一～一六頁。

山本正男『美術教育学への道』玉川大学出版部、一九八一年。

湯浅泰雄『身体――東洋的身心論の試み』創文社、一九八三年。

横山太郎「日本的身体論の形成――『京都学派』を中心として」『ＵＴＣＰ研究論集』第二号、東京大学二一世紀ＣＯＥ共生のための国際哲学交流センター、二〇〇五年、二九～四四頁。

吉田敦彦『ブーバー対話論とホリスティック教育――他者・呼びかけ・応答』勁草書房、二〇〇七年。

吉見俊哉『大学とは何か』岩波書店、二〇一一年。

米原謙『国体論はなぜ生まれたか――明治国家の知の地形図』ミネルヴァ書房、二〇一五年。

渡邊恵太『融けるデザイン――ハード×ソフト×ネット時代の新たな設計論』ビー・エヌ・エヌ新社、二〇一五年。

和田修二『子どもの人間学』第一法規出版、一九八二年。

――編『教育的日常の再構築』玉川大学出版部、一九九六年。

和田修二・山﨑高哉編『人間の生涯と教育の課題――新自然主義の教育学試論』昭和堂、一九八八年。

Ｌ．ヴィガー・山名淳・藤井佳世編『人間形成と承認――教育哲学の新たな展開』北大路書房、二〇一四年。

欧文文献

Aristotelēs, *Aristotelis Ethica Nicomachea*, recogn. Susemihl, F., Leipzig: Teubner, 1880. ＝神崎繁訳『アリストテレス全集15 ニコマコス倫理学』岩波書店、二〇一四年。

Caillois, R., *Les Jeux et les Hommes* (Le masque et le vertige), édition revue et augmentée, Paris: Gallimard, 1967. ＝多田道太郎・塚崎幹夫訳『遊びと人間』講談社、一九九〇年。

Fichte, J. G., *Grundlage der gesamten Wissenschaftslehre: als Handschrift für seine Zuhörer*, Leipzig: Christian Ernst Gabler, 1794/1795 (Jena; Leipzig: Christian Ernst Gabler, 1802). ＝木村素衞訳「聴講者に対する草稿としての全知識学の基礎」『全知識学の基礎』（上）（下）、岩波書店、一九四九年。

――*Erste Einleitung in die Wissenschaftslehre*, Philosophisches Journal vol.5, Jena; Leipzig: Christian Ernst Gabler, 1797, pp.1-49. =木村素衞訳「知識学への第一序論」『全知識学の基礎』（上）（下）、岩波書店、一九四九年。

――*Versuch einer neuen Darstellung der Wissenschaftslehre*, Philosophisches Journal vol.7, Jena; Leipzig: Christian Ernst Gabler, 1797, pp.1-20. =木村素衞訳「知識学の新叙述の試み」『全知識学の基礎』（上）（下）、岩波書店、一九四九年。

Fiedler, K., *Der Ursprung der Künstlerischen Tätigkeit*, Leipzig: Hirzel, 1887. =山崎正和・物部晃二訳「芸術活動の根源」『近代の芸術論』中央公論社、一九七九年。

Heidegger, M., *Sein und Zeit*, Tübingen: Max Niemeyer, Bd.1/4, 1927/1935. =原佑・渡邊二郎訳『存在と時間』全三巻、中央公論新社、二〇〇三年。

Heisig, J. W., The Religious Philosophy of the Kyoto School: An Overview in *The Religious Philosophy of Tanabe Hajime: the metanoetic imperative*, Berkeley CA: Asian Humanities Pr., 1990. =高梨友宏訳「京都学派の宗教哲学――その一概観」『現代思想』第二一巻第一号、青土社、一九九三年、六四〜八九頁。

Jähnig, D., *Der Weltbezug der Künste: Schelling, Nietzsche, Kant*, Freiburg: Verlag Karl Alber, 2011. =神林恒道訳『芸術は世界といかに関わるか――シェリング、ニーチェ、カントの美学から』三元社、二〇一八年。

Kant, I., *Kritik der praktischen Vernunft, Kritik der Urteilskraft*, Kant's gesammelte Schriften. Herausgegeben von der Königlich Preußischen Akademie der Wissenschaften, Bd. 5, Berlin: G. Reimer, 1913. =宇都宮芳明訳『判断力批判』（上）（下）、以文社、一九九四年。

Lave, J., Wenger, E., *Situated Learning: Legitimate Peripheral Participation*, Cambridge: Cambridge University Press, 1991. =佐伯胖訳『状況に埋め込まれた学習――正統的周辺参加』産業図書、一九九三年。

Nygren, A., *Den Kristna Kärlekstanken Genom Tiderna: Eros och Agape*, Stockholm: Svenska Kyr-kans Diakonistyrelses Bokförlag, 1930/1936. =岸千年・大内弘助訳『アガペーとエロース』全三巻、新教出版社、一九五四〜一九六三年。

Polanyi, M., *The Tacit Dimension*, Garden City N.Y.: Doubleday, 1966. =佐藤敬三訳『暗黙知の次元――言語から非言語へ』紀伊国屋書店、一九八〇年。

Ravaisson, F., *Del'Habitude*, Nouvelle édition précédée d·une introduction par Jean Baruxi, Paris: Fayard, 1927. ＝野田又夫訳『習慣論』岩波書店、一九三八年。

Schelling, F., *Philosophische Untersuchungen über das Wesen der menschlichen Freiheit*, Hamburg: Felix Meiner, 1911. ＝西谷啓治訳『人間的自由の本質』岩波書店、一九五一年。

Schiller, F., *Über die ästhetische Erziehung des Menschen: In einer Reihe von Briefen*, Schillers sämtliche Werke in 12 Bd., Stuttgart: Cotta· scher Verlag, 1847. ＝小栗孝則訳『人間の美的教育について』法政大学出版局、二〇〇三年。

Varela, F. J., Thompson, E., Rosch, E., *The Embodied Mind: Cognitive Science and Human Experience*, Cambridge: MIT Press, 1991. ＝田中靖夫訳『身体化された心——仏教思想からのエナクティブ・アプローチ』工作舎、二〇〇一年。

おわりに

二〇一八年二月一二日、石川県西田幾多郎記念哲学館における企画展「木村素衞――西田幾多郎に愛された教育哲学者」を訪れた。木村素衞先生の四女・張さつき氏と、高坂正顕先生の三男・高坂節三氏の対談「父・木村素衞からの贈りもの」が開催されたのである。折しも七三回目のご命日だった。

隣家に暮らしたこともあったというご両家の子どもたちの目線から当時の背中を見つめると、論考からとはまた違った面影が浮かんだ。陰日向なく幼《いと》けなきものを尊ぶ深い眼差し、小さな草花や生き物への並々ならぬ思い、そして父親としての大きな愛情。展示室には、手書き原稿のほか、詩、手記、書、油絵、デッサンなどが並んでいた。愛用の油絵道具は、とても大切に使われていたようだった。

筆者が「表現愛」思想に出会ったのは、卒業論文の執筆を通してであった。当時、教育学部教育心理学系で副査を務めていただいた大山泰宏先生の研究室でアイデアを述べていると、関心が近いかもしれないとご紹介いただいたのである。すぐに図書館で『表現愛』を開いてみた。「若しこの書が表現に関して闡明《せんめい》さるべき原理的構造連関の一つの素描としての意味を担うことができ、それに依って、表現的生命を愛し同時にまたその原理への洞察に衝動を感ぜられる人々に取って、一つの伴侶となることができるとすれば、私はそれで充分満足できるように思う。」序文のこの一節に何となく心動かされ、自分も「表現的生命を愛し……」の「人々」なような気がしてきた。

自身にとって「表現」「形成」「作ること」のテーマは、美術系の進路を志ざした高校時代、画塾での体験にさかのぼるように思う。静物デッサンで、ブロックやレンガと何時間も対峙するうち、構成を考え配置を定め、かたちを決め込んで行くことに違和感を覚えた。ブロックからすれば自分は何をしようとしているのか、画用紙は真っ白のままでいいのかもしれないのに……モチーフや素材の前で、そわそわと居心地悪くなってしまった。もちろん、描くこと

会場の様子

や作ることは楽しかったし、ほんの少しずつでも上達の手応えはあった。しかし、色々と躊躇したままデッサンや立体構成を続けるには気概が要り、気が付けば手が止まっていた。『表現愛』序文は、その頃のわだかまりを思い出させると同時に解きほぐしてくれた。

本書は、二〇一七年三月、京都大学教育学研究科に提出した博士論文「表現愛の人間学――木村素衞教育学における身体論の系譜」をもとに、大幅に修正を加えたものである。

大学院時代から現在に至るまで、色々と迷いごとの多かった筆者を寛大に見守り、あたたかくご指導して下さった矢野智司先生とのご縁なしには、この研究はかたちを成すことができなかった。テキストの言葉一つひとつとの向き合い方、自由でしなやかな思索言語の力、文章を書くことを通してものの見え方が変わって行く面白さなど、ご教示いただいたことは数知れない。遅々としたあゆみで恐縮ながら、先生からいただいた宝物はこれからも大切にして行きたい。これまでの御恩に深く御礼申し上げる。

また、西平直先生には、テキストという生地の型や模様を丁寧に見究めつつ思考を紡ぐ稽古を賜った。ご指導の後はいつも読解のもつれが解け、心持ち新たに進むことができた。斎藤直子先生には、世界中の仲間と探究を通わせる魅力とその作法をご教示いただいた。言語を横断して思索し議論の核心を鋭く掴むわざは、筆者の課題であり続ける。そして、鎌田東二先生には、学窓を去った後も親身になって応援していただき、ユニークなアドバイスと豊かなご縁を賜った。とくに、こころの未来研究センターで研究員としてご一緒させていただいた一年には、ご退職という節目に結集された様々な研究最前線と、先生の変幻自在な求道精神、フィールドワーク的感性に大きな刺激を受け、自身の立場や想いを新たにすることができた。臨床教育学講座を通してお導きいただいたすべての先生方、先輩方、後輩のみなさんに、こころより感謝申し上げる。

学部時代には、卒業論文の主査を務めて下さった皆藤章先生より、短期間での『十牛図』絵解きという無謀な試みをお導きいただいた。着地を危ぶみつつ、脇道にも面白がりながら進んだはじめての論文執筆はとても楽しかった。大山泰宏先生には、心理臨床と哲学思想の交点から「表現」「形成」「作ること」への展望を賜り、思想家・木村素衞との出会いを作っていただいた。そして、山中康裕先生。筆者が心理臨床に興味を抱いたのは、「表現療法」に関する先生のご著書がきっかけだった。ものを作り現してみることが人とのつながりに通じ、カウンセリングの関係性を支えるという旨は、進路選択に踏切れない高校生を強く惹きつけた。時期的に大学での受講は叶わなかったが、二回生のとき主催されている研究会に先輩よりご紹介いただき、長きにわたり大変お世話になった。

ふり返ってみると、筆者の現在は、数え切れないほどのありがたい学恩で成り立っている。緻密な先行研究に重ね、学会において木村教育学の奥義をご教授下さった大西正倫先生、修士論文審査の折、的確なご批判とアカデミックに語る筋をご指導下さった田中毎実先生、美的人間形成論や美的なものと教育の接点につき多くのご示唆をいただいた西村拓生先生、若手美術作家の方々とともに制作に携わる生身の言葉と美術教育理論の軽やかな往還をご教示下さった小松佳代子先生そして、京都教育大学で研究生として過ごした一年に、一〇〇号の大画面とともに構想し、慣れない作庭道具と格闘する機会を与えて下さった岩村伸一先生。また、様々な学会・研究会を通してお導きいただいたすべての先生方に、この場を借りてこころより御礼を申し上げる。

さらに、西田幾多郎記念哲学館の浅見洋館長、井上智恵子研究員、中嶋優太研究員、山名田沙智子研究員には、このたびの企画展を通し得難い資料に引き合わせていただいた。そして、張さつき様よりは、温もりあるお言葉を賜り書籍化の道のりを勇気付けていただいた。このような恵まれたご縁に深く感謝申し上げる。

本書の出版に際しては、ミネルヴァ書房の石原匠様に数々のご配慮とご助言をいただいた。遅筆の推敲をお待ちいただき様々な相談や細やかな手直しに応じ後押しして下さったことに、厚く御礼申し上げる。

最後に、父亡き後、幼い二人を育ててくれた母に感謝する。音楽を生業とする立場から研究に共感してくれたのは心強かった。そして、いつも応援しくれる家族や友人たちにもお礼を言いたい。

なお、出版にあたっては、京都大学総長裁量経費・若手研究者出版助成を受けた。また、本書の研究は京都大学こころの未来研究センター上廣こころ学研究部門を通し、上廣倫理財団からご支援を賜ったものの成果の一部である。このように貴重な機会を賜ったことを深く感謝申し上げる。

門前　斐紀

二〇一八年　秋

初出一覧

＊初出は以下の通りである。但し、各論文の内容は本書の文脈に添い大幅に変更されている。

序　章　口頭発表「木村素衞の教育学における〈技術的身体〉」（第三七回身心変容技法研究会、京都大学稲盛財団記念館、二〇一五年六月一一日）

第一章　論文「『一打の鑿』の身体性――木村素衞の表現論における学びのダイナミズム」（『ホリスティック教育研究』第一九号、日本ホリスティック教育協会、二〇一六年、二九〜四一頁）※一部抜粋

第二章　論文「木村素衞の教育学における身体性――『ポイエシス＝プラクシス』原理に着目して」（『教育哲学研究』第一一三号、教育哲学会、二〇一六年、五七〜七四頁）

第三章　書き下ろし

第四章　論文「木村素衞における美的人間形成――『絶対無の美学』から美的体験を考える」（『京都大学教育学研究科紀要』第六〇号、二〇一四年、一五三〜一六五頁）

第五章　論文「『一打の鑿』の身体性――木村素衞の表現論における学びのダイナミズム」（『ホリスティック教育研究』

第一九号、日本ホリスティック教育協会、二〇一六年、二九〜四一頁）※一部抜粋

第六章　書き下ろし

第七章　書き下ろし

終　章　論文「芸術表現活動における学びについての一考察——木村素衛『表現愛』概念を手がかりとして」（『美術教育』第三〇〇号、日本美術教育学会、二〇一六年、一六〜二一頁）

人名索引

あ 行

か 行

さ 行

た 行

な　行

は　行

ま　行

や・ら　行

事項索引

あ　行

か　行

さ　行

た 行

な 行

は 行

ま　行

や・ら・わ　行

《著者紹介》

門前　斐紀（もんぜん・あやき）

1984年　生まれ。

2014年　京都大学大学院教育学研究科博士課程研究指導認定退学。

2017年　博士（教育学）。

現　在　立命館大学非常勤講師。

主　著　「木村素衞の教育学における身体性——『ポイエシス＝プラクシス』原理に着目して」『教育哲学研究』第113号，2016年。

「『一打の鑿』の身体性——木村素衞の表現論における学びのダイナミズム」『ホリスティック教育研究』第19号，2016年ほか。

木村素衞「表現愛」の人間学

——「表現」「形成」「作ること」の身体論——

2019年３月30日　初版第１刷発行　〈検印省略〉

定価はカバーに
表示しています

著　者　門　前　斐　紀

発行者　杉　田　啓　三

印刷者　中　村　勝　弘

発行所　株式会社　ミネルヴァ書房

607-8494　京都市山科区日ノ岡堤谷町１

電話代表　（075）581－5191

振替口座　01020－0－8076

中村印刷・新生製本

ISBN978-4-623-08594-1

Printed in Japan